士官生心理疏导与教育

胡盛华 主编

北京工业大学出版社

图书在版编目（CIP）数据

士官生心理疏导与教育 / 胡盛华主编． — 北京：北京工业大学出版社，2025.7重印
　ISBN 978-7-5639-7093-3

　Ⅰ．①士… Ⅱ．①胡… Ⅲ．①军官－心理疏导 Ⅳ．① E0-051

中国版本图书馆CIP数据核字（2019）第 252717 号

士官生心理疏导与教育

主　　编：	胡盛华
责任编辑：	任军锋
封面设计：	点墨轩阁
出版发行：	北京工业大学出版社
	（北京市朝阳区平乐园 100 号　邮编：100124）
	010-67391722（传真）　bgdcbs@sina.com
经销单位：	全国各地新华书店
承印单位：	三河市元兴印务有限公司
开　　本：	787 毫米×1092 毫米　1/16
印　　张：	14.5
字　　数：	290 千字
版　　次：	2021 年 10 月第 1 版
印　　次：	2025 年 7 月第 4 次印刷
标准书号：	ISBN 978-7-5639-7093-3
定　　价：	54.00 元

版权所有　翻印必究

（如发现印装质量问题，请寄本社发行部调换 010-67391106）

前　言

士官是介于军官和义务兵之间的相对独立的军事人才，它既是基层建设的骨干，又是战斗力生成的基础，也是密切官兵关系的重要纽带，被视为军队基层建设的脊梁，在军队建设中有着举足轻重的地位和作用。中共中央总书记、国家主席、中央军委主席习近平在2018年3月12日上午出席十三届全国人大一次会议解放军和武警部队代表团全体会议时就指出，士官队伍是部队中非常基础的骨干力量，很重要！为加快培养军队现代化建设需要的高素质士官人才，中国人民解放军总参谋部、教育部决定从2012年起，面向全国多所地方高校开展依托地方普通高等学校定向培养直招士官工作，在实践中努力开创士官培养的新模式。

士官生定向培养即定向培养直招士官，指借鉴地方高端技术人才培养经验，通过直招士官的途径，依托地方高等院校或技术学院为部队定向培养技术复杂、培训周期较长的军地通用士官。定向培养是直招士官工作的进一步开展。定向培养的优势：学生入校时就被确定为士官培养对象，部队需要什么，高校就培养什么，高校会设置与部队实际需求相适应的专业课程，且由部队训练机构实施教学指导工作，以实现培养和使用的有效对接；培养对象毕业前提前半年到部队实习，有利于直招士官入伍后更快地适应部队工作和环境，可以解决目前直招士官存在的专业技能转化慢、第一任职能力弱的问题，能够不断提升该群体的社会适应能力。

士官生在大学教育阶段具有大学生和准士官双重身份。这就对士官生有了更加严格的要求，一方面要完成在校的专业知识学习任务，另一方面要完成准士官的军事训练和体能训练等，为正式进入部队做充分的准备。士官生的双重身份使其面临着学业压力、体能训练压力、军事化管理压力等，特别是在半年入伍实习期，他们要承受巨大的心理压力，还要尽快适应外界环境，所以容易产生心理问题。士官生的心理问题已经成为新型高素质士官队伍建设过程中必须研究和解决的一个重大问题。随着以建设信息化军队、打赢信息化战争为目标的中国特色军事改革的不断深入，部队武器装备的技术含量越来越高，对士官生心理素质的要求也越来越高。近年来，研究和解决士官生的心理问题，提升其心理素质水平，以保证士官生队伍的稳定性和战斗力，已经引起部队上下和定向培养直招士官单位教育工作者的高度重视。

本书着眼于士官生心理健康教育和心理问题的疏导与解决，以士官生常见的心理问题为特定的研究对象，紧扣时代脉搏，贴近士官生的现实生活和心理状况，以心理疏导形式对士官生心理问题展开研究，努力为增强士官生心理教育的针对性、有效性进行有益的探索，为解决士官生现实心理问题提供参考和借鉴。在对定向培养直招士官高校进行调查研究和士官生心理健康教育的基础上，我们总结了士官生常见的心理问题，并逐一进行认真剖析，再从心理学角度阐释士官生常见心理问题的特点和规律，针对各种心理问题提出了一系列富有建设性的建议和具有针对性的方法，力求达到理论与实践的完美结合。

我们在谋篇布局上力求创新，使结构新颖。根据心理过程的形成及士官生发展的需求，本书分为十章，内容包括士官生的认知、情绪情感、意志力、人格、人际交往、学习心理、恋爱与性心理、心理压力、生命教育与心理危机干预等。各个章节针对士官生常见的心理问题进行了全面深入的探索，涵盖了困扰士官生的主要心理问题，每个章节包括案例导读、心理科普和心理测验三个板块。案例导读吸引读者兴趣，引发读者的共鸣和思考。心理科普宣传心理健康知识，使其不断学习和成长。心理测验使士官生了解自我心理健康状况，加强自我认识。

本书既可成为广大士官生学习心理疏导知识、维护自身心理健康的通俗读物，也可为定向培养直招士官高校开展心理疏导活动提供指导和借鉴。希望本书的出版能对士官生心理疏导和心理教育的开展有所帮助。

由于我们水平有限，书中错误和不当之处在所难免，敬请广大读者和有关专家给予批评指正。

目 录

第一章 概述 ... 1
- 第一节 士官简介 ... 1
- 第二节 心理健康的内涵 ... 6
- 第三节 我国士官生心理健康的现状及影响因素 ... 12
- 第四节 士官生的心理疏导 ... 15

第二章 士官生的认知 ... 33
- 第一节 士官生认知概述 ... 33
- 第二节 士官生认知的特征与心理健康 ... 36
- 第三节 士官生认知改善方法 ... 41

第三章 士官生的情绪 ... 51
- 第一节 士官生的情绪概述 ... 51
- 第二节 士官生的情绪与健康 ... 55
- 第三节 士官生的情绪管理 ... 61

第四章 士官生的意志力 ... 75
- 第一节 士官生的意志力与心理健康 ... 75
- 第二节 士官生的意志力与挫折 ... 79
- 第三节 士官生意志力的培养及挫折应对方法 ... 83

第五章 士官生的人格 ... 93
- 第一节 人格揭秘 ... 93
- 第二节 士官生常见的人格偏差 ... 101
- 第三节 士官生积极人格的培养 ... 108

第六章 士官生的人际交往 ... 119
- 第一节 人际交往的内涵 ... 119
- 第二节 士官生常见的人际交往误区 ... 124
- 第三节 士官生良好人际交往能力的培养 ... 129

第七章 士官生学习心理 ······ 139
第一节 士官生的学习 ······ 139
第二节 士官生常见的学习心理问题 ······ 142
第三节 士官生终身学习与潜能开发 ······ 153

第八章 士官生的恋爱与性心理 ······ 163
第一节 爱情的内涵及重要性 ······ 163
第二节 士官生常见的恋爱问题及调适 ······ 168
第三节 士官生的性心理健康 ······ 175

第九章 士官生心理压力 ······ 187
第一节 士官生心理压力概述 ······ 187
第二节 士官生的常见心理压力 ······ 191
第三节 士官生心理压力应对 ······ 197

第十章 士官生生命教育与心理危机干预 ······ 207
第一节 士官生生命教育 ······ 207
第二节 士官生的心理危机 ······ 210
第三节 士官生心理危机干预 ······ 216

参考文献 ······ 229

第一章 概 述

案例导读

某部士官小王从小遇事容易紧张，入伍后虽然经过锻炼，但仍不能从根本上解决这个问题。有一次，在执行部队实弹发射任务时，尽管发射之前已经进行过多次模拟和通电操作，但当发射现场出现问题时，小王因为高度紧张而使操作动作变形，从而导致在接通按钮时没有按到位，影响了实弹发射，事后小王受到了严厉批评。

在部队的军事训练中，紧张心理的出现非常多见，虽然现在的训练中已增加了心理训练，但仍有部分人员由于心理素质不佳，承受不了特殊情况而产生心理压力，并由紧张发展到失措，甚至失去常态。案例中小王的情况就是紧张心理的反应。所以紧张心理是指某种实体或压力在人类或其他某种有机体内产生的结果，是身体对外界环境的一种本能反应，是应对外界刺激和困难的一种准备，有了这种准备便可产生应对瞬息万变的状况的力量，因此紧张并不全是坏事，适度的紧张能提高工作效率。然而长期的或过度的紧张会使人的心理失去平衡，严重扰乱机体内部的运行，导致疾病的发生，使人的各种能力下降，从而影响工作的顺利完成，甚至会引发安全问题。

第一节 士官简介

士官制度越来越受到各国军队的重视，它发展到现在这样完善的程度，经历了一个漫长的历史过程。士官制度内含于各国兵役制度之中，作为兵与军官的一个中间层次，在军队建设和作战中具有独特的地位和作用。正因为如此，当今世界各国在强调质量建军、培养21世纪士兵的时候，都在着力于改革士官制度，使之更加符合未来战争的需要。

一、士官的来源及地位

"士官"一词来自日语。《辞海》中的"士官"被解释为"自卫队尉官的统称"。汉语中所使用的"士官"，如同"干部"一词一样引自于日语，是近代汉语引进的外来语。

在外国军队中，士官通常又称军士，两者没有严格的区分、经常混用。法语中的"军士"一词意思为服役者。英语中，军官为 officer，军士为 noncommissioned officer，其被直译为未授军衔的军官。

军士制度最早出现于15世纪的法国，最初是作为军官制度的一种补充而设立的，其军衔有三种：下士、中士、上士。当时的军士与军官既有区别，又有联系，军士没有被严格限定在士兵范畴内，它只是军人序列中的一个重要层次，是士兵晋升军官的必要阶梯。军队建设的实践证明，这是一种行之有效的制度。随后，世界许多国家的军队都纷纷采用士官制度。

目前，士官在世界各主要国家军队中普遍受到高度重视，成为各国军队体制中不可缺少的一个重要方面。士官作为士兵的领导、教官和军官的助手，已成为管理、训练和带领士兵完成战斗任务的初级指挥员和各行各业的技术能手。其特点是数量多、职位广、役年长。如今世界上许多国家的军队都实行士官制度，并将其纳入法律轨道，使其有法可依、有章可循。士官制度有很多优势：留用一定数量延长服役期的士兵，可以保持基层技术管理力量的稳定；在一定程度上减少军官数量，使官兵员额保持合理的比例；平时储备的训练有素、精通本职专业的士官队伍可以作为科技强军的骨干。

随着现代科学技术的迅猛发展，一场新的军事革命正在世界范围内兴起。迎接新军事革命的挑战，走质量建军、科技强军之路，提高打赢高技术战争的能力，最关键、最根本的是抓好军事人才队伍建设，人才是军队战斗力中最为宝贵的资源。海湾战争和发生在南斯拉夫的科索沃战争充分表明，在现代技术特别是高技术条件下，知识已成为战斗力的主导因素，作战双方的较量更突出地表现为人才素质的较量。没有一支高素质的人才队伍，就无法掌握未来战争的走势和主动权，士官是军事人才的重要组成部分，士官队伍的整体素质如何直接影响着部队全面建设和战斗力的水平。事实证明，军队现代化程度越高，武器装备越发展，越需要建设高素质的士官队伍。因此，世界各主要国家的军队都十分重视士官队伍建设，不断提高士官队伍的专业化、职业化程度。在我军现代化建设进程中，培养和造就一支新型的高素质士官队伍，已经成为我们面临的一项十分紧迫的重大课题。特别是当前和今后一个时期，更加需要抓紧建设好士官队伍，以人才优势来提高军队战斗力。而我军原来的士官制度，在士官的使用范围、结构规模到相关待遇、管理方式等方面，已不能适应吸引和保留高素质士官人才的需要，致使一些关键性技术岗位人才流失严重。有些部队虽然装备了先进武器，却因为缺乏会使用、懂管理的技术骨干，无法形成战斗力，甚至因为保管不善而造成严重损失。为了尽快改变这种情况，推动我军现代化建设的不断发展，我们需要进行士官制度改革，建立有利于士官人才健康成长、长期保留的机制，为打赢未来高技术战争提供强有力的人才保障。

二、我国士官制度概述

我国现代意义上的士官制度（即志愿兵役制度）是根据邓小平同志关于要搞"辈子兵"以保留部队技术骨干的指示于1978年开始创立的。因我国的社会情况特殊，1955年以前我军实行的都是志愿兵役制。志愿兵役制是指本人自愿入伍，入伍后长期从事军事工作，并把其当作职业的兵役制度。从红军时期到八路军和新四军时期，直到1955年以前的解放军，都号召群众自愿参军，并把长期为军队服务作为自己的终身职业追求。这是与当时的革命形势需要及我军任务相适应的。

1955年，抗美援朝战争已胜利结束，剿匪等大规模行动已相继进入尾声，全国政治形势稳定，国家政权稳固，人民的生活水平有了一定程度的提高，实行义务兵役制的社会条件已经成熟。同时，由于我军指战员们长期服役、年龄不断增长，且实际问题日益增多，因此影响了部队战斗力的提升。1955年7月30日，第一届全国人民代表大会第二次会议通过并颁布了中国第一部《中华人民共和国兵役法》，以法律形式规定了我国兵役制度由过去的志愿兵役制改为义务兵役制。历史发展到1978年，我国兵役制度再次发生变化，由原来的义务兵役制改为义务兵和志愿兵相结合的兵役制度，即在保留义务兵为主体的基础上，根据部队实际需要和本人意愿，将部分义务兵改为志愿兵，服役期为13年至17年。1984年5月31日，第六届全国人民代表大会第二次会议通过了中国第二部《中华人民共和国兵役法》，进一步将我国兵役制度确定为"以义务兵役制为主体的义务兵与志愿兵相结合，民兵与预备役相结合的兵役制度"，从而为志愿兵役制提供了法律依据。

随着我军武器装备现代化程度的不断提高，学习和掌握各种武器装备所需的时间越来越长，义务兵役制士兵服役三四年，已远远满足不了实际需要，这就需要一部分士兵骨干相对长期在部队服役，以便熟练地掌握各种武器装备。特别是在百万裁军以后，中央军委基于对现代化战争特点的科学分析，明确提出走"精兵、合成、高效"的质量建军道路的建军思想。而在士官队伍的结构上做文章，通过士官队伍的"中坚""骨干"力量提高士兵的政治觉悟和军事素质，提高部队战斗力，则是打赢高技术条件下局部战争不可或缺的重要举措。因此，中央军委在1985年适时提出了实行士官制度的政策。

1985年9月20日，《解放军报》发表消息，报道我军三大类76种干部职务改由士官担任。三大类是指"直接操纵使用武器装备，经过短期培训可以胜任工作""师团机关中不负责组织指挥、专业性不强、不需要经过院校培训""同一编制职务中，既编有干部职务又编有战士职务以及既可编干部职务又可编战士职务的"。这些职务大部分将由志愿兵役制士官担任。当时士官被称为"志愿兵"，直到1988年实行军衔制时才正式使用士官的称谓。至此，我军士官诞生了。

1998年，我国重新修订并颁布了新的《中华人民共和国兵役法》，确立了我国实行义务兵与志愿兵相结合的兵役制度，并且规定中国人民解放军士官军衔授予自愿超期服役的士兵。第一期、第二期为初级士官，第三期、第四期为中级士官，第五期、第六期为高级士官。志愿兵役制实行分期服役制度，服役年限改为士官起至少3年，一般不超过30年，年龄不超过55周岁，满10年的士官转业后由原征集地人民政府安排工作；服役满30年或年龄满55周岁的可以进行退休安置。士官分期服现役的批准权限：第一期、第二期由团（旅）级单位批准；第三期、第四期由师（旅）级单位批准；第五期、第六期由军级单位批准。

1999年6月30日，中央军委颁布《中国人民解放军现役士兵服役条例》，并决定从1999年12月1日起全军与武警部队正式向选取、套改的各级士官授衔，这标志着我军新士官制度的正式实行。改革士官制度对于进一步健全和完善我军士官服役制度，充分调动广大士兵的积极性，巩固和进一步提高我军现代作战能力，加快我军现代化建设进程，具有重大现实意义和深远的历史意义。中国军队在世纪之交走上士官之路，顺应了时代的发展潮流，满足了军队现代化武器装备发展的需要和未来打赢高技术局部战争的要求，是我军建设史上的一次重大举措，是历史的必然。

2012年2月，中国人民解放军原总参谋部和中华人民共和国教育部联合发布《关于做好定向培养直招士官试点工作的通知》，规定从2012年起开展依托普通高等学校定向培养直招士官试点工作。定向培养士官学制为3年，毕业后取得大专学历。前2.5学年的全部课程由高校负责，招收部队根据需要对接指导教学工作；后0.5学年为入伍实习期，由招收部队负责，实习完成后由高校办理毕业手续。

士官人才的培养是中国职业教育内涵拓展的一种新形式，是国防现代化建设、军队现代化建设的需要。军地联合培养高技能士官人才，不仅要注重对士官人才的思想品德的教育，同时也要注重对其心理品质的塑造。相对于其他高职学生，对士官生的心理品质必须提出更高的要求，以适应未来军事工作的高强度、高对抗性的心理承受能力。定向培养士官工作，是贯彻落实军民融合发展战略，创新军事人力资源生成渠道，提高士官人才培养质量的重大举措。

注：由于习惯称谓，本书中所使用的"士官生"均指代普通高等学校定向培养直招的士官生。

心理科普

士官发展历程

14世纪以前，西欧各国没有常备军。各封建主都有自己的武装，国家要出兵打仗了，就临时征集各封建主的武装组成国家军队。仗打完后，这些军队仍各回各的领地，归各封建主所属，这是非职业化军队。随着社会的发展、战争的频发和战争规模的扩大，这种用非职业化的贵族私人军队去应对战争的方式存在着诸多的弊端。由于这种军队是临时拼凑而成、缺乏有素的训练，因此是一群乌合之众，没有战斗力。加之封建主各自为政，国王难以调遣下属的部队来组成全国的统一军队。在这种情况下，国王要力图建立自己能控制的常备军。

14—15世纪，西欧各国的资本主义开始萌芽。新工商阶级为了保护和发展自由贸易，要求建立常备军以打破封建割据的局面；同时，工商税收又为建立常备军提供了物质基础。15世纪末，常备雇佣军已成为西欧各国的主要军事力量。常备军为适应作战要求并便于指挥，需要有固定的建制和官制。法国军队首先在士兵中使用了固定的建制和官制，后来又将军官军衔和军士军衔划分为若干等级，到了路易十四时期（1643—1715年），法国已形成了军衔体系。这样一来，军士就成为介于军官或准尉与兵之间的一个新的阶层，后来被各国军队所采用。

军士是训练有素、业务熟练和有经验的士兵，在作战和军队基层管理中发挥着重要作用，因而受到军官的重视，并被委以重任。18世纪，随着兵器技术的发展和作战方式的改变，士官在战场上的地位和作用不断提高，士官的职责也由单纯的纪律维护者发展为初级作战指挥员。战斗中，士官承担着保持长队列的稳定、维护齐射时的纪律的指挥任务，还要负责齐射的瞄准工作，于是士官开始接受领导技能的培训，士官的职业领域不断扩大。此时部队编制中出现了作战士官和参谋士官，他们承担着参谋军官和作战军官的一些职责。为发挥军士更大的作用和积极性，各国相继出台了一些政策，采取了许多包括选拔、晋升和培训的措施。这些政策和措施的出台表明军士制度已初步形成。

18世纪以后，战争规模的扩大使兵员需求量增加，单纯依靠终身职业性质的兵员无法有效应对战争，而且这也并非国力所能承受。在这种情况下，征兵制应运而生。征兵制是指为了国家利益，国家以法律手段强制规定适龄公民应征入伍，服满现役期限后退出现役部队的制度。18世纪90年代，法国雅各宾派为保卫法兰西第一共和国，曾采取临时征兵制的措施，从而解决了战时用兵的需要。

20世纪初，人类进入机械化时代，军事领域中的技术含量不断增大，机械化使部队出现了许多新的技术部门和技术岗位，也使部队体制发生了变化，技术士官应运而生，士官作用进一步增强。在两次世界大战期间，美国为了适应新形势、提高部队战斗力，对军事制度进行了一系列改革，包括建立和完善士官制度。美国进一步调整了士官军衔，将士官划分为军士长、技术军士、参谋军士、中士、下士等5个级别，扩充了部队中的士官人数，到第二次世界大战结束时，所有建制班的班长均由士官担任。在此之前，士官和军官既有区别又有联系，士官属士兵系列，但也是士兵进入军官队伍的一个必要阶梯，一些贵族子弟和优秀士兵就是从这一阶层被提升为军官的。现在一些国家的军队中仍保留着从士官中选拔军官的制度。

从第二次世界大战结束至今，由于国际形势的变化，世界上大多数国家都实行征募结合（或志愿义务相结合）的兵役制度。在这种情况下，外军士官制度得到有史以来的发展。一是士官人数迅速增加。例如，美军在80年代中期，全军士官高达114万余人，占士兵总数的63%。后来在压缩军队规模的改革中，士官人数仍高达60余万人。日本自卫队士官人数也高达近14万人，占自卫队总兵力的57.7%。二是士官军衔体系更加完善，士官已成为一支区别于军官与兵的人才群体。美军将士官发展为一级军士长、二级军士长、三级军士长、上士、中士和下士6个级别，另外在团以上单位设有总军士长。日本自卫队士官设军士长和上士、中士、下士4个级别，其他各国也建立了各具特色的士官军衔体系。20世纪60至70年代，各国都把士官教育培训纳入军队正规化教育培训体系中，并形成了士官教育培训系统，各类士官学校和培训机构蓬勃发展。美军于1971年下半年建立了士官教育系统，并于1972年、1973年先后成立了独立的陆、海、空军种士官学校。目前，美军士官训练机构数以百计。印度、越南等发展中国家的军队也相继成立了士官学校。

第二节 心理健康的内涵

"心理健康"一词是个"舶来品"。1843年，美国精神病学家威廉·斯惠特撰写了世界上第一部心理健康专著，明确提出了"心理健康"一词。《简明不列颠百科全书》认为："心理健康是指个体在本身及环境许可内所达到的最佳功能状态，但不是指十全十美的功能状态。"

一、心理健康的概念

1946年，第三届国际心理卫生大会指出："所谓心理健康是指在身体、智能以及情感上与他人的心理健康不相矛盾的范围内，将个人心境发展成最佳的状态。"这次会议还提出了心理健康的标准：身体、智力以及情感十分调和；适应环境；有幸福感；在工作中能发挥自己的能力，过着有效率的生活。

著名心理学家马斯洛和密特尔曼提出了心理是否健康的10条标准：①是否有足够的安全感；②是否对自己有较充分的了解，并能恰当地评价自己的行为；③自己的生活理想和目标是否切合实际；④能否与周围环境和事物保持良好的接触；⑤能否保持自我人格的完整与和谐；⑥是否具备从经验中学习的能力；⑦能否保持适当和良好的人际关系；⑧能否适度地表达和控制自己的情绪；⑨能否在集体允许的前提下恰当地展现自己的个性；⑩能否在社会规范的范围内适当地满足个人的基本要求。

黄坚厚在1982年提出了衡量心理健康的4条标准：①乐于工作，能在工作中发挥智慧和才能，以获取成就和满足感；②乐于与人交往，能和他人建立良好的关系，与人相处时正面态度多于反面态度；③对自己有适当的了解和悦纳的态度；④能与环境保持良好的接触，并能运用有效的方法解决所遇到的问题。

王登峰、崔红认为："心理健康是个体在良好的生理状态基础上的自我和谐及与外部社会的和谐所表现出的个体主观幸福感。也就是说，心理健康应是个体的一种主观体验，是身心和谐的结果。主观幸福感是心理健康的最终表现，也是个体良好的生理状态以及个体内部和外部和谐的结果。"王登峰还提出了有关心理健康的7条标准：①了解自我、悦纳自我；②接受他人，善于与人相处；③热爱生活，乐于工作和学习；④能够面对现实、接受现实，并能够主动地去适应现实，进一步地改造现实而不是逃避现实；⑤能调整与控制情绪，心境良好；⑥人格完整，智力正常；⑦心理行为符合年龄特征。

叶兴艺提出了心理健康最重要的5条标准：①智力正常；②心态乐观；③自我意识明确；④人际关系和谐；⑤能够适应环境。学者们对于心理健康的概念与标准的理解有所不同，但基本理念是一致的。虽然心理学专家们对心理健康没有统一的说法，但是他们的观点有着许多共同之处。

一是心理健康兼顾个体内部协调与外部适应两个方面。对内，心理机能健全、内心体验积极、自我和谐；对外，心理活动过程能够有效地反映现实，且个体能够适应环境，达到与外部社会的和谐状态。心理健康并不是指对任何事物都能愉快地接受，而是指个体在面对某些冲突时能更多地表现出积极的适应倾向。

二是心理健康是动态的。心理健康与不健康并不是泾渭分明的对立面，而是一种连续状态。这种状态不是一种静态的平衡，不是固定不变的，而是动态变化的，是在心理失衡——心理平衡的交错运动中，进行有效的自我调整，与现实环境保持动态的协调，是不断发展变化的。

三是心理健康是一种"积极"的健康。它不仅仅停留在没有心理冲突、达到心理平衡、适应环境的层次上，更力图实现一种更高水平的发展。有高尚的目标追求，发展建设性的人际关系，从事具有社会价值的创造活动，渴望生活的挑战，追求充实的生活与人生意义。总而言之，心理健康从广义上讲是指一种高效而满意的、持续的心理状态；从狭义上讲，是指生活在一定的社会环境中的个体在高级神经功能正常的情况下，智力正常、情绪稳定、行为恰当，具有协调关系和适应环境的能力及性格。

人们的心理健康水平大致可分为三个等级。

一是常态心理，也就是健康状态。表现为经常有愉快的心理体验，能充分发挥心理潜能，具有良好的环境适应能力和调节情绪的能力。

二是轻度失调心理，又称为亚健康状态、第三状态，是一种介于"健康"与"疾病"的中间状态。心理学定义为"没有心理障碍与疾病，但又感觉心理不健康"。心理亚健康者的共同体验：没有心理疾病，但心理又不怎么健康；什么心理体验都可能有，但缺少幸福感。亚健康状态者通过自我主动调适或者他人的帮助可以恢复常态，长期持续存在则可能发展成疾病。心理学最新研究发现，在现代社会中，60%～70%的人都不同程度地处于亚健康状态中。

三是病态心理，又称心理障碍。表现为持续的或严重的适应失调，情绪失控、不能维持正常的学习和工作，如果不及时治疗可能恶化为精神病患者。

心理健康的标准是一种理想的尺度，但不是静止的、固定不变的，随着时代的进步和社会的变迁，心理健康的标准将不断更新。

二、常见的心理健康问题

现实生活中，当一些士官生的需求得不到充分满足的时候，他们就会遇到各种各样的心理挫折，产生大大小小的心理冲突。当挫折与冲突超出心理承受能力时，就很容易造成心理失衡，导致心理困惑和心理异常。

从临床心理学的角度出发，心理正常包括心理健康和心理不健康，心理不健康继续向下分，可分为一般心理问题、严重心理问题和部分可疑神经症。心理不正常包括变态人格、确诊的神经症和其他各类精神障碍。当然，人的心理活动非常复杂，两者是一个连续变化的过程，两者之间没有绝对的分界线。

（一）一般心理问题

一般心理问题是指近期发生而不太可能持久的不良情绪，如厌烦、后悔、自责等。一般来说，心理问题的影响不会泛化而只是局限于事件本身，其反应强度不甚强烈，并没有严重影响思维的逻辑性，心理问题包括焦虑问题、人际关系问题、社会适应问题等。其实，心理问题就如同"感冒"一样，人人都可能遇到。出现心理问题后要综合考虑，有针对性地解决。正如俗话所说的"喜怒哀乐不能免，正确对待保平安"。因此，我们在生活中必须学会人际沟通技巧与心理保健方法，逐渐恢复健康的心理状态。

（二）严重心理问题

严重心理问题是由相对强烈的现实因素激发，初始情绪反应强烈、持续时间长久、内容充分泛化的心理不健康状态，如社交恐惧、抑郁等。士官生出现严重心理问题后，一般需要进行心理咨询，通过咨询学会采用健康的心理防御机制抗挫减压，以拥有乐观积极的心态，增加抵抗挫折的承受力。

（三）神经症性的心理问题

神经症性的心理问题即可疑神经症，是心理不健康状态的又一种表现形式，它已接近神经衰弱或神经症，或者它本身就是神经衰弱或神经症的早期阶段。其症状与神经症类似，有明显的内心冲突并且冲突本身没有现实意义或道德色彩，但是病程、严重程度等都未达到神经症的诊断标准。这类心理问题如不及时进行治疗，很可能发展为神经症。

（四）神经症

神经症旧称神经官能症，是非器质性的脑神经机能轻度失调的心理疾病。患者有强烈的心理冲突，并感到精神痛苦，力图摆脱却又无能为力。神经症是常见的一类精神疾病，主要包括以下几种。

1. 神经衰弱

神经衰弱是神经症中最常见的疾病，在士官生中的发病率相对较高，严重影响士官生的精力，危害较大。其类型包括兴奋型、抑制型、兴奋—抑制型。兴奋型的症状是以兴奋为主、经常失眠。抑制型则以皮层抑制状态为主，终日昏昏欲睡，多眠而又不能解乏。兴奋—抑制型则两种症状都有。神经衰弱者的共同症状是头晕、头痛、心悸、乏力、多梦、易激动、全身不适等，应注意预防和积极治疗。

2. 焦虑症

患者经常无端地感到心烦意乱、惶惶不安、甚至产生恐惧感。它不是由具体事物引起的某种焦虑情绪。焦虑症找不到引起焦虑的具体对象和理由。随着焦虑情绪的产生，患者常常伴有心悸、恶心、手脚发冷等症状。此外，患者的注意力不能集中，几乎不能进行正常的活动。

3. 强迫症

强迫症是以明知不必要但又无法摆脱，反复呈现的观念、情绪或行为为临床特征的一种心理障碍。强迫症包括两类症状。第一种是强迫思维，比如有的患者出门后总是担心门没有关好；有的患者寄出信之后常担心地址写错了。患者明知这些想法毫无意义，但又非想不可，因此焦虑不安、非常痛苦。第二种症状为强迫行为，其目的是缓解强迫思维引起的焦虑，如强迫性反复洗手、强迫性计数、强迫性礼仪动作等。

4. 恐惧症

恐惧症是指对某些事物或特殊情境产生十分强烈的恐惧感，这种恐惧感与引起恐惧的情境通常极不相称，患者自己也明知自己的恐惧不切实际，但仍不能控制自己，常见的恐惧症有社交恐惧、广场恐惧、对视恐惧等。社交恐惧是士官生常见的恐惧症。例如，一位士官生总是害怕别人的目光，不管在哪里，他只要一感觉到别人的目光就十分不自在。他也总是尽力克制自己，但又无济于事。为此他非常苦恼，以致严重影响了自己的正常工作和生活。

5. 疑病症

疑病症的主要临床特点是过分关注自己的健康或身体某一部分的完整性和功能或精神状态的改变，通常伴有焦虑和抑郁症状，但无其他精神病性的症状，也没有产生器质性的病变。一般继发于某些躯体疾病后，患者会受到不正确的卫生宣传的影响，还会对医学常识产生误解。部分患者病前具有固执、谨慎、敏感、多疑等性格特点。急性疑病症病程短，可治愈；慢性疑病症病程长，必须帮助患者解除心理冲突。

6. 抑郁症

抑郁症是以持续的轻、中度情绪低落为突出表现的神经症。常伴有焦虑、躯体不适和睡眠障碍的症状，表现为悲伤、悲观、孤独和自我贬低等。患者病前常具有抑郁人格特征，常在遭受心理刺激，如生病、考核不过关或失恋等后发病。症状轻重不一，患者一般内心愁苦、缺乏愉快感、思维迟钝、动作缓慢、情绪焦虑、兴趣索然、失眠早醒、体重下降、胃口不佳、性欲降低；严重时悲观绝望、自责自罪，甚至产生自杀意念。

7. 网络成瘾症

网络成瘾症又称上网成瘾症、网瘾、网络依存症、过度上网症或病态电脑使用等，泛指因过度使用网络而导致的一种慢性或周期性的着迷状态，患者会产生难以抗拒的再度使用的欲望。主要表现为互联网成为生活的中心；不断增加上网时间，即使影响了正常的工作也不能自控。停止或减少互联网的使用会导致无聊、抑郁、气愤等负面情绪。他们常常通过互联网来逃避现实问题，他们的人际关系、工作能力常常因此遭到破坏。严重的网络成瘾往往会导致当事人工作效率一落千丈，甚至使其出现重大失误或失去工作能力，对于当事人及其家庭造成了很大的打击。

三、士官生心理健康的意义

作为一个特殊的社会群体，士官生心理健康不仅仅是士官生个人的问题，同时也是一个公共问题、社会问题，士官生的心理素质和心理健康水平有着特殊的意义。

（一）心理健康是士官生职业的内在要求

士官院校作为培养打赢信息化战争下高素质的新型士官人才的摇篮和基地，其士官生的心理健康状况越来越受到全军部队的重视，士官生心理健康是个体良好心理素质的体现，也是全军心理健康的重要组成部分。

从军人的心理健康问题的产生来看，进入21世纪以来，随着我国改革开放的不断深入，经济建设的迅猛发展，社会竞争的日益激烈，社会转型时期多元价值观念的产生，再加上军队环境的特殊性，军人的心理受到强烈的冲击，部队现代化和信息化程度的显著提高，高科技战争的残酷性等多种因素使军人的心理压力逐渐增大。士官作为部队中的主力军，在社会和军事活动中承受的心理压力不断增加，心理问题和疾病的发生概率渐渐攀升，士官生心理健康问题引起了士官院校教育者和心理健康教育研究者的高度重视。

（二）士官生心理健康是部队发展的需要

加强士官生心理健康教育是部队建设发展和提高战斗力的保证。我国社会主义市场经济体制的转变对社会产生了深刻的影响，从时代发展来看，市场经济影响着士官生的心理状况，对士官生的价值取向、自我意识和心理承受力都提出了新的要求。当前，在士官院校中，大部分士官生多为独生子女，他们大都成长于优越的家庭环境和富裕家庭生活之中，有些在宠爱和溺爱中长大，从小缺乏艰苦生活的锻炼，到部队后对部队严格的组织纪律、军事训练和艰苦的生活感到不适应，其心理承受能力和适应能力较差，士官生有着强烈的自我价值实现要求，自我成功的目标或期望过高或脱离现实，这必然诱发其心理问题，影响其身心健康，也给院校管理和安全稳定带来难题，影响了士官院校的日常教育和训练的正常秩序。因此，注重加强士官生的心理健康教育，培养士官生良好的心理品质，增强他们的自我承受、调控和适应能力，能够及时有效地防止心理问题和疾病的产生，避免各种不良事件的发生，有利于部队的全面建设和战斗力的提高。

世界军事格局的演变提示我们，实现我国国防现代化重要的是提高军人的素质，包括合格的政治思想素质、过硬的军事技能素质、较高的科学文化素质和健康的身体心理素质。其中，心理素质是综合素质的基础，也是综合素质的体现。而部队战斗力包括武器和人两大要素，部队的主体是人，人是战斗力的核心要素。人在实践中总结和创立了先进的作战理论和经验，先进的武器装备都是由人掌握和操纵的，有了先进的作战理论和武器装备后，还必须依靠人的力量才能将它们转化成现实的战斗力。因此，提高战斗力、打赢未来信息化条件下局部战争对士官生提出了更高的要求，政治思想的确立、军事技能的形成、科学知识的掌握实质上都是一种持续不断的心理活动和心理发展过程，因此各项素质的改善都离不开心理素质的提高。从这个意义上来讲，加强士官生心理健康教育不仅影响着其自身的心理健康状态，而且也直接影响着社会主义现代化建设的进程和质量，同时也是提高部队战斗力的坚实保证。

士官生如果没有健康的体魄和过硬的心理素质，就不能适应现代社会和紧张的军营生活，更不能实现打赢未来信息化战争的目的。在新军事变革时期开展思想教育之际，应根据时代发展的特点，把握士官生心理活动的特点和变化规律，从思想上、心理上全面分析士官生产生认知偏差、消极情绪和不良行为等问题的客观原因，综合运用心理疏导和思想教育的方法与手段加以解决，培养新时期高素质的新型士官人才，是提高我军战斗力和打赢未来高科技战争的迫切需求。

（三）心理健康是士官生自身发展的需要

心理健康是士官生培养良好心理品质的前提，是其事业成功的基石，而士官生心理健康与否与心理素质有很大关系。

从个体发展的角度来看，加强士官生心理健康教育是其成长和发展的内在需求。士官生大多处于十八岁至二十四岁之间，正处于从青春后期向成人期的转变时期，这一时期也是思想观念冲撞最激烈的青年时期。在这一时期，他们面临着适应与自我发展、追求个性发展与实现自我价值的问题，其心理发展正趋向成熟，人生观和价值观并未完全确立，既有对过往的少年时期的眷恋，又有对未知的成年阶段的渴望，表现为力求使正在成长的自我向理想的自我发展。在这一成长变化的时期，相对封闭的士官院校、严格的军事化管理和高强度的军事训练，容易使士官生出现明显的两极情绪变化，产生心理问题和心理疾病，出现不稳定的心理状态，个别士官生甚至出现了精神分裂症的症状。这警示士官院校，士官生心理问题亟待解决，必须尽快找到有效的心理健康教育的培养途径，真正实现维护士官生的身心健康，消除士官生因不良的心理状态造成的精神痛苦，从而保证其实现自我完善与自我发展，使其在部队生活中得到更好的发展。因此，心理健康是士官生个体成长和发展的内在需求。

心理科普

心理健康标准

心理学家将心理健康的标准描述为以下几点。

①有适度的安全感，有自尊心，有自我成就感和价值感。

②适度的自我批评，不过分夸耀自己也不过分苛责自己。

③在日常生活中，具有适度的主动性，不为环境所左右。

④理智、现实、客观，与现实有良好的接触，能承受生活中挫折的打击，无过度的幻想。

⑤适度地接受个人的需要，并具有满足此种需要的能力。

⑥有自知之明，了解自己的动机和目的，能对自己的能力做客观的估计。

⑦能保持人格的完整与和谐，个人的价值观能达到社会的标准，对自己的工作能集中注意力。

⑧有切合实际的生活目标。

⑨具有从经验中学习的能力，能根据环境的需要改变自己。

⑩有良好的人际关系，有爱人的能力和被爱的能力。在不违背社会标准的前提下，能保持自己的个性，既不过分阿谀，也不过分寻求社会的赞许，有个人独特的见解，有判断是非的能力。

第三节　我国士官生心理健康的现状及影响因素

未来的战争不仅仅是军事实力上的强烈抗衡，还是敌我双方的心理素质的持久较量。人的心理素质的建设是一项长期的工作，但学生从普通大学生到士官生的角色转换是需要消耗心理能量的，而这一阶段的平稳过渡能为学生将来应对各种困难打下坚实的基础。

一、士官生心理健康状况分析

军人良好的心理素质是增强军队战斗力、打赢未来战争的重要保障。张小战等人（2003年）运用症状自评量表（SCL-90）并采取集中答卷方式，对西北地区某部1986名官兵心理健康状况及心理不良发生率进行了调查。结果显示：心理不健康总体发生率为31.6%，其中士兵发生率为37.6%，士官发生率为25.0%，军官发生率为16.9%；步兵分队发生率（36.1%）明显高于技术分队（21.0%），两组比较差异非常显著（$P<0.01$）；发生率与入伍时间、所处环境、从事职业等关系密切；SCL-90因子总分士兵最高（136.42 ± 36.70），士官其次（121 ± 5.02），军官最低（109.45 ± 22.08）；阳性项目数也是士兵高于士官与军官；与全国青年常模比较，士官的躯体化、抑郁、人际关系等因子分值偏高。

胡靖宇等人（2004年）使用症状自评量表、卡特尔16PF问卷和应对方式问卷测评284名预选卫生士官的心理健康状况。结果显示：预选卫生士官SCL-90总均分及各因子分均明显低于全国常模和军人常模（$P<0.01$）；预选卫生士官的乐群、兴奋、敢为及紧张因子分均明显高于全国成人常模，稳定、恃强、有恒、怀疑、忧虑、实验、独立及自律因子分均明显低于全国成人常模。

冯正直等人（2011年）通过大样本的调研，揭示了军人心理素质的军兵种、职别、军龄和教育程度等特点，即在不同军兵种上军人心理素质的整体表现为空军＞海军＞陆军；在职别上表现为军官＞士官＞士兵；在军龄上表现为随军龄增加出现升高—下降—升高的波动变化趋势；在教育程度上表现为大专＞高中或中技＞初中或以上＞本科以上的特点。

目前，士官心理健康的大部分研究都集中在对偏远地区和舰艇上士官心理健康状况的调查，主要是研究士官心理辅导的方法和探索心理健康教育的培养方式。从现有资料上看，对于士官生心理健康现状的研究并不多。并且，在对士官生进行心理素质培养时，高校并没有真正建立心理训练模式，缺乏经过心理学专业训练的专职心理教育工作者。很多思想政治工作者承担着心理学课程授课任务，心理素质培训和心理健康教育缺乏系统性、科学性，从而导致部分士官生对如何正确理解健康的心理行为和如何消除心理危机的方法知之甚少或一无所知。士官院校的心理健康教育工作大多是流于形式，没有真正开展起来。因此，士官院校的教育工作者应加强探索和研究培养军校士官生心理健康教育的模式、措施、途径和方法。

二、士官生心理健康的影响因素

影响士官生心理健康的因素比较复杂，除了先天生理因素如遗传因素外，还包括生理生物因素如躯体性的疾病。从外部环境和内部因素等方面分析，影响士官生心理健康的因素大致可归纳为以下几个方面。

（一）自身因素的影响

一方面，人有追求个性自由发展的本性，这容易与士官院校及部队的严格要求和规章制度产生冲突；另一方面，士官生追求私利的自然本性与职业的公共性本质要求之间可能产生矛盾和冲突。当士官生的自然本性与部队的硬性要求冲突的时候，如果其不能够很好地进行心理调节，那么就容易产生心理问题或环境适应不良问题。

在自身人格因素方面，对大学生心理健康产生影响作用的因素主要有稳定性、紧张性、怀疑性和幻想性，其中最显著的因素是紧张性。这些影响因素使一些人在面对问题的时候缺乏耐心，在社会交往中对诸多的人和事缺少信心和积极性，不能控制自己的情绪，易产生烦恼和焦虑情绪而又难以摆脱，不能正确地处理生活和工作中的问题，更不愿意轻易相信别人，这些因素都在不同程度上影响着大学生的身心健康。

所以，士官生在正式进入部队前要经过一段时间的心理和环境适应阶段，以逐步适应部队的严格要求和规章制度，完成"心理入伍"。

（二）家庭因素的影响

士官生多为独生子女。研究表明，较多同胞的个体和独生子女面临着不同的心理压力，得到了不同的情感资源。独生子女是家庭甚至是几代人呵护的焦点、关注的焦点，也是期望的焦点，在独享家庭资源的同时要独自承担家庭的压力，包括精神上的压力和承担家庭的责任等。当前大学生存在的心理问题如学习问题、人际关系问题、性心理及恋爱问题、自我评价问题及自我价值低等问题或多或少也在士官生的身上存在。

同时，一些家长对孩子的过高期望值和严格的管理给孩子带来了巨大的心理压力。除此之外，一些父母由于工作忙与孩子缺乏最起码的沟通，忽视了孩子的心理问题，更没有给予孩子适时的关心和照顾。在一些离异家庭中，家庭角色的缺失给孩子的心灵造成了很大的创伤，这些孩子的心理问题发生率要高于正常家庭。另外，家庭贫困也是导致大学生产生心理问题的重要原因，家庭经济困难的学生在学习和工作中承担着较大的压力，有些孩子为了不让家人失望，在学业上更加努力，同时还承受着日常生活开支带来的经济压力，因此更容易产生自卑和自闭等心理问题。虽然经济和家庭的压力可以成为他们勤奋努力的动力，但也使他们产生了不同程度的心理问题。

（三）传统文化的影响

传统文化是中华民族的瑰宝，造就了炎黄子孙勤劳、善良、坚韧、忍让等诸多的良好品质，但传统文化中也有一些与时代发展不相适应的东西。传统文化中过度的防御机制往往会导致内心强烈的压抑，使个体不能很好地宣泄情绪与消除压力。根据马斯洛的需求理论，人有交往的需求，如果这种需求得不到满足，那么个体就容易产生心理问题。一些士官生在面对激烈的竞争、较大的工作压力和复杂的人际关系问题时，往往不会选择寻求心理帮助或向其他人倾诉。严重的自我防御机制会阻碍思想情感的正常沟通和交流，拉开了人与人之间的距离，长此以往容易产生紧张、孤独、失落等心理问题。

（四）社会因素的影响

当今世界正处在大发展、大变革、大调整时期，在全球化的进程中，人类的生存方式、社会意识和日常生活等都发生了前所未有的变化，社会已经呈现出经济市场化、政治民主化、文化思潮多元化、价值取向多元化、择业自由化、信息膨胀化、竞争激烈化、关系复杂化等特点。全球思想文化交流、交融、交锋，各种社会思潮、意识形态、价值观念和思想观念相互激荡、互相碰撞，使人们的心理、思想及行为方式出现多样性、复杂性、矛盾性等特点。这些转变犹如一把双刃剑，既为人们提供了前所未有的心理发展及潜能开发的机遇和舞台，同时也潜存着威胁人类心理健康的因素，给人们的心理健康带来了严峻的考验。

1997年世界疾病协会指出，人类已从"身体疾病时代"进入"精神疾病时代"，心理疾病将成为21世纪的"世纪病"，成为人类健康的主要敌人。联合国心理学专家预言：从现在到21世纪中叶，没有任何一种灾难能像心理危机那样带给人们持续而深刻的痛苦。世界卫生组织指出心理疾病正成为人类的头号杀手，并发出了"关爱我们的心灵，重视心理健康"的急切呼唤，将每年10月10日定为"世界精神卫生日"。

当代中国社会正处于一个重要的整体转型时期，随着经济体制的深刻变革，社会结构深刻变动、利益格局深刻调整、思想观念深刻变化，一方面带来了经济的繁荣、社会的发展，中国跻身世界经济强国之列，成为第二大经济体。另一方面，在快速发展的同时，社会矛盾日益凸显，自身体制与机制的更新进入临界，经济容易失调，道德容易失范，社会容易失序，人们心理容易失衡，社会管理容易失控，经济和社会都面临着严峻的考验。如果人们的心理状态滞后于急剧变化的社会状态，就容易产生社会心理落差，心理健康问题正在侵扰着社会各个阶层，这种落差和失衡在士官生中同样会有所反应。

应该看到，伴随着形势和任务的变化，士官生精神面貌和心理素质发生了深刻变化，绝大多数士官生越来越理性、越来越公正、越来越文明。同时，其面临的工作、生活和社会环境也越来越复杂，价值多元化、诱惑多样化给士官生的心理适应带来了严峻考验。重视和采取必要的应对措施，提高士官生心理品质，无论对个体或是军队建设来说都具有重大意义。

第四节 士官生的心理疏导

构建和谐的士官院校首先要实现士官生内外的和谐，其中心理的和谐是不容忽视的因素。因为人们的心理状况对于和谐氛围的构建有着重要的影响。心理不和谐、不健康会给社会和他人造成伤害，从而影响士官院校的和谐，这种影响力有时会带来十分严重的后果。所以士官院校的和谐与每个士官生的心理和谐有着密切关系，心理和谐是构建和谐士官院校的基础。

一、士官生心理疏导的内涵

心理疏导属应用心理学的范畴。狭义的心理疏导是建立在心理咨询与治疗的基础上的，指运用一定的心理技术或手段对心理疾病患者进行疏导，引导和激励患者自我领悟、自我认识和自我矫正，以达到治疗和预防疾病的目的，它是心理治疗的一种方法。据有关报道，心理治疗的治愈率达到了百分之三十多。广义的心理疏导指心理、观念或思想层面上的"疏通"与"引导"。疏通是引导的前提和基础，引导是疏通的目的和归宿，疏通和引导相互联系、相互渗透、相互依赖、相互贯通。没有疏通，就难以进行正确的引导；没有引导，疏通就失去了存在的意义。

士官生心理疏导就是根据士官生的心理特点，按照其心理活动规律，运用心理学科的知识和原理，通过解释、说明、同情、理解、支持等方式，并运用语言和非语言的方式进行疏通和引导，以便影响其心理状态，改善或改变士官生的认知、情感、意志和行为，最终达到缓解或解除不良心理状态、培养健康的人格和良好的心理素质的过程。士官生心理疏导的应用范围包括个体心理疏导和群体心理疏导、常态问题的心理疏导和非常态问题的心理疏导、危机发生现场的心理疏导和日常生活中的心理疏导。

一般来说，士官生心理疏导包括五个要素。

第一，心理疏导主体。士官生心理疏导的主体指心理疏导的运用者和心理疏导活动的实施者，它与心理疏导客体相对应，是在心理疏导过程中有目的地对心理疏导客体进行心理疏导的人。心理疏导主体在运用心理疏导的过程中，起着确定心理疏导的目标、组织心理疏导的内容、设计心理疏导的环节、营造良好心理疏导氛围以及引导心理疏导客体的思想和行为等方面的作用。在心理疏导的运用过程中，心理疏导主体以其自身特点推动着心理疏导理论和实践活动的发展。

第二，心理疏导客体。士官生心理疏导的客体是心理疏导的接受者和受动者，是心理疏导主体施加帮助和影响的对象。

第三，心理疏导目标。士官生心理疏导的目标是提高士官生履行职责的能力，维护社会的和谐稳定，促进个体的全面发展。

第四，心理疏导内容。士官生心理疏导的内容主要有认知疏导、情感疏导、思想疏导、社会适应疏导等。

第五，心理疏导情境。心理疏导情境包括实际情境、虚拟情境、想象情境等。

在士官生心理疏导诸要素的相互关系中，心理疏导主体起着主导的作用。心理疏导客体主动参与心理疏导的程度在很大程度上影响着心理疏导的实际效果。心理疏导情境对心理疏导主体的决策和实施、具体方法的选择和心理疏导客体的思想行为变化起着重要作用。心理疏导目标是心理疏导所要追求的目的。心理疏导内容是心理疏导活动的客观依据和物质保证。心理疏导各要素在心理疏导过程中相互依存、相互促进，是一个不可分割的整体。

二、士官生心理疏导的作用

心理疏导主要是通过价值导向、认知促进、心理修通、情绪宣泄以及行为调适来达到疏通和引导的目的。

（一）价值导向

价值导向是指国家和社会以其发展目标和利益对个人和集体的价值取向进行有目的的引导。价值导向具有确定性、统一性、目的性、理想性的特点。价值导向从本质上来讲是对社会上存在的多种多样的价值取向进行整合和消解的过程。价值多元化使人们的价值观念开始转变，使价值冲突现象成为价值领域的常态，严重影响了社会成员对社会核心价值的认同。价值导向作为引导社会成员认同并接受社会主导价值的重要手段，能有效地解决社会成员所出现的价值取向问题与价值选择问题。

正确、合理的价值导向是个体正确价值观形成的基础，对个体的价值取向具有决定性的作用；正确、合理的价值导向是社会前进的精神动力。如果一个国家和民族的价值观处于混乱无序状态而难以统一，人们就会因为没有共同的理想和价值追求而感到困惑和迷茫，从而失去前进的精神动力；正确、合理的价值导向的构建是现实生活的迫切要求。马克思和恩格斯指出，"人们的观念、观点和概念，一句话，人们的意识随着人们的生活条件、人们的社会关系、人们的社会存在的改变而改变"。

目前，我国正处于社会的整体转型时期。社会主义市场经济的发展、改革开放的深入使多元文化、多元思想观念、多元价值观互相激荡，人们的价值观与价值取向变得更为复杂。一方面，社会价值的多元化带来了民众意识的觉醒；另一方面，在带来民众意识觉醒的同时，又引发了价值选择的迷茫与困惑。总体来看，现在社会的价值取向存在功利性、实用性、多样性的特点，这使社会的主导价值受到了前所未有的冲击与挑战。这就要求我们在价值体系的构建中必须确立科学合理的价值导向，使人们的价值观向着合理而健康的方向发展。因此，在这种多元价值观并存和价值取向多样化的背景下，给士官生以合理、正确的价值导向就成为必要。在心理疏导过程中，价值导向对士官生有着整体定向的作用，有利于规范士官生的行为，使其形成一致的认识和共同的追求，并形成一种强大的凝聚力、向心力。

（二）认知促进

人的行为动机、目的、期望和价值观念指导和调节着人的行为。一个人行为缺陷的背后就是认知上的非理性。在心理亚健康群体中，很大一部分人是因为认知出现偏差而产生的心理隐患。心理疏导认知促进机制的根本目标是要发现错误观念及其赖以形成的认知过程，并加以纠正。思维是促进正确认知的关键，改变不良的思维，则能改变情绪和行为。有针对性地帮助士官生解决认知上存在的问题，找出不现实、不合逻辑的一面，学会理性的思维方式，恢复健康有序的行为习惯。如用正确的态度与眼光看待事物的发展，以理性的标尺评价自己和他人，以积极的心态去面对外界的压力，以感恩的心态去看待工作和组织，以广阔的胸怀去面对委屈和不公，最终达到个体的全面发展与社会的和谐发展。

总之，在心理疏导的过程中，要帮助心理疏导客体发现并改变自己的错误观念及其赖以形成的认知过程，用认知带来的主观体验促进其心理和身体内部的实质性变化。

（三）心理修通

心理疾病、思想问题与躯体疾病一样，其康复和痊愈在某种程度上都要靠机体的自然修复。心理修通就是帮助人们主动发挥内因的作用，在自省的基础上确定自己的健康发展方向。

修通的本意是指逐渐通过、闯过。心理修通就是通过心理疏导客体的领悟来使其行为、态度和认知结构发生改变，从而使某一思想问题得以解决。心理疏导的心理修通机制就是帮助心理疏导客体了解和认识周围的环境，帮助他们冷静地分析失败的主客观原因，使其认识到自己的心理需求与实际之间的差距，并得到某种领悟，从而释放自己压抑的情绪，不断使自己的动机与环境相适应。

在这个过程中，心理疏导主体应帮助心理疏导客体认识到：人的潜能是巨大的，人在挫折与挑战面前应积极调整自己，挖掘自身的潜能，这样人就可以产生极大的能量并战胜困难，成功的道路在每个人的脚下，关键要有成功的积极心态。帮助心理疏导客体了解理性与非理性的区别，使之在心理上进行反思、产生顿悟，用正确、合理和科学的眼光来重新审视自己以往的思想与行为。

（四）情绪宣泄

情绪宣泄是指利用或创造某种条件、情境，以合理的方式把压抑的情绪释放出来，以减轻心理压力、稳定思想情绪。情绪宣泄起着一种释放负性能量的作用，把压抑在心里的愤怒、憎恨、忧愁、悲伤、焦虑、痛苦、烦恼等消极情绪加以排解，给不良情绪找一个适当的出口。

士官生心理疏导的情绪宣泄主要是针对士官生个体思想、情绪中的矛盾，为其提供机会、场合、疏通渠道，使其发泄负面情绪，从而达到减轻心理压力、化解矛盾的目的，最终产生积极的心理平衡效果。合理、恰当的情绪宣泄对于士官生的心理健康具有重要的意义。

相关研究表明，压抑情绪不仅与身体健康有密切关系，还会造成心理与思想的郁结。情绪和个人身心健康之间的关系主要表现在两个方面。其一，压制情绪不利于心理健康。美国心理学家威廉·詹姆士是第一个提出抑制情感对健康有不良影响的学者。他认为，当人的正常情感通道受到阻碍时，其就会通过病理的方式表现出来，最终导致身心疾病的发生。哈佛大学心理学系教授韦格纳的实验表明，一个兴奋的念头在压制后可能比在自由表达期间更具刺激性。情绪压制好比流水被堵塞，水位不断升高后水就会冲破堤坝，并造成严重后果。长期的情绪压抑是引起心身疾病的一个因素。现代心理学认为，情绪宣泄是人们获得精神健康的重要"营养素"。及时、适当地宣泄敌对、不满、抑郁、委屈等消极情绪，有利于人们化解不良情绪、恢复心理平衡、实现身心健康。情绪宣泄能使心理疏导客体采取一种积极有效的方式，快速释放心理能量、宣泄心中的不满、消释不良情绪，让其拥有一个较为适宜的"出气阀"，从而帮助个体保持心理健康。其二，情绪宣泄能有效预防心理危机事件的发生。尤其是对于处于人生发展特殊时期的士官生来讲，这一时期，他们容易出现一系列过激心理反应与突出情绪反应，而情绪宣泄能够有效避免不良情绪反应对他人和社会造成危害，从而有效地预防危机事件的发生。

情绪宣泄的方式多种多样，概括起来，主要包括自我疏泄和他助疏泄两种方式。自我疏泄主要是指不依赖他人，单靠自己来完成疏泄过程的方式。自我疏泄具体包括书写法、体育运动、"出气室"、眼泪缓解、转移注意、音乐等方法，这些都能起到情绪宣泄的作用。他助疏泄主要有倾诉、模拟宣泄等方式。

（五）行为调适

行为调适是指通过纠正不正确行为来达到调节情绪、促进个体身心健康的目的。根据心理学的观点，人的行为是在客观环境影响下所引起的内在生理和心理变化的外在表现。当人受到环境刺激时就会产生一种需要，为了满足这种需要，人就会萌发相应的动机，动机驱使着人进行一定的活动，这样就产生了人的行为。从某种意义上来讲，行为是物化了的思想。无论思想如何复杂、隐秘，总是要外露而表现为行为的。

行为是人们思想意识的外在表现，行为是思想政治教育的显性结果，思想和行为是对立统一的关系。思想是基础，是指导；行为是表现，是践履。行为训导可以使个体形成特定的习惯，而习惯会转化为心理定式，并进一步使个体形成稳定的心理品质。

在心理疏导过程中，要注意培养和发展心理疏导客体的行为能力，而不应只注重行为的硬性规范，要帮助其选择正确的行为方式并使其付诸行动。发现好的行为，要进行肯定和鼓励；发现不好的行为，要帮助纠正，最终引导其选择合理正确的行为。

三、士官生心理疏导的内容与形式

（一）士官生心理疏导的内容

士官生作为一个特殊群体，他们除了具有一般人的常见问题外，还具有自身所特有的心理问题，士官生心理疏导主要包括以下几个方面的内容。

一是缓解心理压力。士官生是具有责任感和进取心的群体，追求对上负责和对下负责的一致性，同时必须接受各方面和各种媒体的监督，他们处处谨言慎行，内心承受着较大的压力。心理疏导要根据这一特点来设计压力管理方案，消除因心理压力而产生的负面心理情绪，或者将其转化为一种动力。

二是增强心理安全感。当下，士官生成了一个"高风险"的职业，心理疏导可以帮助相关人员正确认识职业风险，增强其职业担当。在出现突发事件时，应及时提供心理支持，并激发当事人的潜能，使其积极应对危机。

三是舒缓人际关系。有些士官生受困于工作环境中复杂微妙的人际关系，陷入了矛盾、猜忌、冲突的人际关系中，常常感到不安和紧张。尤其在部门利益分配、分工合作、职位升迁阶段，为了让利益天平倾向自己，容易恶化人际关系。有些士官生习惯于掩盖自己的真实想法和情感，相互之间表现出较强的戒备心，产生了如履薄冰的感觉。

如果长期处在这种信任度低、猜疑不安的工作环境中，就容易感到精神压抑、心情苦闷，最终严重影响自己的身心健康。所以，士官生要想拥有健康的心理、良好的人际关系，就要学会运用心理疏导，因为心理疏导不仅可以改善人际关系，还可以提升团队凝聚力与和谐度。

四是理性看待个人成长中的烦恼。在士官生所生活的这样一个从上到下的体制中，他们需要遵从从上到下逐层服从的原则这样才能保证军事行动的有效进行。在这样的体系中，所处位置的高低对一个人的地位和作用具有相当大的影响，如何通过努力让自己得到相应的升迁，是身处这个体系中的士官生所必须思考的。但是作为国家机器的武装系统，可以得到升迁的毕竟是少数，绝大多数成员得到升迁或发展的概率是比较小的，如何使无法实现升迁预期的个体调适心态，找到平衡点和成就感，是士官生心理疏导必须面对的重要任务。

（二）士官生心理疏导的形式

士官生心理疏导的形式主要有以下几种。

一是心理健康普查干预。要进行有效的心理疏导，维持良好的心理状态，必须了解士官生的心理健康状况，对士官生进行定期的心理普查和干预，所以建立士官生心理健康档案就成了一项必不可少的基础性工作。通过心理普查和建立心理档案，可以准确把握士官生的心理状态，提前发现可能出现的心理问题，从而有针对性地进行士官生心理疏导。

二是心理健康教育讲座。心理健康教育讲座是心理预防的重要形式，通过讲座可以普及心理健康知识，提高士官生的心理保健意识，使其关注自己的心理健康，在遇到问题的时候积极寻求帮助，消除他们对心理健康和心理咨询的误解，从而形成良好的心理疏导氛围。要注意针对心理普查中发现的问题分专题进行研讨。

三是个体心理辅导。为那些已经出现心理问题的士官生提供一对一的专业心理咨询和治疗服务，帮助其尽快恢复到正常状态，减少其因为心理问题带来的工作损失，提高其工作效率。

四是团体心理辅导或心理沙龙。把面临相同或相似心理问题的人组织在一起，运用团体动力学的原理，让团队成员之间相互激励、相互启发、相互支持，并逐步认识和分析自己，最终让自己强大起来，战胜面对的困难。也可以组织并开办一些心理沙龙活动，让活动参与者在沙龙中表达自己的观点、宣泄自己的情绪，通过相互观点的表达开阔视野，同时通过心理沙龙让参与者获得归属感并得到一定的社会支持。

五是组织各种活动，进行室内或户外心理素质拓展训练。心理问题是个体在不良刺激下形成的，要消除这些不良刺激引起的心理体验，通过新的体验消除原有不合理的体验和观念是维持心理健康的一种重要的方法。比如，可以开展心理素质拓展的信任背摔和信任盲行项目活动，一方面使其体会到信任和责任的重要性，另一方面增强其换位思考的意识，增进士官生之间的情感沟通，增强人际信任感。

四、心理学理论在士官生心理疏导中的应用

士官生的心理疏导是一项复杂的工作，既要针对具体的心理行为问题，又要了解并遵循士官生内在的心理发展规律。下面介绍几种常用的心理治疗理论及其在心理疏导中的应用技术。

(一)精神分析理论及其应用

精神分析被称为心理学的第一次思潮。奥地利精神病学家西格蒙德·弗洛伊德是精神分析学派的创始人。精神分析理论认为,压抑人格动力结构的内在冲突是引发心理问题的根源。

1. 精神分析理论

精神分析理论作为一种动力学理论,从诞生起,由于在心理动力的本源问题上产生了分歧,就出现了不同的分支和发展方向。下面主要介绍弗洛伊德的经典精神分析理论。

意识层次理论认为,人的某些心理活动是自己能够察觉到的。例如,如果我们现在把注意力集中在自己的内心活动上,便会发现我们的头脑中会不断地闪现一个个观念、意象和画面。弗洛伊德把这些能够被自己意识到的心理活动称为意识。弗洛伊德曾做过这样的比喻:心理活动的意识部分好比冰山露在海面上的一角,而无意识则是海面下那看不见的巨大部分。

对于无意识心理活动,人们可能不那么熟悉,因为无意识的基本特点就是不易被我们察觉到。根据弗洛伊德的看法,无意识这个术语有两层含义,一个是指一些潜伏的、无法被察觉的思想或观念,另一个是指无意识领域中的这些观念、欲望的动态活动。在无意识中,有一部分内容是可以进入意识并被我们察觉的,这一部分无意识被称为前意识。所以后来专门把不能进入意识的那一部分称为无意识。无意识的内容往往包含着大量与人的本能欲望、非道德的冲动相联系的观念或经验,因而受到压制,不被允许自由进入意识。这意味着在意识的入口有一套检查机制,弗洛伊德在早期把这种机制称为检查员,后期建立了人格的自我、本我和超我结构后,这种检查作用就由超我担任了。

无意识虽然不能被人所觉察,却对人的行为产生了重要的影响。神经症症状行为的原因大都要追究到无意识精神活动之中。弗洛伊德认为,无意识的动机是向上运动的、向外推的,而意识却施以相反的力量,向下、向内紧压。病态的压抑会导致心理疾病,并以神经症的形式表现出来。

2. 基于精神分析的心理疏导技术

(1) 自我心理防御机制

自我心理防御机制最初由弗洛伊德本人提出,后来弗洛伊德的女儿安娜·弗洛伊德又进行了深入的研究。在人格发展过程中,本我和外界现实之间、本我和超我之间会经常出现矛盾和冲突,并引发个体的焦虑情绪。个体在自我协调过程中,会逐步形成一些习惯性的手段和技巧,它们能不知不觉地在自我活动中起作用,使超我、本我都得到满足,并使个体在主观上适应现实。这种手段和技巧被称为自我心理防御机制。

(2) 自由联想

自由联想方法被发现之后,弗洛伊德曾称之为"到达无意识的康庄大道"。自由联想的基本要求是让人将注意力集中于头脑中"流出"的任何念头、意象或思想,不用意识指导思维，不对出现的东西进行任何评判，并及时说出这些思想。不管出现的想法有多么荒谬、没有意义、不道德或愚蠢、罪过，也不管说出来会不会难为情或遭到批评，他的任务仅仅是"观察"那些思想，并报告出来。联想有时是随机的，在这种情况下，分析者应要求病人进行联想，但不能附加任何别的指示。弗洛伊德认为在治疗情境中，实际上不可能有真正"自由"的联想，病人仍处在治疗情境的控制之下，所以不用担心他的联想会离题。在经典的分析中，经常使用的是这种联想。当代的一些分析者还以一种"指定联想"的方式来运用自由联想。例如，当来访者谈到某件事、某个人、某种情绪体验时，治疗者要求他"保持在"这件事、这个意象、这种情绪上，并进行联想。

（3）梦的解析

释梦在心理分析中是另一个了解无意识内容或内在冲突的途径。按心理分析的理论，梦有显相和隐意之分，显相是梦中的情境和事件，隐意则是隐蔽在显相后面的无意识动机。析梦就是通过显相揭示隐意。在揭示梦的隐意过程中，常要运用自由联想来产生更多的材料，以找到显相和隐意之间的联系。在对梦进行分析时需要先了解梦的工作——梦如何把无意识冲动伪装成显相，以及如何掌握梦的象征规律，等等。弗洛伊德《梦的解析》中对此进行了深刻论述。弗洛伊德提出了释梦技术程序的选择方案。

①分析者按时间顺序分析，做梦者对梦的内容进行排序并进行联想。

②分析者挑选梦中的特殊因素进行分析。

③直接问做梦者联想到了前一天的哪些事情。

④如做梦者熟悉释梦技术，让他自己决定从哪儿开始联想。

在做梦者的联想已经让潜意识的愿望浮现出来的时候，分析师可以给予其适当的解释，促进领悟的获得。

（二）行为主义理论及其应用

1. 行为主义理论

行为主义被称为心理学的第二次思潮，其创始人是美国心理学家华生。1913年华生在《心理学论坛》上发表了《在行为主义者看到的心理学》这篇论文，并正式举起了行为主义的旗帜。华生认为，心理学研究的目的是寻找预测和控制行为的途径。他认为心理学是行为的科学，而不是意识的科学。心理学的研究对象是人类和动物行为，而较简单的动物行为比复杂的人类行为更具有根本性。刺激—反应（S-R）就是华生行为主义的公式。

行为主义并没有明确提出心理健康的定义，但认为心理健康是适应环境的一种能力。行为理论家在人性问题上采取自然主义的哲学观点，认为人的行为是由环境控制的。他们将心理障碍症状看作适应不良行为。人的异常行为是人与环境不相协调的结果。我们可能学会看上去有吸引力但实际上对我们有害的东西；我们也可能学不会所需的应付能力，或者学会了一些类似无助、逃避等不负责任的不良适应方式，这就造成了心理健康方面的问题。

2.基于行为主义理论的技术

(1)系统脱敏法

系统脱敏法是行为治疗的一项基本技术,由沃尔帕创立。其辅导原理是对抗条件反射。比如,在引起焦虑的刺激存在时造成一个与焦虑不相容的反应,则能引起焦虑的全部或部分抑制,削弱刺激与焦虑之间的联系。

抑或使用放松方法以减轻患者对焦虑刺激的敏感性,鼓励患者逐渐地接近他所恐惧的事物,直到其不再恐惧。具体方法是设计出一个能引起恐惧感的由轻到重的恐惧事物分级表,然后让人们在放松的状态下逐级训练,想象恐怖事物并放松下来,等到恐惧感几乎消失时,再想象更恐怖的内容。按恐怖事物分级表逐级想象完成后,再进行真实事物的逐级训练。

实施系统脱敏法时应注意以下事项。

①系统脱敏法对焦虑症、恐惧症有明显的效果,如果与认知疗法等其他疗法结合使用,效果会更明显。

②在进行逐级放松训练时要循序渐进,在前一个等级的焦虑完全消除后,才能进行下一个等级的放松训练,不可操之过急。

(2)厌恶疗法

厌恶疗法是一种具体的行为治疗技术。其内容为将欲戒除的问题行为与某种不愉快的或惩罚性的刺激结合起来,通过厌恶性条件的作用来达到戒除或至少是减少目标行为的目的。例如,可以采用巨声、恶臭、烟熏等。

近年来一般采用随身携带的袖珍电刺激盒或套在就诊者手腕上随时可自弹致产生疼痛感的橡皮圈。厌恶疗法既可用于消除单个行为,如咬指甲、拔毛癖或吸烟等,也可用于消除强迫思想或强迫行为。

厌恶疗法的注意事项如下。

①能够应用正强化方法时尽量不用厌恶疗法。即使采用厌恶刺激,这些刺激应该也是没有严重副作用的。

②应用厌恶疗法时一定要掌握厌恶刺激的量的大小。量太小就不会起到什么作用;而量太大又会对患者造成身心伤害。

(3)暴露疗法

暴露疗法是指让当事人暴露在各种不同的刺激情境中,使之逐渐耐受并能适应的一类治疗方法,又称满灌疗法。此疗法强调快速地、长时间地使当事人暴露于令其感到恐惧的刺激情境中,此时当事人会产生强烈的情绪反应,但又不能逃脱,从而使这种情绪反应在短期内逐渐消退,最终使障碍在短期内消除。暴露疗法可以用来治疗强迫症、恐惧症等。

实施暴露疗法时应注意以下事项。

①实施暴露疗法前应对患者的身体状况有充分的了解,如果患者有心脏病、高血压等,切不可应用暴露疗法。

②由于暴露疗法所引起的心理和生理反应比较强烈，其可能加重焦虑症状，导致回避行为，甚至可引起呼吸循环意外，因此，在实施过程中一定要谨慎。

（4）行为塑造法

行为塑造是培养新行为的一种行为干预方法。它通过持续地逐一强化更为接近目标行为的行为，同时消退先前的较为接近目标行为的行为，使目标行为得以形成，这是一种提高行为发生率的技术。如代币制，即运用代币编制出一套相应的激励系统来对符合要求的目标行为的表现进行肯定和奖励。代币可以是筹码、票券、记分卡、粘贴纸等，它们起着表征性作用。代币制实际上是一种刻意安排的奖励系统。只要行为者表现出预期的目标行为，他就可以按规定获得相应代币的奖励，并根据个人的需要在规定的时间和地点按特定的交换系统换取强化刺激物。

实施行为塑造法时应注意的事项。

①选择好初始行为。初始行为应该与目标行为相接近，且是当事人能较容易做到或有一定发生率的。

②把握好进度。切不可因为进度太慢而使患者产生厌烦感；也不可因为进度太快而使患者产生畏惧心理。

③编制好交换系统。交换系统一定要详细、明确，不能模棱两可。

④认真执行。代币制一旦确定并付诸实施，就必须按规定使当事人获得代币并换取强化物。

（三）人本主义理论及其应用

1. 人本主义理论

人本主义心理学，被称为心理学的第三次思潮。人本主义心理学在20世纪50—60年代兴起于美国，马斯洛、罗杰斯是这一运动公认的领袖人物。人本主义心理学第一次将人的本性与价值提升到了心理学研究对象的地位，开拓了心理学关于人类高级精神生活的研究领域。人本主义心理学探讨了人的本性和价值，不仅扩大了心理学的研究领域，也促进了心理学的进一步发展。比如，人本主义心理学提出了需要层次论、高峰体验论、积极人性论等，使心理学从自然主义向人文主义转化，树立了一座以人为本、以人为贵的西方心理学史上的新的里程碑。但是由于人本主义心理学在人性的先天与后天、自然性与社会性等关系问题上的理解仍有偏差，因而人本主义心理学的局限与误区也是不容忽视的。

人本主义心理学从正面界定心理健康，心理健康是指能够实现自我价值的人。表现为具有清晰的洞察力，具有区别于他人的能力；能够接纳自己和别人，也能够享受独处；对生命保持不断更新和投入的态度，可以达到较高层次的适应水平。

在人本主义心理学界中，罗杰斯的自我概念是最系统的。它由一系列的命题组成：每个人都有自己的经验世界；个体最基本的动机就是自我保持、自我发展及自我实现；个体对外界的反应是根据他们对外界的知觉方式做出的，并且与他们的自我概念或世界观相一致；自我感知到威胁后会产生防御症状，如知觉和行为表现刻板与狭窄等，还会建立自我防御机制；个体的内部趋势是朝向健康和完整的。

正常条件下，我们的行为是健康的、富有建设性的，个体会寻求实现个人成长和自我价值的行为方式。

2. 基于人本主义的来访者中心疗法

（1）来访者中心疗法的基本理论

来访者中心疗法是由美国心理学家罗杰斯创立的，他是人本主义心理疗法的主要代表。

罗杰斯认为人的本质是好的，若在良好的环境下让他的潜能自由发展，将会是健康而富有建设性的。人的诚实与善良的特性是与生俱来的，而某些"恶"的特性则是防御的结果而并非出自本性。

罗杰斯充分相信人有自我实现的潜能。他认为人是理性的、能够自立且对自己负责，有正面的人生取向，因此可以独立自主，进而实现自我价值。罗杰斯认为自我实现是人类最基本的动机，人是积极主动的、自我实现和自我指导的。

来访者中心治疗法十分重视人的自我概念。罗杰斯指出人的自我概念，特别是某些重要的自我概念是了解心理失常行为的关键。每个人的心中都有两个自我：理想自我和现实自我。现实自我是别人眼中的自己，理想自我则是个体自以为"应是"的自我。对于大多数人来说，如果理想自我过高而难以实现，人就会陷入痛苦中，最终导致心理失常。

（2）来访者中心疗法的技术

①真诚。真诚即治疗者能做到表里如一，不加任何掩饰，以自己的本来面目出现。这样来访者就能了解治疗者的真实情况。真诚还意味着治疗者在治疗过程中真实地表现自己的情感和行为。当来访者痛苦时我们应该表示同情，当来访者陷入困境时我们应该表示理解，等等。这些真实的情绪反应就是治疗者表现真诚的标志。

②无条件地积极关注。无条件地积极关注是指无论来访者所表达的情感的内容是多么的不可思议，治疗者都要乐于接受，并且这种关注与理解是没有任何先决条件的，不管来访者的情感正确与否或合适与否。在实际治疗过程中，没有任何一个治疗者能在所有的时间里对来访者进行无条件的积极关注。但治疗者应尽力而为，因为这种态度持续的时间越长，治疗就越容易成功。

③移情。移情指治疗者站在来访者的立场上，设身处地地去体会他们的痛苦、看待他们的问题。移情包括两个方面：一方面是治疗者的言语行为，如重复来访者谈话中的要点；另一方面是治疗者的非言语性行为，如治疗者的身体姿势、面部表情、语气、与来访者的目光交流等。这些都可以表现出治疗者对来访者的关注与理解。移情反映了治疗者准确地深入来访者的内心世界，在最深的层次上体验来访者情感的能力。我们今天所说的"理解万岁"就是移情的表现。由此可以看出，来访者中心疗法对治疗者有着很高的要求，治疗者不仅要与患者建立良好的医患关系，还要准确地把握这一非指导性疗法的面谈技巧。所

以说，在来访者中心疗法中，治疗者不仅促进了来访者的成长，同时也促进了自己的自我实现。

心理科普

心理咨询的基本原则

①保密性原则。应咨询人员应保守来访者的内心秘密，妥善保管来往信件、测试资料、咨询档案等材料，不得在任何场合谈论来访者的隐私，除非征得来访者的同意，绝不向来访者的领导、同事、同学、父母、配偶等谈及来访者的隐私。

②价值中立原则。咨询人员对来访者的语言、行动和情绪等要充分理解，不得以道德的标准评判其对错，要帮助来访者分析原因并寻找出路。

③时限性原则。心理咨询有一定的时间限制。咨询时间一般规定为每次60分钟左右（初次受理时咨询可以适当延长），原则上不能随意延长咨询时间或间隔。

④助人自助的原则。解决问题就是一次学习的机会，咨询师帮助来访者理清思绪，学习理性处理问题，并在过程中让来访者的心理素质得到了提高。因此咨询本身就是一个来访者学习并成长的过程，同时也是咨询师"助人自助"的过程。

⑤自愿原则。原则上讲，到心理咨询室求助的来访者必须出于自愿，这是确立咨访关系的先决条件。没有咨询愿望和要求的人，咨询者往往不会去主动找他（她）并为其提供心理帮助，只有自己感到心理不适并为此而烦恼且愿意找咨询人员诉说烦恼以寻求咨询者的帮助的患者，才可能使问题得到解决。原则上讲，心理咨询室的大门都是永远向任何人敞开的。

⑥无条件积极关注原则。存在即合理，每个人做任何事必有他自己的苦衷。心理咨询师站在一个客观的立场上，不以道德的标准，不受私人关系的扰乱，对来访问者进行无条件的积极关注，会尽心帮助每位来访者走出心灵的雨季。

⑦重大决定延期原则。心理咨询期间由于来访者情绪不稳定，原则上应规劝其不要轻易做出诸如分手、流产、分居或离婚等重大决定。在咨询结束后，来访者的情绪得以稳定、心境得以整理之后做出的决定，往往不容易使其后悔。对此咨询师应在咨询开始时予以告知。

心理测验

心理测验须知：

1. 本测验适用对象为16岁以上人群。

2. 本测验仅用来评定一个人是否有某种心理症状及其严重程度如何，不能用于心理问题的诊断。具体心理问题的诊断请遵从心理咨询师的评估。

3. 本测验不适用于精神障碍患者。

症状自评量表

请根据您最近一周的情况，在最符合您的分数上打"√"。1表示从无，2表示很轻，3表示中等，4表示偏重，5表示严重。

题　目	评分
1. 头痛	1　2　3　4　5
2. 神经过敏，心中不踏实	1　2　3　4　5
3. 头脑中有不必要的想法或字句盘旋	1　2　3　4　5
4. 头昏或昏倒	1　2　3　4　5
5. 对异性的兴趣减退	1　2　3　4　5
6. 对旁人责备求全	1　2　3　4　5
7. 感到别人能控制自己的思想	1　2　3　4　5
8. 责怪别人制造麻烦	1　2　3　4　5
9. 忘性大	1　2　3　4　5
10. 担心自己的服饰不整齐或仪态不端正	1　2　3　4　5
11. 容易烦恼和激动	1　2　3　4　5
12. 胸痛	1　2　3　4　5
13. 害怕空旷的场所或街道	1　2　3　4　5
14. 感到自己的精力下降，活动减慢	1　2　3　4　5
15. 想结束自己的生命	1　2　3　4　5
16. 听到旁人听不到的声音	1　2　3　4　5
17. 发抖	1　2　3　4　5
18. 感到大多数人都不可信任	1　2　3　4　5
19. 胃口不好	1　2　3　4　5
20. 容易哭泣	1　2　3　4　5
21. 同异性相处时会害羞并感到不自在	1　2　3　4　5
22. 感到被骗、中了圈套或有人想抓住您	1　2　3　4　5
23. 无缘无故地突然感到害怕	1　2　3　4　5
24. 自己不能控制地大发脾气	1　2　3　4　5
25. 怕单独出门	1　2　3　4　5
26. 经常责怪自己	1　2　3　4　5
27. 腰痛	1　2　3　4　5
28. 感到难以完成任务	1　2　3　4　5
29. 感到孤独	1　2　3　4　5
30. 感到苦闷	1　2　3　4　5
31. 过分担忧	1　2　3　4　5
32. 对事物不感兴趣	1　2　3　4　5

续表

题 目	评分
33. 感到害怕	1 2 3 4 5
34. 您在感情中容易受到伤害	1 2 3 4 5
35. 旁人能知道您的私下想法	1 2 3 4 5
36. 感到别人不理解您、不同情您	1 2 3 4 5
37. 感到人们对您不友好，不喜欢您	1 2 3 4 5
38. 做事必须做得很慢以保证做正确	1 2 3 4 5
39. 心跳得很厉害	1 2 3 4 5
40. 恶心或胃部不舒服	1 2 3 4 5
41. 感到自己不如他人	1 2 3 4 5
42. 肌肉酸痛	1 2 3 4 5
43. 感到有人在监视您、谈论您	1 2 3 4 5
44. 难以入睡	1 2 3 4 5
45. 做事必须反复检查	1 2 3 4 5
46. 难以做出决定	1 2 3 4 5
47. 怕乘电车、公共汽车、地铁或火车	1 2 3 4 5
48. 呼吸有困难	1 2 3 4 5
49. 一阵阵发冷或发热	1 2 3 4 5
50. 因为感到害怕而避开某些东西、场合或活动	1 2 3 4 5
51. 脑子变空了	1 2 3 4 5
52. 身体发麻或刺痛	1 2 3 4 5
53. 喉咙有梗塞感	1 2 3 4 5
54. 感到前途没有希望	1 2 3 4 5
55. 不能集中注意力	1 2 3 4 5
56. 感到身体某一部分软弱无力	1 2 3 4 5
57. 感到紧张或容易紧张	1 2 3 4 5
58. 感到手或脚发重	1 2 3 4 5
59. 想到死亡的事	1 2 3 4 5
60. 吃得太多	1 2 3 4 5
61. 当别人看着您或谈论您时感到不自在	1 2 3 4 5
62. 有一些不属于您自己的想法	1 2 3 4 5
63. 有想打人或伤害他人的冲动	1 2 3 4 5
64. 醒得太早	1 2 3 4 5
65. 必须反复洗手、点数目或触碰某些东西	1 2 3 4 5
66. 睡得不稳不深	1 2 3 4 5

续 表

题 目	评分
67. 有想摔坏或破坏东西的冲动	1 2 3 4 5
68. 有一些别人没有的想法	1 2 3 4 5
69. 感到对别人神经过敏	1 2 3 4 5
70. 在商店或电影院等人多的地方感到不自在	1 2 3 4 5
71. 感到任何事情都很困难	1 2 3 4 5
72. 感到一阵阵恐惧或惊恐	1 2 3 4 5
73. 感到在公共场合吃东西不舒服	1 2 3 4 5
74. 经常与人争论	1 2 3 4 5
75. 单独一人时神经紧张	1 2 3 4 5
76. 感到别人对您的成绩没有做出恰当的评价	1 2 3 4 5
77. 即使和别人在一起也感到很孤单	1 2 3 4 5
78. 感到坐立不安、心神不定	1 2 3 4 5
79. 感到自己没有什么价值	1 2 3 4 5
80. 感到熟悉的东西变得陌生或不那么真实	1 2 3 4 5
81. 大叫或摔东西	1 2 3 4 5
82. 害怕在公共场合昏倒	1 2 3 4 5
83. 感到别人占你便宜	1 2 3 4 5
84. 为一些有关"性"的想法而很苦恼	1 2 3 4 5
85. 您认为应该为自己的过错而受到惩罚	1 2 3 4 5
86. 感到要赶快把事情做完	1 2 3 4 5
87. 感到自己的身体有严重的问题	1 2 3 4 5
88. 从未感到和其他人很亲近	1 2 3 4 5
89. 感到自己有罪	1 2 3 4 5
90. 感到自己脑子有毛病	1 2 3 4 5

心理健康症状自评量表操作手册

心理健康症状自评量表是为了评定个体在感觉、情绪、思维、行为、生活习惯、人际关系、饮食睡眠等方面的心理健康症状而设计的。

该量表包括90个条目，共9个分量表，即躯体化、强迫症状、人际关系敏感、抑郁、焦虑、敌对、恐惧、偏执和精神病性。

躯体化：包括1，4，12，27，40，42，48，49，52，53，56和58，共12项，该因子主要反映主观的身体不适感。

强迫症状：3，9，10，28，38，45，46，51，55和65，共10项，反映临床上的强迫症状群。

人际关系敏感：包括6，21，34，36，37，41，61，69和73，共9项，主要指某些个体的不自在感和自卑感，尤其是在与其他人相比较时更突出。

抑郁：包括 5，14，15，20，22，26，29，30，31，32，54，71 和 79，共 13 项，反映与临床上抑郁症状群相联系的广泛的概念。

焦虑：包括 2，17，23，33，39，57，72，78，80 和 86，共 10 个项目，指在临床上明显与焦虑症状群相联系的精神症状及体验。

敌对：包括 11，24，63，67，74 和 81，共 6 项，主要从思维、情感及行为三方面来反映病人的敌对表现。

恐惧：包括 13，25，47，50，70，75 和 82，共 7 项，它与传统的恐惧状态或广场恐惧所反映的内容基本一致。

偏执：包括 8，18，43，68，76 和 83，共 6 项，主要指猜疑和关系妄想等。

精神病性：包括 7，16，35，62，77，84，85，87，88 和 90，共 10 项，其中幻听、思维播散、被洞悉感等反映精神分裂样症状项目。

此外，19，44，59，60，64，66 及 89 这 7 个项目未能归入上述因子，它们主要反映受检者的睡眠及饮食情况，我们在有些资料分析中，将之归为因子 10 "其他"。

测验记分

SCL-90 的统计指标主要有两项，即总分和因子分。

总分项目

总分：90 个项目单项分相加之和能反映其病情严重程度。

总均分：总分 /90，表示从总体情况看，该受检者的自我感觉位于 1 至 5 级间的哪一个分值程度上。

阳性项目数：单项分 ≥ 2 的项目数表示受检者在多少项目上呈现出"病状"。

阴性项目数：单项分 =1 的项目数表示受检者"无症状"的项目有多少。

阳性症状均分：（总分 − 阴性项目数）/ 阳性项目数表示受检者在"有症状"项目中的平均得分，反映受检者自我感觉不佳的项目，其严重程度究竟介于哪个范围。

因子分

因子分共包括 10 个因子，即所有 90 个项目分为 10 大类。每一因子反映受检者某一方面的情况，因而通过因子分可以了解受检者的症状分布特点，并可通过制作轮廓图进行分析。

心理团辅

五个简单的问题

1. 活动目的：人类的某些行为、态度或反应受遗传、环境、文化等影响是可以预料到的。通过观察力的培养，你就能发现人类的一些行为的规律。同时用实例说明某些行为是可以预料的，可以培养人的观察力。

2. 活动时间：15 分钟

3. 活动道具：纸、笔

4. 活动过程：

首先发给每位士官生一张纸和一支笔，请他们在听到五个问题后迅速给出答案，答案应为他们的第一反应。

（1）你最喜爱的颜色是什么？

（2）说出一件家具的名称。

（3）说出一种花的名称。

（4）在1~4之间选一个数字。

（5）说出动物园中的一种动物的名称。

然后给出下列答案：红色、椅子、玫瑰、3、狮子，并进行讨论。

（1）每个问题有几人"答对"？（请"答对"者举手。选择这些答案的人有很多。）

（2）在你看来，这说明了什么问题？（人类的某些行为、态度或反映是可以预料的，关键是要做一个敏锐的观察者。）

5. 分享讨论：

（1）选择一些生活的细节或容易被忽略的规律来替代问题。

（2）难度变化：让士官生自己去发现可预料的行为并进行检测。

第二章 士官生的认知

案例导读

某连二级士官小李从小家庭条件优越，养成了自高自傲的性格。高考落榜之后应征入伍。虽然刻苦训练，练就了良好的基本功。但是，他从小养成的骄傲心理并未改变，晋级为二级士官后参加部队举行的专业技能比赛，获得了第一名，从此更加目中无人，对战友总是指手画脚、品头论足。对专业技能比自己差的战友经常冷嘲热讽，而对来自贫困家庭特别是农村家庭的战友，则动辄恶语相向，在战友中产生了恶劣影响，对整个连队的团结也极为不利。

自傲指一种孤芳自赏、轻视别人，不能和他人平等相处的不良性格特征，作为一种主观心理体验，通过士官的言行举止反映出来，具体来说有以下五种表现。一，过高评价自己，有清高傲慢心理的士官眼睛经常往上看，总觉得自己能力强、品德高，因而看不起他人，在工作和学习中取得一点点成绩就沾沾自喜，认为自己十全十美。二，不尊重他人，对人没有礼貌，喜欢贬低别人，给别人取绰号，看谁都不顺眼。三，将自己置身事外，不愿与其他战友交往，不热心帮助他人，不愿与他人交流思想，不愿参加集体活动，喜欢独来独往。四，满足于一孔之见、一得之功，工作中满足于现状、不思进取，不能取他人之长补己之短，听到表扬就眉开眼笑，听到批评就恼怒暴躁，千方百计隐瞒自己的缺点。具有这种心理的士官生往往听不进组织和战友的忠告和批评意见，严重时往往自以为是、我行我素。五，过度防卫，有明显的嫉妒心。有的士官生自尊心很强，当别人取得一些成绩时，其嫉妒心便油然而生，极力打击别人、排斥别人，当别人失败时幸灾乐祸，且不向别人提供任何有益的信息，同时在别人成功时往往用酸葡萄心理来维持自己的心理平衡。

第一节　士官生认知概述

"熟知你自己"是古希腊的名言，它凝聚着人类的聪慧。人类漫长的历史过程中充满着自我探索。心理健康的人可以客观地评价自己，并接受与欣赏自己。他们能与当下的环境相适应，从而能够把握住自己的方向和行为。自我认识是主体对自身的反思和理解，即自我对本我的理解和评价，是他们对自己的身体和心理特征的认识。

一、认知的内涵

认知，是指通过心理活动（感觉、知觉、判断、推理或想象）获取知识的过程，是个体认识客观世界的信息加工活动，更是个体通过这些活动获取关于周围事物的想法与观点的过程。认识客观世界的信息加工过程是动态的，是指人认识外界事物的过程，即对作用于人感觉器官的外界事物进行信息加工的过程。这是人最基本的心理过程，它包括感觉、知觉、记忆、想象、思维和语言等心理过程。

从微观上说，认知一般指外部刺激进入大脑之后的内部加工过程，是认识活动或认识过程，它包括信念、信念体系、思维和想象等。从宏观上讲，认知是指个体对某个事物或某个对象的认识与看法。

此认知过程中主要对士官生心理健康有影响作用的是认知风格和认知策略。通过认知过程获取的关于周围世界的想法和观点是静态的，是认知活动的结果，反过来会影响我们新的认知活动，因此对个体的心理健康具有十分重要的影响作用。

二、士官生认知的主要内容

（一）入学之初

士官生来自社会的各个阶层，受教育情况和认知特点各有不同。有调查研究发现士官生的认知有以下特点：一是学习自信心较差，部分士官生受到了中考或高考失败的影响，或者工作一段时间后，以前所学的知识已模糊不清，因此自信心不足且学习的主动性较差；二是学习方式僵化，部分士官生为初中或高中学历，学习方式基本停留在"被填灌式"阶段，与经过大学教育的大学生相比，思维的主动性和灵活性较差。

（二）毕业之前

士官生毕业前一般要到部队实习，体验部队生活，对所学知识进行巩固和提高，同时明确自己的分配去向。士官生认知特点和思维方式出现了两极分化。一是学习积极性提高，通过实习认识自己的不足之处，开始带着目标学习，通过短期集训，其知识和技能能够得到大幅提高。二是消极倦怠，有的士官生认为毕业后从事的工作与现在所学专业关系不大，学习动力不足。

（三）工作之后

这一阶段的认知特点如下：一是积极型，工作一段时间之后，随着部队配发装备机电一体化和信息化程度的提高，大部分人深感所学知识有进一步提高的必要，有的通过自学进行提高，有的到相关院校进行深造，这部分人一般是各个单位的技能骨干；二是被动型，部分士官生随波逐流，领导安排什么工作他们就做什么工作，能做就做不能做就上报或等待技术支援,还有一部分人即将退伍,思想更加被动消极。

(四)自我认知

自我认知是对自己的洞察和理解,包括自我观察和自我评价,是个体对自己存在的感知、思维和意向等方面的觉察,包括对自己的行为和心理状态的认知。

如果一个人不能正确地认识自我、看不到自我的优点、觉得处处不如别人,就会产生自卑感,丧失信心,做事畏缩不前……相反,如果一个人过高地评价自己,则会骄傲自大、盲目乐观,导致工作的失误。因此,恰当地认识自我、实事求是地评价自己是自我调节和人格完善的重要前提。

自我认知是一种比较高级的认知能力。某些教育程度低或智力程度比较低的人,也许终身也不会具备这种自我认知能力。而有些人则能够超越这种心理认知。心理认知一般来说是一个无限的过程,因为心理活动本身是无限的,它会随着个人经历的丰富和记忆的增强及思想和想象力的不断提高而发展。因此当出现和前一阶段或时期不同的心理活动时,个体对自我的认知将会有一个总结和重新调整。

从工作的角度来讲,自我认知的目的是"人职匹配"。当能力和工作的要求相匹配时,人就发挥自己的潜能,并且获得满足感;当能力与工作不匹配时,人就会感到焦虑,甚至产生挫败感;当能力超出工作范围时,人又会感到工作缺乏挑战且比较乏味。

因此,士官生要想提高自我认知能力首先要了解自我,了解自己的价值观、兴趣、性格和能力;其次要分析自我,结合工作要求分析自己的优点、缺点及特点;再次要学会管理自我,在工作的过程中要学会管理自己的思想、情绪、目标和行为;最后要超越自我,就要加强自我修养,跳出"小我",客观地看待问题。

心理科普

走出心理咨询的认识误区

误区一:"心理咨询就是聊天。"

心理咨询不同于一般意义上的聊天,尽管心理咨询的方式主要是谈话,但心理咨询利用心理学的专业理论知识,以及社会学、哲学、医学等方面的知识,有严格科学的理论体系和操作规程,从而达到解决心理问题的目的,帮助人们解除心理危机,促进个体人格的发展。

误区二:"我的心理素质好,不需要心理咨询。"

心理咨询不仅仅是解决你的心理危机和大宗的心理问题。即使你很坚强、聪明、正直、热情和博学多识,你也有可能没有完全了解自己,你需要从其他人那里了解自己。你可以时时刻刻反省自己,但却不能站在局外人的立场审视自己。心理咨询是一面比较标准的镜子,可以使你从各个角度正确地了解自己。正确了解自己后,你可以扬长避短,实现人生的发展与成功。

误区三:"心理咨询师能看透我的想法,知道我的过去和未来。"

有的同学把心理咨询简单化,也有的同学把心理咨询过分复杂化和神秘化。还有个别同学把心理学等同于神秘学说,如算命、占卜、特异功能等。现在市场上有利用电子计算机打着心理测验的幌子进行诈骗的人,有的人故意让心理咨询师去猜测自己的心理活动,并以此来衡量心理咨询师的水平高低。心理咨询师除了心理学方面的专业知识与一般人不同外,并无其他特别之处。心理咨询师有经过训练的良好观察力,知道心理活动的科学规律,具有客观的逻辑分析能力,可以判断某些潜意识中的心理活动,但是一切都必须来自现实、客观、全面的资料。

误区四:"去做心理咨询很丢人。"

对心理咨询的惧怕与怀疑可能源于对"精神病"的无知,有的人去做心理咨询怕被当成"精神不正常"的人看待,有些人把心理问题当成"心理病态""思想问题"。有时轻微的心理问题如不及时加以解决,就可能发展成为重大精神病。"捂"着、"瞒"着心理问题或任其发展是不可取的。心理咨询的最基本原则里面包括"绝对保密"的原则。你可以把自己的内心世界向心理咨询师敞开。心理咨询师会精心地维护和保养它。心理咨询将使你远离愚昧及封建迷信,接受现实、挑战自我。认为"看心理医生丢人"的人往往是不敢接受自我与现实的人,其心理可能不太健康。正如哈佛大学博士岳晓东所说:"心理咨询是一种享受而不是痛苦,是明智的选择而不是愚蠢的做法。"

误区五:"心理咨询应该一次解决问题。"

许多初次进行心理咨询的同学都幻想心理咨询师能一次把自己长期的压抑与痛苦一扫而光,拨开心中的迷雾,使自己远离烦恼与困惑,然而心理咨询师并不是万能的,更不具有什么超出常人的"功夫"。"解铃还须系铃人",心理咨询是帮助求助者解决自己的问题,只是提供一些正确认识自己、分析问题、解决问题的具体方法,有些问题必须是求助者本人通过多次具体实践才能解决的。对于非常简单的心理问题,一次心理咨询可能会达到理想的效果,但许多问题是"冰冻三尺非一日之寒"的。而且有些现实问题可能涉及方方面面,心理咨询也不可能一次解决。心理咨询是帮助求助者认识自己、接受现实从而超越自我。所以心理咨询需要一个了解的过程,一个讨论、分析、操作、反馈、修正、再实践的过程,一般不能一次解决问题。

第二节 士官生认知的特征与心理健康

不合理的认知会让人对外界的刺激做出不恰当的评估,进而导致不良情绪反应的出现,理性情绪疗法和贝克认知疗法都系统地阐述了现实生活中常见的不良认知及其特征。

一、士官生不合理认知的特征

不合理认知是指错误的、歪曲的、消极的信念或思维方式，其结果是导致情绪障碍和非适应性行为。具体到士官生身上，不合理认知主要表现出以下特征。

（一）绝对化

这是一种走极端式的认知方式，也是不合理信念中最常见的一种。它是指人们从自己的意愿出发，对某一事物持有"必定怎样"的不合理想法，常常带有"必须"和"应该"的特点。这种"必须"和"应该"又表现为两个方面。

一是"我必须""我应该"，如"我必须每件事都成功""我必须使每个人都喜欢我""我必须是最优秀的""我绝对不能输"等。

这些都是人们对自己提出的难以实现的目标，是过于追求完美和苛求自己的表现。因为人们不可能事事成功、时时如愿，人们也不会总是一帆风顺或成为最优秀的，也不可能得到所有人的赞赏。所以持有这种不合理信念的人很容易产生失败感和挫折感，产生失落、自责或抑郁等情绪。理性的认知是努力做好每一件事，不过于追求完美，也不过于重视他人的评价，一切都保持一个适当的度。

比如，有些士官生产生了"我必须得到所有领导喜欢"的想法，但在现实生活中，因为不同的领导有不同的思维方式和偏好，一个领导喜欢了，另外的领导很可能就不高兴了，并且领导是不是喜欢很多时候并不是自己能决定的，如果领导自身有问题，那么不论你做什么都可能无法得到领导的赏识，一旦有了"我必须得到所有领导喜欢"这样的认知，你就会感觉到心情压抑，内心难过。

二是"你（他）必须""你（他）应该"，如"你必须对我诚实""大家都必须听从我的安排""你应该成为最优秀的人""他必须受到惩罚"等。

这些是人们对他人提出的绝对化要求，是苛求他人、控制他人的表现，也是以自我为中心和高傲自大的一种表现。每个人都有自己的喜好和主见，都有自己的优点和不足，我们没有理由去苛求、左右他人"必须"怎样，必要时也只能是希望或建议而已。

（二）过分概括化

过分概括化指个体根据一件或很少几件事情，就武断地得出关于个人能力或价值的普遍性结论，并将其应用到其他情境之中。这是一种以偏概全、以一概十的片面思维方式。这种思维方式主要表现在两个方面。

一是个体对自身的片面认识和评价。这是一种以偏概全、以一概十的片面思维方式，是一种"理智上的法西斯主义"。有的人往往以自己做的某一件事或某几件事的后果来评价自己，断定自身的价值，其结果常会导致自负或自卑等消极心理，并产生相应的不良行为。比如，遭遇失败便认为自己"没用，什么也干不成"；稍有成就，就认为自己"很了不起，最聪明、最能干"；某个人对自己不友好或几次与人打交道受挫，就觉得自己"人缘差，缺乏人际交往能力，甚至具有人际交往障碍"；等等。

二是对他人的片面认识与评价。例如，当别人稍有过失或不合自己的意愿时就片面地认为其"一无是处"，从而导致一味地指责或一味地夸大。

以自我为中心的人的主要特点是自我封闭，因为其不愿意与别人交心，也不了解别人，信息闭塞，自欺欺人，总是盲目地自我欣赏，甚至达到自傲自负的地步。个人把自己与外界隔绝开来，很少或根本没有多少交往。自我封闭者都很孤独，没有朋友，甚至害怕社交活动，这是一种环境不适的病态心理。

（三）糟糕至极

持这种不合理观点的人认为一件不如意的事情发生了，必定会导致非常可怕、非常糟糕的结果，他们往往将事情想象为"灭顶之灾""大难临头"，从而消极地预测未来而不考虑其他可能的结果。这种消极暗示会加重个体的焦虑感，并且也常常会使个体由于对失败和挫折的过度恐惧、焦虑而产生自暴自弃、悲观消沉的想法。

其实，"塞翁失马，焉知非福"。在同一件事情上，幸与不幸是可以相互转化的，没有任何一件事情可以定义为百分之百的"糟糕透"了。若我们只看到暂时的结果、突发的部分因素，而忽视事件的全部，就会得出比较片面的认识。并且对于任何一件事情来说，也可能还有更糟糕的情况发生，我们的不幸与他人的遭遇相比或许只是"小巫见大巫"，又何必妄自菲薄呢？此外，挫折是客观存在的，时时处处都可能发生。尽管我们渴望一帆风顺，但总会出现事与愿违的情形。所以勇敢地接受现实，在可能的情况下去尽力改变不如意的状况；在不可能时则要学会适应这种状况，并坚强地生活下去。

（四）两极性思维

这是一种极端的直线性思维。这种认知方式往往把事情看成是非黑即白、非此即彼，要么全对、要么全错，常常以全或无的方式思考问题，其间没有任何的过渡和余地，没有弹性和弯曲，如"我总是失败""我总是最棒的"等。这种"都""总是""没人"或"所有"的两极性思维方式常常会导致个体对自己、他人及周围事物进行过低或过高的评价，导致过度自负或自卑。事实上，任何事物都没有绝对的完美，也没有绝对的残缺。我们要学会辩证思考。

在日常工作和生活中，认知有偏颇的人心理处于消极状态，往往不能正确认识自己，也不能正确看待他人，其认知具有很大的片面性和极端性。比如，有的士官生认为自己文化水平低、基础差，无法赶上别人，努力也没有用，自己总是无法超越别人，于是自甘落后、不求上进。有的士官生经不住一点挫折，一旦遇到意外的打击，便一蹶不振。有的士官生总是带着怀疑的眼光审视自己周围的一切，对领导要么软顶硬抗，要么敬而远之。这些不良心理反应均是由于认知偏颇造成的。加强对这些士官生的心理疏导工作，必须注重引导他们调整自己的认知，改变认知结构中存在的不合理观念，做到思考问题尽量全面，避免"非此即彼"的认知方式。

（五）选择性提取

持这种观点的人仅考虑个别细节或部分信息而不顾及其他信息，经常草率地对某种事物做出片面的结论和判断。比如，自卑的人往往会选择性地提取和关注有关自己的消极、失败的信息，忽视自己的优势和特长，对自己做出片面的评价，从而得出一个支持其抑郁或焦虑的结论。相反，一个高傲自大的人往往会夸大自己的优点而缩小自己的不足，从而一味地自我陶醉，结果也很可能在不经意时摔个大跟头。

（六）乱贴标签

乱贴标签即在错误判断和归纳的基础上给自己做出一个"专业化"的结论，这种乱贴标签的行为会进一步强化自己的消极观点。例如，"我是不讨人喜欢的，所以人际交往障碍"。如此地对自己贴标签，就可能会导致个体对自己个性、能力和品质等方面进行错误的认知和评价，从而进一步引发其他不良情绪和行为。又如，有的同志因为心情压抑，就认为自己得了抑郁症，然后再一查找抑郁症的相关后果，一下把自己吓住了，因为害怕绝望真有可能导致抑郁症的后果出现。

二、士官生认知与心理健康的关系

认知对我们的情绪和行为有着极其重要的影响，个体产生什么样的行为、什么样的情绪有赖于个体对事物所持有的想法或观点，有赖于个体对情境所做出的评价。刺激是相同的，但因为个体的认知不同，因此其可能会产生不同甚至相反的评价。比如，某士官生被领导严厉批评了，如果他有"领导只会批评他讨厌的人"这样的认知，那么他的心情就会很糟糕，因为他感觉领导不喜欢自己了，甚至觉得前途都没有希望了。相反如果他有"领导只对那些有希望改好的人才进行严厉批评"这样的认知，那么他会马上看到领导对自己还没有失望，自己还是有机会的，然后找出自己到底在什么地方做得不够好并行动起来进行改变。可见，面对相同或相似的刺激，是否能有良好的情绪关键是看我们内心深处对刺激持有什么样的认知。

认知对心理行为的影响是非常巨大的，那些歪曲的、不合理的、消极的观念或思想常常会导致情绪障碍和非适应性行为。目前，已有研究发现情绪障碍患者与健康人之间存在认知偏向上的差异。认知偏向通常被认为是一种对刺激的加工偏向，包括注意、解释、记忆等方面。惊恐障碍患者对威胁性信息存在认知偏向，包括对威胁性信息的优先注意、对模糊信息进行灾难化解释、对负性信息的记忆更容易保持和提取等，这就会引起患者的焦虑体验，提升其焦虑水平。对于情绪障碍患者来说，愉悦的表情或者表现愉快生活的情境、负面的信息更能够吸引其注意力，并占用他们更多的心理资源。

总之，人的认知模式和认知系统既可以促进人的心理健康、使人愉快地生活（积极、合理之认知），也可以使人陷入情绪困扰之中，甚至使人罹患多种心理疾病（消极、错误之认知）。根据国内相关资料，目前我国高校大学生的心理健康状况令人担忧。许多大学生处于"亚健康"状态。一项以全国12.6万名大学生为对象的调查显示：20.23%的大学生存在不同程度的心理障碍。全国大学生因心理精神疾病而退学者占退学总人数的54.4%。这些学生都不同程度地表现出焦虑、抑郁、孤独、冷漠、自卑和自负等症状。引起这些心理问题的原因是多方面的、复杂的，既有社会因素的影响，也有个体因素的作用。从主观方面而言，认知歪曲是导致其发生心理问题的主要原因之一。因为认知理论认为，认知是刺激和反应的中介，外界刺激正是通过认知这一中介发生作用而使人产生这样和那样的心理行为的。认知是情绪和行为产生的直接原因，在人对刺激的反应过程中起着决定性的作用。比如，当面临同样的挫折时，有的人会痛苦不堪，有的人却若无其事，这在很大程度上是由于不同的人对同一挫折的认知、评价存在差异造成的。因此可以说，一个人在精神上是否愉快，不仅与他所处的环境有关，更与他对环境的认识有关。因此，大学生是否有科学、合理的认知方式直接影响着其心理健康的状况。

可见，正确的认知对保持心理健康是非常重要的。因此，我们要保持自信，采取积极的生活态度，对于外界刺激要进行全面、客观的评价，以保持正确的认知。

心理科普

了解性格 ABC

美国著名心脏学家弗里德曼和罗森曼把人的性格按照行为模式和情感表达方式分为A、B、C三种。

A型性格的主要特点：性情急躁，缺乏耐性，成就欲高，上进心强，有苦干精神；工作投入，做事认真负责；时间紧迫感强，富有竞争意识，外向，动作敏捷，生活常处于紧张状态，但办事匆忙，社会适应性差。A型性格又称为"经理性格"。由于其符合现代社会发展的需求，如今已被开放竞争的现代社会倍加推崇。随着社会的不断发展，A型行为者也会越来越多，A型行为者的确具有一些性格优势，但他们好胜心过强的特征也会产生负面效应。当达不到预定目标时，他们容易产生激动、发怒、焦虑、不耐烦等情绪反应，这对健康是很不利的。

A型性格的人由于对自己期望过高，以致在心理和生理上负担都十分沉重，他们被自己顽强的意志力所驱使，抱着"只能成功不能失败"的坚定信念，不惜牺牲自己的一切乃至宝贵的生命，拼命直奔自己实际能力范围内的既定目标。由于长期生活在紧张的节奏之中，其思想、信念、情感和行为的独特模式源源不断地使其产生内部的紧张和压力。紧张情绪的不断积累容易导致心血管疾病及心肌梗死的发生。有统计表明，85%的心血管疾病的发生与A型行为有关。同样，有关研究也表明，A型性格与冠心病的发生密切相关。在心脏病患者中，A型性格达98%。尸体解剖检验证明，A型性格的人罹患心脏冠状动脉硬化的概率要比B型性格的人高5倍。有关专家认为其原因如下：A型性格能激起特殊的神经内分泌机制，使血液中的血脂蛋白成分改变，血清胆固醇和甘油三酯平均浓度增加，从而导致冠状动脉硬化。心理学研究认为这种性格的人会"经常想到有许多事情要做却没有时间去做"，这种左右为难的复杂心态会使我们紧张、焦虑、心力交瘁，而高血压、心脏病、溃疡病便会随之发生。

B型性格与A型性格恰恰相反，他们遇事从容不迫，工作条理性较强，生活态度积极乐观，性情不温不火，举止稳当，对工作和生活的满足感强，喜欢慢节奏的生活，在需要审慎思考和耐心的工作中，B型比A型具有优势。B型性格的人很少有心理疾患，他们能从容不迫地应对现实中的人和事，即使患病也较容易痊愈。

除A型、B型性格之外，还有一种C型性格。C型性格的特征如下：性格内向，不善于表达，表面沉默不语、逆来顺受，但怒气难消。有精神创伤史，大多与父母不和或有过情感创伤，易抑郁，好生闷气，但生气又不对外人宣泄；极小的生活事件便可使其焦虑不安，心情总处于紧张状态；压抑怒气，往往为取悦别人而忽略自己的感受。之所以命名为C型性格，是因为这里的"C"就是cancer（癌症）一词的第一个字母，指容易发生癌变的性格类型。

生活中，我们应该学会使用弹性思维，化逆境为顺境、变挫折为动力、化不和为友情，为自己创造一个积极、有序、宽松、和谐的生存环境。古语云："山高自有行人路，船到桥头自然直。"

第三节　士官生认知改善方法

士官生要想提高认知能力，首先需要提高理论素养，即培养运用马克思主义观点分析问题、解决问题的能力与理论思维能力。提高理论素养的具体途径是坚持读书和学习。

一、士官生合理认知的培养

（一）提高理论素养，掌握学习方法

士官生要想提高理论素养就要不断地读书学习，同时还要掌握正确的学习方法。

一是针对性学习。针对性是指工作中遇到什么问题就学什么知识，这种学习不是随便翻翻书，一知半解就可以了，而是尽量系统、全面地去学习和掌握知识，使之成为自己知识结构中的一部分。工作本身就是学习，很多优秀的士官生就是由于坚持有针对性的学习才成为一个领域的专家。二是业余学习。它是指八小时以外、工作之余的学习。这种学习多是从自己的爱好出发。关于士官生群体阅读状况的调查显示：士官生群体每周阅读时间

是 2 小时至 10 小时。远远高于国内人均阅读时间的总量；但是在读书方向上，大多数士官生选择的是军事小说、纪实报告。从中可以看出士官生选择的多是现实阅读，士官生阅读的质量亟待提高。三是韧性学习。一些人在入伍之后，学习既不系统又缺少坚韧性。今天学彼，明天学此，到处都挖了一些浅坑，但却没有打出一眼深井。所以，学习还需要意志坚定、持之以恒。

（二）加强实践锻炼，参加有益活动

古人讲："纸上得来终觉浅，绝知此事要躬行。"诗人艾青说："实践是认识的阶梯。"我们党把实践看作是检验真理的唯一标准，没有实践就不会有认识，不理解实践也不能正确理解认识，实践是认识的源泉，认识沿着实践前进。士官生要想提高认知能力必须多参加实践活动，从实践中不断学习并积累经验。当以往的认知与现实情况发生冲突的时候，要不断地调整认知结构，改变不合理的认知，实践的作用非常重要，士官生要不断积累经验，尤其要到基层去体验学习。

（三）加强世界观、方法论和认知教育

通过世界观与方法论教育，帮助大学生掌握科学的思维方法和正确的认知方式，使其自觉地运用辩证唯物主义和历史唯物主义的观点去认识问题、分析问题与解决问题，并能以合理化的方式要求自己和看待周围的人与事物，避免犯教条化、绝对化、以偏概全等错误。

同时，还要通过心理健康教育课程加强对学生的认知教育。通过开展士官生心理健康教育，使其懂得基本的心理健康知识，树立起心理健康意识，了解并掌握非健康心理的调适与解决方法，增强其自助与互助能力；培养其健康的心理素质，促进其全面发展；使士官生明确生活目标，端正生活态度，热爱生活；使其学会自我暗示，消除情绪困扰；使其克服意志缺陷，培养刚毅、顽强的意志品质并提高其解决问题的能力；等等。

二、士官生认知疗法的种类

认知疗法是应用性较广的一类疗法，适用于治疗多种行为与心理问题。认知疗法兴起于 20 世纪 60 年代，它强调改变当事人那些固化了的不合理观念和习惯化了的不良认知方式，以达到治疗目的。常见的认知疗法有以下几种。

（一）贝克认知转变法

贝克是认知疗法的重要代表人物之一。他认为人的情感与行为主要是由其认知过程所决定的，错误的认识会引起错误的判断和推论，并导致病态的情感与行为。他指出："心理问题不一定都是由神秘的、不可抗拒的力量所产生，相反，它可以从平常的事件中产生，例如错误的学习，依据片面的或不正确的信息做出错误的推论，以及像不能妥善地区分现

实与理想之间的差别，等等。"任何一种形式的认知偏差都有可能导致思维混乱，并造成情绪困扰。

贝克的认知学说认为，认知是情绪及行为的中介和决定因素，即情感障碍与行为障碍与认知的偏差有关。当一个人处于应激状态时，他自己的认知结构决定了他的情绪是焦虑还是愤怒、是抑郁还是愉快，以及他所采取的行为是逃避还是攻击。个体的人格特点决定了其认知特征，个体的早年经验也决定着其对事物的评价，贝克把它称为"功能失调性认知假设"，它会产生大量的"负性自动思维"，这些思维会导致情绪抑郁、焦虑和行为障碍。情绪和行为障碍反过来又会强化这种自动思维，从而形成恶性循环。

认知转变疗法适用于不同年龄的个体，可以采取个别、小组、家庭等不同治疗形式。认知转变疗法是一种以会谈为主，并辅以一些其他方法（如行为治疗技术）的心理治疗方法，以治疗者为主导，也就是说治疗者在其中占主动性的地位。它的特点是着眼于当前的问题，就事论事，不过多追究以往的经历和历史，一般每周一次，每次 30～60 分钟，持续几次到十几次为一个疗程。具体的技术包括以下几种。

1. 识别负性自动思维

自动化思维是指大脑中自动产生的思维、观念和想法。它们是自然而然出现的，无须努力就会产生。例如，一个怕狗的人只要他一看到狗便自动地产生了这样的想法：这狗会咬我。我们每个人的头脑中都存在着大量的自动思维：当你走到街上看到来往的车流时，头脑中会产生自动思维。负性自动思维处于思维表层，在不同情境下，相应的思维会立即、自动地出现。

2. 识别认知错误

识别认知错误即识别负性自动思维背后的功能失调性认知假设，它是症状产生的根源，是治疗的焦点和难点。治疗者应听取并记录下来访者所诉说的自动思维，归纳出一般规律，找到不良认知的根源。

一般来说，我们比较容易确认自己的自动化思维，但是我们不容易识别认知错误，甚至把错误认知当作不需要论证的、想当然的道理。这时我们就要根据我们的自动化思想，提出正反两方面的证据，分析哪些是情感事实（愤怒、悲伤、难过、抑郁等），哪些是认知方面的错误（绝对化的要求、消极的自我评价等），然后关注后者并归纳出一般性的认识。

3. 真实性验证

将自动思维和错误认知作为一种假设，由治疗者和来访者共同设计一种情境或利用生活中的某种现实条件检验这种假设的正确性，从而使来访者主动放弃错误的认知，产生认识上的转变。在严格设计的行为模式或情境中对求助者的自动思维和错误认知这一假设进行验证，让求助者认识到其原有的观念是不符合实际的，并自觉地加以改变，这是认知疗法的核心所在。

4. 去中心化

许多来访者都认为自己是别人注意的中心，社交恐惧症患者的这种认识更为强烈。过分关注自我容易使人产生焦虑和抑郁情绪，"以自我为中心"是许多神经症患者的共同特征。通过行为的变化去感受各种情感，让求助者发现自己并不是别人注意的中心而达到去中心化的目的。因而，为了消除这一错误观念，让来访者多观察别人的反应，避免过分关注自我，让他们发现事实并非像他们想象的那样，从而使其放弃错误的认识。

（二）理性情绪疗法

理性疗法是美国心理学家阿尔伯特·艾利斯于20世纪50年代创立的。理性情绪疗法的整体治疗模型是"ABCDE"，是在艾利斯"ABC理论"的基础上建立起来的。他认为人的情绪和行为障碍不是由某一应激事件直接引起的，而是经受这一事件的个体对它产生不合理信念后导致其在特定情景下产生了情绪和行为反应，这就是ABC理论。

情绪和行为后果的反应通常直接由应激事件所引起，即A引起C，而ABC理论则认为A只是C的间接原因，而B即个体对A的认知和评价而产生的信念才是直接的原因。艾利斯的基本观点是错误的思维方式或不合理的信念是心理障碍、情绪和行为问题的症结。如果一个人认识到自己的非理性态度和信念，放弃原有的"自我说明"，代之以理性的态度和思考方式，采取积极的、富有建设性的认知方式，即把认知这个"牛鼻子"拉正了，情绪和行为的困扰就会在很大程度上得到改善。

理性情绪疗法就是以理性控制非理性，以理性思维（合理思维）方式来替代非理性思维（不合理思维）方式，帮助病人改变认知，以减少非理性信念所带来的情绪困扰和随之出现的行为异常。此疗法的治疗过程一般分为四个阶段。

1. 心理诊断阶段

这是治疗的最初阶段，首先治疗者要与病人建立良好的工作关系，帮助病人建立自信心。其次摸清病人所关心的各种问题，并根据这些问题所属的性质和病人对它们所产生的情绪反应对其进行分类，从其最迫切希望解决的问题入手。

2. 领悟阶段

这一阶段主要帮助病人认识到自己不适当的情绪和行为表现或症状是什么，产生这些症状的原因是自己造成的，要寻找产生这些症状的思想或哲学根源，即找出它们的非理性信念。

在寻找非理性信念并对它进行分析时要按顺序进行：第一，了解有关应激事件A的客观证据；第二，病人对A事件的感觉和体验是怎样的；第三，要病人回答为什么会因为它而产生恐惧、悲痛、愤怒的情绪，找出造成这些负性情绪的非理性信念；第四，分析病人对A事件同时存在的理性的和非理性的看法或信念，并将两者区别开来；第五，将病人的愤怒、悲痛、恐惧、抑郁、焦虑等情绪和不安全感、无助感、绝对化要求和负性自我评价等观念区别开来。

3. 修通阶段

这一阶段，治疗者主要采用辩论的方法动摇病人的非理性信念，用夸张或挑战式的发问方式让病人回答他有什么证据或理由对 A 事件持有与众不同的看法。通过反复不断的辩论，病人理屈词穷，不能为其非理性信念自圆其说，从而真正认识到他的非理性信念是不现实的、不合乎逻辑的，也是没有根据的。病人开始分清楚什么是理性的信念，什么是非理性的信念，并用理性的信念取代非理性的信念。

由于与非理性信念进行辩论是帮助病人的主要方法，这一阶段是人本疗法最重要的阶段。治疗时还可采用其他认知和行为疗法，如为病人布置认知性家庭作业（阅读有关本疗法的文章，或写一篇与自己某一非理性信念进行辩论的报告，等等）或采用放松疗法以加强治疗效果。

4. 再教育阶段

在治疗的最后阶段，为了进一步帮助病人摆脱旧有的思维方式和非理性信念，还要探索其是否还存在与本症状无关的其他非理性信念，并与之辩论，使病人学会并逐渐养成与非理性信念进行辩论的方法，使其养成用理性方式进行思维的习惯，并产生新的情绪体验，如解决问题的训练、社会技能的训练，以巩固这一新的目标。

（三）认知领悟疗法

认知领悟疗法是中国心理治疗专家——钟友彬（生前为中国心理卫生协会心理咨询与治疗学术委员会主任，北京大学首钢医院精神科主任医师，擅长神经症的心理治疗）在精神分析基础上发明的一套有中国特色的心理疾病调节方法。认知领悟疗法是通过解释使求治者改变认识、得到领悟而使症状得以减轻或消失，从而达到治病目的的一种心理治疗方法。该方法是要找出不合理认知者身上存在的不现实的、不合理的或非理性的、不合逻辑的思维特点，并帮助其建立较为现实的认知问题的思维方法，以消除各种不良的心理障碍。

认知领悟疗法是依据心理动力学疗法的原理、中国国情及人们的生活习惯而设计的。由于心理动力学疗法源于心理分析，且该疗法由钟友彬先生首创，故认知领悟疗法又称"中国式心理分析""钟氏领悟疗法"。

这一疗法是从心理分析和心理动力学疗法中派生出来的。它保留了有关潜意识和心理防卫机制的理论，"承认幼年期的生活经历尤其是创伤体验对个性形成的影响，并可成为成年后心理疾病的根源"，"不同意把各种心理疾病的根据都归之于幼年'性'心理的症结"，而认为性变态是成年人本人所未意识到的，即"用幼年的性取乐方式解决他的性欲或解除他苦闷的表现"。因此治疗时要用符合病人"生活经验的解释使病人理解、认识并相信他的症状和病态行为的幼稚性、荒谬性和不符合成年人逻辑的特点"，这样可使病人产生真正的领悟，从而使症状消失。

在生活中，有时我们的主观愿望和客观现实往往不相符，关键是要善于不断调整自己的愿望，而不是让现实随着我们的愿望去改变，要从实际出发。如果明白这一点，就可以减少不必要的困扰。特别是患了某种疾病后，要学会在感情上容忍和承认自己的不足之处，参加力所能及的各种活动，并感受其中的乐趣。同时不断调整自己的心态，树立正确的人生观，成为生活中的强者。

当遇到一些与自己有较大关系的问题时，人可能会产生焦虑和紧张感，这时必须识别不正确的自动思维，了解自身认知的错误之处，然后进行真实的检验，这是纠正不良信念的关键所在。此外要锻炼自己的意志力，要难行能行，要学会忍，忍是意志力的表现。心理创伤会诱发躯体上、心理上的疾病，关键是要正确对待、及时排遣，所以正确地认知事物是防止产生心理上、身体上病态的一个重要方面。

钟友彬先生认为，治疗的目的是消除求治者的症状，而症状的消除需要求治者对施治者"解释"的领悟。求治者的领悟是在施治者的引导下达到的，因此疗效的取得不在于揭示其幼年的创伤，而在于求治者对施治者"解释"的信任，这就是领悟的本质。领悟的内容是施治者灌输给求治者的，当求治者自感以前的想法及行为可笑时，自己也就抛弃了原有的态度和行为，从而使症状得以消除。因此，治疗的过程不仅是一个施治者与求治者交互作用的过程，也是一个求治者主观努力的过程。

心理科普

罗森塔尔效应

美国哈佛大学心理学家罗森塔尔和雅可布森在1968年为了研究社会期望下发生的暗示机理作用，做了一个非常有名的实验。他们在加利福尼亚一所小学里对一至六年级的18个班的学生进行了一次标准化的非文字测验，测验结束后，他们给每个班级的老师发了一份学生名单，并告诉老师根据这次科学测试的结果，这是班里名列前20名的学生，他们是一些会有更优异发展可能的学生。心理学家还向老师解释说："请你们注意，我们讲的是他们的发展而不是现在的情况。"并反复叮嘱老师不要将这份名单外传，只让他们自己知道。测试结束八个月以后，心理学家们又到了这所学校，对18个班的学生的学习成绩进行了追踪检测，结果发现他们先前提供给老师的名单上的那20名学生的学习成绩都有了显著的提高，而且这些学生的情感比较健康，好胜心强，敢于在课堂上发言，学习努力，与老师和同学的关系也很融洽。难道这两位心理学家真的能测试学生的发展潜力吗？事实上，根本没有学生的知识水平与智力水平的测试。心理学家只是想通过这个实验研究并证明期望所起的作用，这20名所谓更有发展可能的学生是他们从全班同学中随机抽取出来的。但是心理学家们通过"权威"的暗示，坚定了老师对这些学生的信心，也调动了教师对这些学生的情感，他们对这些孩子充满着热切的期待，而这些学生也时时感受到了这种期待，他们比其他人更加自尊、自爱、自信、自强。正是这种以积极的自我意识为核心的心理激励作用使学生产生了一股内在的动力，使其巨大的潜能充分发挥了出来。后来人们就把这种影响作用称为罗森塔尔效应。

"没有不可战胜的缺陷，人人都是自己命运的建筑师。"激励对人的自信心的培养、潜能的开发、成功的获得有着神奇的作用。撇开天赋不论，自我激励确实是影响人生成就的一大原因。激励是一切内心想法得以实现的条件，包括希望、愿望等所产生的一种动力。人类的一切行为都有一定的目的性，人的目的和行为都是出于对某种需要的追求。因此人的一切行为都是受到激励而产生的，不断的自我激励会使你产生一种强劲的、内在的动力，使你朝着所期望的目标方向而努力拼搏。

心理测验

心理测验须知：

1. 本测验适用对象为 16 岁以上人群。
2. 本测验仅用于个体自我自信方面的评定，不能用于心理问题的诊断。具体心理问题的诊断请遵从心理咨询师的评估。

个人评价问卷（PEI）

请仔细阅读每一个题目，尽量诚实、准确地回答下列选项是否与你相符。没有必要每一个都刻意花太多时间，除非有特别标明，否则请考虑一下近两个月内这些题目与你是否相符。请在符合你情况的选项上打"√"，1表示非常同意，2表示基本同意，3表示基本不同意，4表示极不同意。

题　目	选项
1. 我是个会交际的人	1 2 3 4
2. 近几天来有好几次我对自己非常失望	1 2 3 4
3. 使我烦恼的是我的模样不能更好看些	1 2 3 4
4. 维持一个令人满意的爱情关系对我没有困难	1 2 3 4
5. 此刻比前几周更为快乐	1 2 3 4
6. 我对我的体型和外貌很满意	1 2 3 4
7. 有时我不去参加球类及非正式的体育活动，因此我认为自己对此不擅长	1 2 3 4
8. 当众讲话会使我不舒服	1 2 3 4
9. 我愿意认识更多的人，可我又不愿外出和他们见面	1 2 3 4
10. 体育运动是我的擅长之一	1 2 3 4
11. 学业表现是显示我的能力、让别人认识我的成绩的一个方面	1 2 3 4
12. 我比一般人长得好看	1 2 3 4
13. 在公共场合演节目和讲话，我想都不敢想	1 2 3 4
14. 想到大多数体育活动时，我便充满热情和渴望而不是恐惧和焦虑	1 2 3 4
15. 即使身处那些我过去曾应对得很好的场合，我仍然常常对自己没把握	1 2 3 4
16. 我常怀疑自己是否有这份天资，能成功地实现我的职业和专业目标	1 2 3 4
17. 我比与我年龄、性别相同的大多数人更擅长体育	1 2 3 4

续 表

题 目	选项
18. 我缺少使我成功的一些重要能力	1 2 3 4
19. 当我当众讲话时，我常常有把握做到清楚、有效地表达自己的看法	1 2 3 4
20. 我真庆幸自己长得漂亮	1 2 3 4
21. 我已经意识到，与同我竞争的人相比，我并不是个好学生	1 2 3 4
22. 最近几天，我对自己不满意的地方比以往更多	1 2 3 4
23. 对体育运动不擅长是我一个很大的缺点	1 2 3 4
24. 对我来说，结识一个新朋友是我所盼望的愉快感受	1 2 3 4
25. 很多时候，我感到自己不像身边很多人那样有本事	1 2 3 4
26. 在晚会或其他聚会上，我几乎从未感到过不舒服	1 2 3 4
27. 比起大多数人，我更少怀疑自己的能力	1 2 3 4
28. 我在建立爱情关系上比大多数人困难更多	1 2 3 4
29. 今天我对自己的能力比平常更没把握	1 2 3 4
30. 令我烦恼的是，我在智力上比不上其他人	1 2 3 4
31. 当事情变得糟糕时，我通常相信自己能妥善处理它们	1 2 3 4
32. 我比大多数人更为担心自己在公共场合讲话的能力	1 2 3 4
33. 我比我认识的多数人更自信	1 2 3 4
34. 当我考虑继续约会时，我感到紧张或没把握	1 2 3 4
35. 大多数人可能会认为我的外表没有吸引力	1 2 3 4
36. 当我学一门新课时，我通常可以肯定自己在结束时成绩处于班上前 1/4 名内	1 2 3 4
37. 我和大多数人一样有能力当众讲话	1 2 3 4
38. 当我参加社交聚会时，常感到笨拙和不自在	1 2 3 4
39. 我的爱情生活似乎比大多数人好	1 2 3 4
40. 有时我因为不想当众发言而回避上课或做其他事情	1 2 3 4
41. 当我必须通过重要的考试或完成其他专业任务时，我知道自己能行	1 2 3 4
42. 我似乎比大多数人更擅长结识新朋友	1 2 3 4
43. 我今天比平时更自信	1 2 3 4
44. 我常常避开那些我有可能会与之产生爱情关系的人，因为我在他／她们身边会感到很紧张	1 2 3 4
45. 我希望我能改变自己的容貌	1 2 3 4
46. 我比大多数人更少担心在公共场合讲话	1 2 3 4
47. 现在我感到比平时更乐观和积极	1 2 3 4
48. 对我来说，吸引一个渴望得到的男朋友或女朋友从来不成问题	1 2 3 4
49. 假如我更自信一点，我的生活就会好一些	1 2 3 4
50. 我追求那些智力上富有挑战性的活动，因为我知道我能比大多数人做得更好	1 2 3 4
51. 我能毫无困难地得到许多约会机会	1 2 3 4

题目	选项
52. 我在人群中不能像大多数人那样感到舒服	1 2 3 4
53. 今天我比平时对自己更有把握	1 2 3 4
54. 要是我长得更好看一些，我会在约会上更成功	1 2 3 4

个人评价问卷用来评定自我评价的一个重要方面——自信。一般认为自信是一个人对自己能力或技能的感受，是对自己有效地应对各种环境的能力的主观评价。这个问卷考察的是您在以下六个方面对自己的评价：学业表现、体育运动、外表、爱情关系、社会关系及与人交谈。测验使用的是自测法，也就是请您对自己的各个健康指标做一个主观评定。量表的总分范围为54～216分，得分越高表示您越自信。

心理团辅

坦然面对

1.活动目的：创造性地解决问题，转变认知，发现不同问题的解决方法。（每个人都会遇到尴尬的事情或者犯错误，遇到这种状况我们不必挂怀，如果我们连这种小小的挫折都不能逾越的话，那么将来还会遇到更多无端的障碍。）

2.活动时间：15分钟

3.活动人数：一组5～10人

4.活动道具：几个形状怪异的物品，如镊子、挂钩、题板纸等

5.活动过程：

（1）将培训士官生分成几个小组，每组5～10人。

（2）让士官生们即席想一想，假如这时在你面前出现一个炸弹，你会怎么反应。让士官生尽可能多提出一些他们的反应，并把这些话写在题板纸上。

（3）让士官生学习"小丑鞠躬"效应，当其他方法失败时，"小丑鞠躬"意味着面对观众，正视自己的错误，并谦虚地说："谢谢你们，非常感谢你们。"

（4）鼓励士官生试一试"小丑鞠躬"效应的几个变形。比如，他们可以用深情的口气说，也可以像主持人一样热情地说，还可以像一个演讲者一样慷慨激昂地说，无论什么形式，只要你喜欢。领导者应鼓励士官生探寻自己的风格。

（5）把奇形怪状的物品拿给士官生看，告诉他们每组的不同任务就是尽可能多地说出这些物品的用途。

（6）让小组成员做好准备，跑到放东西的地方捡起一件物品并说出它们的名字，再尽可能多地说出它们的用途。然后让其跑回队伍中，再派下一个人去，以此类推。

6.分享讨论：

（1）这个游戏的挑战性在于它为士官生设计了无数的场景，以激发他们的想象力和

表演技巧，鼓励他们摸索出自己的风格。只有这样他们才可能真正学到其中的精髓，并将这种精髓内化、吸收。另一个挑战是，面对稀奇古怪的东西不仅要说出它们的名字，还要说出其用途。这不仅考察一个人的人生经验是否丰富，还考察他的认知方式是否正确。

（2）化解尴尬的方法有很多。除了这种坦然面对的方法外，还可以运用一些幽默手段，它不仅可以化解尴尬，还能展现出你的智慧。

第三章 士官生的情绪

案例导读

士官生小张因精通计算机技术而得到领导的赏识，因此很快就被调到通信站工作，自己也信心百倍准备大干一番，前几天因工作没能按时完成而受到领导的批评，于是垂头丧气、唉声叹气，怀疑自己的能力不行，于是对工作失去了兴趣，一有时间就钻进宿舍，战友们也觉得小张越来越沉默寡言。小张每天心烦意乱、无精打采，不愿与人交往，也不想吃饭。

小张的情绪反应是抑郁心理的表现，抑郁心理是以持续的情绪低落为主要特征的一种状态，主要有心情低落、思维迟缓等症状，抑郁心理是一种以持久的心情低落为特征的神经症性障碍，常伴有焦虑、躯体不适感和睡眠上的障碍等症状，一般认为抑郁心理通常都是由某些挫折事件引起的，作为现代社会中一种很普遍的情绪抑郁心理，并没有引起人们足够的重视，所以当一些人有了抑郁心理的时候往往还不曾发觉，他们也就长期笼罩在抑郁的阴影中无力自拔，也不能积极调整自己的心态，这给工作和生活带来了严重的影响。

第一节 士官生的情绪概述

在生活中，每时每刻我们都在体验着各种各样的情绪。无论我们是愉快还是痛苦，是喜悦还是愤怒，它都反映了我们内在的心理状态。也正因为这样，士官生经常会面临各种各样的情绪困扰，并且这种困扰已经明显地影响到了士官生的生活、健康与学习。

一、情绪的概念与形式

士官生一定要正确认知情绪，把握情绪的规律，掌握情绪管理的技巧，从而让成才之路更加宽广。

（一）情绪的内涵

在我国学术界，情绪与情感之间并没有一条明确的分界线，它们在很多场合都是被混合使用的。《中国大百科全书·心理学》将情绪与情感列为一个条目，认为两个词常是可以通用的,不过"在某些场合它们所表达的内容也有不同,但这种区别是相对的。人们常把短暂而强烈的具有情景性的感情反应看作是情绪,如愤怒、恐惧、狂喜等;而把稳定而持久的、具有深沉体验的感情反应看作是情感,如自尊心、责任感、热情、亲人之间的爱等。实际上,强烈的情绪反应中有主观体验;而情感也在情绪反应中表现出来"。苏联学者阿·布罗夫认为:"感情或情感问题与其说是有争议的,不如说是紊乱含混的。"所以在本书中我们将情绪和情感当作同一概念来使用。

关于情绪的定义可谓是众说纷纭,有的人说它是人对客观环境的一种反映;有的人说它是人对反映内容的一种态度,具有独特的主观体验、外部表现并且伴有神经系统的心理反应。目前,较为通用的定义是情绪指人对客观事物是否符合自己的需要而产生的主观态度的体验。

情绪是由客观事物引起的,离开了具体的客观事物,人不可能自发地产生情绪。当客观事物或情境符合主体的需要和愿望时就能引起积极的、肯定的情绪。比如,考上自己理想的大学时人就会感到高兴,找到志同道合的伴侣时人就会感到幸福。反之就可能产生消极、否定的情绪。比如,失去自己最亲的人或最爱的人时人就会感到悲伤,无端遭到他人的指责时人就会产生愤怒的情绪。

(二)情绪的基本形式

人类的情绪千差万别,具体的分类方法也有很多,通常我们把情绪的基本形式归为四类,分别是喜、怒、哀、惧。在这里,我们将情绪分为两大类,即积极的情绪和消极的情绪。

积极的情绪有快乐、宁静、平和、开朗等。快乐是一种追求并达到目的时所产生的满足体验,使人产生超越感、自由感和接纳感。快乐的强度与达到目的的容易程度有关。一个目标越难达到,达到后快乐的体验就越强烈。另外,当人们的愿望在意想不到的时机和场合得到满足时,人就会产生更大的快乐。宁静一般指环境安静或心情平和,它描述的是一种很安静的状态或气氛。"宁静"是高于"安静"的一种情境,除了指环境外,更多的时候是指一种心境上的安宁,是人们追求的一种不受外界干扰的有质量的生活境界。平和其实就是说在遇到事情的时候,在情绪上尽量保持平静,不要有太大的波动;在得失方面不要太过在意,重要的是整个参与的过程。比如,在遇到一件很重大的事情的时候,我们要尽量放松心情,放低我们的得失心,也就是保持一种平和的心态,这有助于我们冷静地思考及解决问题,有时候甚至会产生意想不到的好的结果。人在情绪波动过大的情况下经常会因考虑不周详而做出错误的判断,所以平和心态有助于我们解决问题。

消极的情绪有悲痛、愤怒、恐惧、烦恼、焦虑等。悲痛是在失去心爱的对象或愿望破灭、理想不能实现时所产生的体验。悲痛情绪取决于对象、愿望、理想的重要性与价值,失去的事物对主体的心理价值越大,引起的悲痛感越强烈。亲人的去世使人产生极度的悲痛,这与失去一般朋友的悲痛有所不同。愤怒是由于受到干扰而使人不能达到目标时所产生的体验。当人们意识到某些不合理的或充满恶意的因素存在时,愤怒就会骤然产生。当个体明白挫折产生的原因时，通常是对引起挫折的人或物表现出愤怒的反应。个体如果看不出是什么原因阻碍他达到目的，一般只会感到沮丧而不是愤怒。对象明确的愤怒常引发攻击性行为。德国哲学家康德曾说："生气是拿别人的错误惩罚自己。"因此，控制愤怒的情绪对每个人来说都很重要。恐惧是企图摆脱、逃避某种危险情境时所产生的体验。引起恐惧的重要原因是缺乏处理可怕情境的能力与手段。比如，在遇到地震、海啸等强烈的自然灾害时，人们往往无力应对，这时就会惊恐万分。恐惧具有很强的感染力，一个人的恐惧往往引起他人的恐惧与不安。

二、士官生情绪的特征

我国自古就有"喜伤心、怒伤肝、思伤脾、忧伤肺、恐伤肾"的说法，现代临床医学研究也表明，情绪的变化可直接影响脏器的生理功能。士官生所处的年龄阶段和心理发展背景使其有着独特的情绪特征。

（一）丰富性与波动性

士官生生活内容丰富多彩，这使得士官生的情绪活动对象不断扩大，并使其出现许多前所未有的情绪体验，因此，士官生的情绪内容表现出极大的丰富性。他们参加各种各样的社团活动，培养自己的各种爱好，广泛交友。随着身心的发展和学校情感教育的不断深入，士官生表现出很高的爱国热情：他们关心时事政治，关心国家的科学技术和经济的发展，对社会上的不公正现象、贪污腐败现象深恶痛绝；他们学习专业知识，潜心研究自己感兴趣的科学知识；他们对中外文化的鉴赏能力不断提高，并通过自己的亲身实践、旅游、参观学习，欣赏和赞颂祖国的美好山河风光。

然而士官生面对复杂的社会现象易产生困惑和迷茫，价值的判断、认知的取舍、前途的选择会使其心理产生许多矛盾；家庭的变故，家庭成员关系的亲疏以及学习、交友等个人生活事件都会影响士官生的情绪，使部分士官生情绪摇摆不定、跌宕起伏，时而热情激荡，时而悲观消沉，表现出极大的波动性。这种情绪的极端形式就是情绪的两极性，即从一个极端跳到另一个极端。

（二）冲动性与爆发性

士官生的情绪具有强烈的冲动性。这与他们的生理和心理发展水平是紧密相连的，他们对各方面的需求强度大，为了满足这些需求，他们倾注旺盛的精力、投入极大的热情。士官生情绪的爆发性是指士官生情绪变化在时间上很少过滤和酝酿，来势迅猛，点火就着，具有突发性。当情绪激荡时，人的大脑皮层中产生了一个强烈的抑制大脑皮层其他部分的优势兴奋中心，它一方面诱导神经中枢兴奋，引起身体各部器官的激烈变化，另一方面引发了"意识狭窄"现象。这种现象使意识被固定在引起情绪的那个对象上，因而降低或失去了理智控制，忘却了其他任何东西的存在。一些士官生恶性事件大多由小事引起，大部分同学对体育比赛的胜负表现得非常狂热，这是由于部分士官生的大脑不够冷静，不能客观地分析问题，更不能很好地约束自我，且容易感情用事所致的。士官生情绪的冲动性和爆发性还具有短促和急促的特点，且事后多使其产生内疚和悔恨的心情。

（三）延续性与感染性

"喜者见之为喜，忧者见之为忧"在士官生情感生活中表现得比较突出。例如，有的士官生一次考试意外得到了好分数或一次试验成功就兴高采烈、心旷神怡，其所引起的愉快心情往往会投射到其他活动上，甚至会让他们觉得天下无难事；相反，有的士官生一旦遇到挫折，就会产生忧愁的心境，干什么事都提不起劲，可能几天都不理人、闷闷不乐，观花"花溅泪"，闻鸟"鸟惊心"。士官生的情绪很少再像儿童时期那样，随着产生情绪的事物的消失而烟消云散，而是更多地以心境状态出现，即一种比较持久、平稳、微弱的心理状态。这时，一件事引起的情绪反应可以久久地留在心头。虽已时过境迁，但这种深刻的情绪体验却一时很难消退。情绪的感染性常是士官生迁怒或移情的心理根源。特别是有些士官生在因为一件事产生消极情绪后，会过于持久甚至漫无止境地将其延长，这就是不成熟的表现。

（四）外显性与内隐性

士官生思维敏捷、反应灵活，对外界刺激敏感，喜怒哀乐常形于色，表现出情绪外显性的特点。但由于社会意识和自我意识的进一步发展，一方面一些士官生越来越把视线转向自我。他们对于自己的一切，如容貌、体型、能力、性格等都会产生肯定或否定的情感体验。这种情感内倾性固然可以反过来加强士官生的自我意识。但是，由于士官生的生理正在发生巨大变化，因此这种情感内倾性也往往使某些人过度关注自己，且容易使人心胸狭隘、目光短浅，缺乏"不以物喜，不以己悲"的精神。另一方面，与少年儿童的面部表情是其内心世界的显示器不同，进入青年期的士官生，他们的外貌和内心体验常常是不一致的，表现出很大的内隐性。这是由于士官生积累的社会生活经验日益增多，各种社会行为规范使他们逐渐具备了调节和控制自己情绪的能力。因此，他们往往把自己的真实情感隐藏起来，而表露出一种与内心体验并不一致甚至截然相反的情绪状态，这形成了士官生情绪上的内隐性和闭锁性，使得士官生的情绪表现出外显性与内隐性共存的特点。士官生情绪的内隐性是他们自我控制能力和社会适应能力增强的结果，但也为了解士官生的真实思想带来了一定困难。

（五）理智性与可控性

士官生具有较高的文化修养，具备反省自身弱点的能力和控制自己情绪变化的能力。一个有理智的士官生在面对情绪波动时，能主动地寻找引起情绪波动的原因，并不断地调整自己的情绪状态，以避免情绪波动所造成的不利影响。情绪和情感的发展与需要关系密切。士官生的需要与现实情况差别较大，因而其情感表现具有自身的独特性，在理智性和可控性上发展还不完善。

心理科普

情绪智力（EQ）

情商，又称"情绪智力"，是由美国心理学家约翰·梅耶和彼得·萨洛维于1990年首先提出的，但在当时并未引起全球范围内的关注，直至1995年，时任《纽约时报》的科学记者丹尼尔·戈尔曼出版了《情商：为什么情商比智商更重要》一书后，才引起了全球性的EQ研究与讨论，因此，丹尼尔·戈尔曼被誉为"情商之父"。

美国心理学家认为，情商包括以下几个方面的内容：一是认识自身的情绪，只有认识自己，人才能成为自己生活的主宰；二是能妥善管理自己的情绪；三是自我激励，它能够使人走出生命中的低潮；四是认知他人的情绪，这是与他人正常交往、实现顺利沟通的基础；五是人际关系的管理，即领导和管理能力。

关于情绪智力最著名的实验是软糖实验：心理学家把一些4岁左右的孩子带到一间陈设简陋的房子，然后给他们每人一颗非常好吃的软糖，同时告诉他们，如果马上吃软糖只能吃1颗；如果20分钟后再吃，将奖励1颗软糖，也就是说，总共可以吃到两颗软糖。

有些孩子急不可待，马上把软糖吃掉。有些孩子则能耐心等待，暂时不吃软糖。他们为了使自己耐住性子，或闭上眼睛不看软糖，或头枕双臂自言自语……结果，这些孩子最后吃到了两颗软糖。

心理学家继续跟踪研究参加这个实验的孩子们，一直到他们高中毕业。跟踪研究的结果显示：那些能等待并最后吃到两颗软糖的孩子，在青少年时期仍能等待机遇而不急于求成，他们具有一种为了更大、更远的目标而暂时牺牲眼前利益的能力，即自控能力。而那些急不可待只吃1颗软糖的孩子，在青少年时期则表现得比较固执、虚荣或优柔寡断，当欲望产生的时候，他们无法控制自己，一定要马上满足自己的欲望，否则就无法静下心来继续做后面的事情。换句话说，能等待的那些孩子的成功率远远高于那些不能等待的孩子。

这个实验给我们的启示是，人对自己情绪和情感的自控能力的大小与他的人生成功与否有着密切的关系。

第二节 士官生的情绪与健康

一般认为，适度的、情境性的负性情绪反应如考试中的紧张和焦虑、失意后的悲伤等是正常的；但是如果士官生不能很好地处理生活和学习中的各种问题，就容易产生不同程度的情绪问题，从而影响身心的健康与发展。

一、士官生常见的不良情绪

士官生的生活是紧张的，社会期望高、心理压力大、学习负担重、竞争激烈，这些常常使士官生的情绪处于紧张状态。许多资料表明，造成士官生身心不健康的原因是多方面的，但与士官生的情绪关系最为密切。

（一）抑郁

抑郁是士官生常见的情绪问题，是士官生在遭遇学习失败、失恋、家庭意外事件等刺激后，因心理上无力承受由此带来的压力而出现的情绪反应。抑郁在行为上表现为丧失学习和工作的兴趣及动力、反应迟钝、无精打采、拒绝交际、回避朋友，并伴随着食欲减退、失眠等不良反应。一般来说，处于抑郁状态的人如能对其自身遭遇做恰当的分析与认识，对自身行为的控制与调节能符合社会常规，并有一定的自信与自尊，虽有抑郁体验但无异常行为，即属于正常情绪反应。很多士官生都多少有过这种消极情绪体验，但体验的时间比较短暂，时过境迁也就消失了。但其中也有少数性格内向、孤僻、自尊心强、疑心重、承受挫折能力差的士官生长期处于抑郁状态，最终导致抑郁性精神症的出现。如果抑郁状态使人对自身处境不能做出如实判断，并产生偏离社会常规的行为，如由于过度压力感而情绪低落或绝望，失去兴趣和责任感而不能正常工作，甚至产生回避社会和自杀的极端意念和行为，则均属情绪异常。有的士官生由于不能很好地适应士官生生活，不能投入集体生活而产生了一定程度的抑郁情绪。

引起抑郁情绪的原因有很多。首先，任何引起严重"失落感"的事件都可能导致抑郁情绪。失去亲人、失去已有的荣誉和尊严、失去社会的支持等，都可能成为抑郁的原因。有抑郁情绪的人会对抛弃他的对象产生愤怒，又由于怕失去对方而压抑愤怒，或者由于不敢暴露自身的愤怒与妒忌而使愤怒内化，从而归因于自己无能并产生自责感，这就会加重抑郁的程度。其次，有抑郁情绪的人有歪曲的认知倾向。当以歪曲的眼光和偏见来判断自己，所形成的认知"图式"也会过度偏离实际情况。倾向于自我低估和自我责备，对前途倾向于产生无能为力的预感，从而导致意愿麻痹和愿望丧失。最后，抑郁由积极强化的缺乏所引起。突然发生的抑郁是由于习惯了的积极强化突然消失所导致的。塞利格曼提出抑郁是"习得性无助"的结果，即当人认识到（习得）自己的处境是自己不能加以控制的时候产生的一种无助感，从而被动接受这一情境的压力而陷于抑郁情绪当中。

（二）焦虑

焦虑是一种情绪反应，是个体对当前或预感到的挫折产生的一种紧张、忧虑、不安而兼有恐惧性的消极情绪状态。它包括自尊心与自信心的丧失、失败感与内疚感的增加等。焦虑也是复合性负情绪，其核心成分是恐惧，当焦虑状态严重和持续存在时就可能导致神经性焦虑的病理状态。经常焦虑者可能养成一种焦虑特质，其特点为性格脆弱。

士官生常见的焦虑情绪主要涉及以下几个方面。

一是考试焦虑，即由于担心考试失败或渴望获得更好的成绩而产生的一种忧虑、紧张的心理状态。考试焦虑一般在考试前几天就表现出来，随着考试日期的临近而日益严重。

二是身体健康焦虑，它是指由于对身体健康过分关注而产生的焦虑不安，并有失眠、疲倦等症状。

三是适应焦虑，即由于对大学的环境、学习方式和人际关系等不能很快适应而产生的焦虑。

焦虑情绪会严重影响人的精神生活。焦虑会导致自主神经系统高度激活，焦虑持续或频繁发生会导致身体全面衰弱、食欲减退、睡眠不良和过度疲劳，恐惧、紧张和无助感加剧，并使人注意力涣散、记忆力减退、思维混乱、无所适从。长期焦虑的人易产生极端念头，会夸大自身的无能，且容易顾虑重重、灰心丧气。有时对恐怖的预期还会导致易怒和暴躁、怨天尤人和厌烦。

焦虑是由危险或威胁的预感所诱发的。个人遭遇到利害冲突、灾难、灾害、疾病困扰或竞争威胁与挑战时，且预感到无力避免、无法应对的威胁时，恐惧就可能转化为焦虑。士官生产生焦虑的原因多为工作、学习、生活和人际交往方面遇到了挫折。比如：有的同学在中学是学习的佼佼者，进入强手如林的大学校园后，昔日的优势不复存在，自尊心和好胜心均未得到满足，从而导致挫折感的产生，并带来情感上的失落；进入大学后，部分士官生放松了学习，把大部分时间都放到对异性的追求上，当他（她）把过多的情感投入到某人身上而又不可能得到对方时，就会产生一种失落感，进而陷入单相思或失恋的痛苦之中。以上种种情况皆会引起士官生的焦虑，而过度的或过于持久的焦虑会影响他们正常的心理活动，导致心理疾病的产生，如焦虑症、神经衰弱等，从而严重地影响士官生的正常生活和学习。

（三）冷漠

冷漠是个体遇到挫折后应对焦虑的一种防御手段。它包括缺乏积极的认识动机、活动意向减退、情感淡漠、情绪低落、意志衰退、思维停滞等。

冷漠是一种个体对挫折环境的自我逃避式的退缩心理反应，带有一定的自我保护意识或自我防御性质。当其在学习、生活和择业中遭受挫折并感到无能为力时，往往表现出不思进取、情绪低落、情感淡漠、沮丧失落、意志麻木等症状。表面上的"冷漠"掩盖着事实上的个体深层次的痛苦、孤寂和无助，个体还会因此产生强烈的压抑感。个别士官生在学习、生活和社会实践中对学校开展的各类社团活动和针对士官生的能力训练消极敷衍，甚至逃避和抵制。

冷漠表现为对外界的任何刺激都无动于衷，无论是悲、欢、离、合、爱、憎都漠然视之。冷漠者初期主要认为生活没有意义，心情平淡，出现抑郁症状，随后发展为强烈的空虚感，内心体验日益贫乏，不愿进行抉择和竞争，缺乏责任感。

导致部分士官生情感冷漠的原因有很多。首先，当青年士官生开始独立探索生活意义的时候，一些学校未能给士官生提供了解周围生活状况的氛围，这是一个很重要的原因。其次，近年来，一些学校只重视对士官生进行知识和能力的培养，而忽视了对士官生进行爱的教育。正如马斯洛所指出的那样："我们必须懂得爱，我们必须能教会爱、创造爱、预测爱。否则，整个世界就会陷入敌意和猜忌之中。"最后，一些士官生在生活中被人欺骗或因种种原因被人漠视、轻视甚至歧视，他们的心灵受到了伤害，从而在人际交往中带上了灰色的眼镜。部分士官生思维方式片面、性格固执、心胸狭窄、耐受力差、过于内向，一旦学习、生活不如意，就觉得生活没有意义，从此不思进取、情绪低落、意志麻木，对人对事都漠不关心。

（四）愤怒

愤怒是由于客观事物与人的主观愿望相违背或愿望无法实现所导致的，是人们内心产生的一种激烈的情绪反应。心理学研究表明，愤怒会使人心跳加快、心律失常、血压升高，同时还会使人的自制力减弱甚至丧失，思维受阻、行为失控，甚至使人干出一些事后后悔莫及的事或造成不可挽回的损失。

愤怒是士官生常见的一种消极情绪。处于精力充沛、血气方刚的青年时期的士官生，在情绪情感发展上往往具有好激动、易动怒的特点。比如：有的士官生因一句刺耳的话或一件不顺心的小事而暴跳如雷；有的因人际关系不协调而怒不可遏、恶语伤人；有的因别人的观点或意见与自己相左而恼羞成怒；等等。如此种种遇事缺乏冷静分析与思考，图一时之快、逞一时之勇的好激动和易动怒的不良情绪特点，在一些士官生身上时有体现。这种情绪对士官生的影响是极其有害的。

大多数愤怒的产生和发展与人对障碍的意识程度有着直接的关系。假若一个人完全不知道什么是达到目的的障碍，愤怒一般不会发生。但是，假若他们正确地或错误地看到某个障碍导致他不能达到目的，尤其是当发现障碍的出现是由于故意和恶意所导致的且是不合理的时候，愤怒便会勃然而生，甚至导致某种对阻挠对象的攻击行为。

愤怒具有冲动性。根据科学的测定，人在盛怒时的力量比平常的最大值多30%，也就是说，如果个人平时有100千克的力，盛怒时则可达到130千克。

关于愤怒，先哲们大多主张忍耐，认为"忍得一时之气，免得终身之忧"；也有主张"无为"的，静居寡欲，与世无争，看空一切，怒气自然不会发生。现代人一般认为躲避刺激、转移注意可以制怒。环境中虽存在令人发怒的刺激，但如果避开这些刺激，人也就不会发怒。快要发怒时，听一听音乐，读一读诗歌一般都可以使人控制愤怒。

二、情绪对士官生的影响

由于士官生的情绪具有丰富性、波动性等鲜明的特征，所以情绪对士官生的身心健康、学习、人际交往等的影响是非常明显的。

(一)情绪对士官生身心健康的影响

士官生正处在身体的重要成长阶段,情绪的变化将对其生理功能产生直接的影响。当士官生的情绪处于良好状态时,他是轻松的、愉快的,身体内部各器官的功能十分协调,有益于健康;当士官生的情绪处于消极状态时,伴随出现的心理状态则是不安、愤怒、恐惧或痛苦,此时身体内部各器官功能紊乱,这会引起消化系统、循环系统、内分泌系统和神经系统等各部分器官的不协调。因此,会使健康受到损害,甚至导致严重的疾病。所以,积极而正常的情绪体验是保持心理平衡与身体健康的条件。有人曾说,"一个小丑进城胜过一打医生",这句话就非常形象地说明了情绪对人身心健康的影响。有关研究资料显示,情绪除了与免疫系统密切相关之外,还与不健康行为方式、心理适应、求医行为及社会支持等有一定的关系。而行为方式、心理适应、求医行为、社会支持等都是决定身体健康的重要因素。

1. 不良情绪与癌症

国内外大量研究表明,长期压抑的不满情绪如抑郁、悲哀、恐惧、愤怒等都容易诱发癌症。心爱的人突然死亡或突然失去安全保障也是癌症发生的诱因情绪,其与癌症的治疗效果和复发率也有着明显的关系。愉快的情绪有利于癌症的治疗;悲观、绝望的情绪往往使癌症病情加重。

2. 不良情绪与高血压

情绪的变化对血压的影响是极为显著的。情绪状态的改变可以引起血压和心率的变化。愤怒、仇恨、焦虑、恐惧、抑郁等情绪可使血压升高,愤怒、焦虑、仇恨与血压的关系最为密切。

3. 不良情绪与心脏病

心脏和血管对情绪反应最为敏感。反复而持续的不良情绪是导致心血管疾病的主要原因。有焦虑、恐惧、愤怒、悲哀情绪者,其冠心病的发病率或复发率较高。许多研究发现,高焦虑者的心绞痛发病率为低焦虑者的2倍。有焦虑、抑郁情绪者,心肌梗死的发病率也明显上升。

4. 不良情绪与胃肠疾病

消化系统是对情绪反应的敏感器官,情绪与胃肠的功能状态有着密切的联系。人在恐惧或悲痛时,胃黏膜会变白,胃酸会停止分泌,会出现消化不良的症状;而在焦虑、愤怒、怨恨时,胃黏膜会充血,胃酸分泌会增多,长期如此,可导致胃溃疡。

那为什么情绪能够影响健康呢?对于这个问题,科学家进行了许多研究,目前虽尚无定论,但大多倾向于人在不同情绪状态时,下丘脑、脑下垂体、自主神经系统都会有一定的生化改变,并由此引起身体各器官功能的变化。这就是情绪可以致病的生理学基础。生理和心理学研究发现,应激状态可使人抵抗力降低、罹患疾病。一切顽固的忧愁和焦虑都被称为不良情绪，这种强烈的情绪如果长期存在，就会给疾病大开"方便之门"。

（二）情绪对士官生学习的影响

忧愁、焦虑、恐惧、消沉会影响士官生学习的积极性，导致其学习成绩下降；轻松、愉快、热情、振奋能促进学习，使其取得良好的成绩。学习压力引起的紧张情绪对学习的效率有明显的影响。

1. 焦虑与学习的关系

在一般情况下，焦虑与学习效率的关系可用倒 U 形曲线表示。无动于衷或过分焦虑都不利于学习效率的提高，而适度的焦虑最有利于良好成绩的取得。焦虑按强度可分为高焦虑和低焦虑。研究发现，焦虑与学习效率是随其强度与能力高低为转移的。高焦虑与高能力结合最有利于提高学习效率，中等焦虑与中等能力结合有利于提高学习效率，高焦虑与低能力结合则会干扰学习。

2. 心境与学习的关系

心境有积极和消极之分。积极、乐观的心境能够增强人的自信心，提高学习和工作效率；消极悲观的心境则使人丧失信心，降低学习和工作效率。此外，有人曾做过一项研究：让某人在某种心境之中学习一段材料，然后让他回忆或再认，如果此时的情绪状态与他在学习材料时的情绪状态是一致的，则其回忆或再认的成绩最好，因为编码时的情绪状态在回忆时成为信息检索的一个有效线索。这种现象被称为"心境状态依赖效应"。

（三）情绪对士官生人际交往的影响

情绪在人际关系中起着信号、表达和感染的作用，是人际交往的重要手段。情绪智力的高低直接影响人际关系的亲疏程度、深浅程度和稳定程度。对自我情绪的认知、表达和调控，对他人情绪的觉察和把握，有助于士官生处理好人际交往问题，建立和谐的人际关系。

良好人际关系的建立和维持离不开有效的人际沟通。在沟通过程中，人们只有清楚、准确地了解自己的情绪，才能根据外部环境的要求有效地调整自己的情绪状态，更好地向他人表达自己的情绪，完成有效沟通，为良好人际关系的建立、维系和发展奠定基础。

良好的人际交往既需要热情又需要理智，对自己负责，对他人尊重、宽容、忍让，力图合情合理地解决问题，这就需要很强的情绪调控能力。一个自控能力较差的人常会不顾场合地乱发脾气，很可能把"自我发泄"引向"向他人发泄"，其行为往往充满情境性，这类人喜怒无常，过度情绪化，甚至会耿耿于怀，这将直接挫伤人际关系。而稳定、良好的情绪将有利于人际关系的建立和巩固。

人们不仅要知觉自己的情绪，而且要觉察他人的情绪，理解他人的态度，对他人的情绪做出准确的识别和评价。这种能力有助于超越人与人之间的个体差别，使人具有一定的人格功能，有助于士官生敏锐地觉察他人、理解他人，从而建立起和谐、融洽的人际关系，增强自身的人际交往和社会适应能力。

（四）情绪对士官生人格塑造的影响

现代情绪理论认为情绪不是其他心理活动的伴随现象，而是对具有正常功能的个体起作用的一个整合系统，情绪的表达及情绪体验关系到人的功能的发挥，心理学家伊扎德把这种功能看作最适合的或是最理想的人格功能。

大学阶段正是人格发展、重组和完善的重要时期，无数的科学研究和生活实例表明，不良情绪的存在只是人格缺陷和人格障碍的重要诱因，对情绪的有效调节和控制能使个体保持良好、积极和稳定的情绪，有助于士官生培养乐观向上、积极进取、百折不挠的良好品质。对自己和他人情绪的认知和理解将有助于其培养真诚友好、宽厚大度、善解人意等良好性格。如果任由不良情绪泛滥，则个体人格必将出现缺陷和障碍。

心理科普

一个情绪健康的人

一个情绪健康的人通常具有以下特点。

①开朗豁达，遇事不斤斤计较，不为一些鸡毛蒜皮的小事动肝火或郁结于心。
②情绪正常、稳定，很少大起大落或喜怒无常，能承受欢乐与忧愁的考验。
③能给人以爱和接受别人的爱，待人热情，乐于助人，有同情心。
④谈吐风趣、幽默、文雅。
⑤自信、乐观、有主见，能独立地解决问题，能创造性地工作。
⑥明智、少偏见，能正确认识自己和他人的长处。
⑦对前途充满信心，富有朝气，勇于上进，坚忍不拔。
⑧能面对现实、承认现实和接受现实，并能按社会的要求行动。
⑨能对平凡的事物保持兴趣，能不断从生活环境中得到美的享受、快乐的体验，会工作也会消遣。
⑩尊重他人，能与他人和睦相处，并建立良好的人际关系。

第三节　士官生的情绪管理

亚里士多德说："任何人都会生气，这没什么难的，但要能适时适所，以适当方式对适当的对象恰如其分地生气，可就难上加难。"据此，情绪管理指的是要适时适所，对适当对象恰如其分地表达情绪。情绪管理是一门学问，也是一种艺术，要掌控得恰到好处。

一、情绪识别与表达能力的提高

传统上，心理学对情绪调节的理解持狭义的观点，认为情绪调节主要是通过压抑和发泄等策略来调控消极情绪的。近年来，人们对情绪调节的理解持宽泛的观点。第一，情绪调节不仅是减弱或消除负性情绪，而且也包括增强、维持或降低正性情绪。第二，情绪调节既能有意识、有控制地进行，也能无意识、自动地进行。第三，情绪调节没有好与坏的衡量标准，也不暗含社会认可的标准。成功的情绪调节是个体根据情境的变化，灵活地采取既有益于自身的身心健康又能适应社会环境需要的策略来控制自己的情绪。情绪管理可以从组织层面进行，也可以从个体层面进行，本节只向大家介绍个体层面的情绪管理策略。

情绪智力首先表现为对自己情绪的识别、评价和表达，也就是对自己的情绪能及时地识别，知道自己情绪产生的原因，并能通过言语和非言语（如面部表情或手势）的手段将自己的情绪准确地表达出来。

（一）提高对自己情绪的觉察能力

情绪属于一种自发性的反应，要用理智去控制它的发生很难，因此我们进行情绪管理的第一步就是在情绪来临时，通过内省来观察自己到底处在什么情绪状态，并进一步分化辨识，找到表面情绪背后真正的需求和感受，了解情绪产生的原因，然后平静地接纳它。这就要求士官生做到以下几点。

第一，及时觉察自己所处的情绪状态。也就是应时时提醒自己注意：现在的情绪是什么？不管你处在何种负面情绪中，先暂停、中断目前的情绪，跳出来，让自己先能察觉自己的情绪，是高兴还是生气，是舒服还是不舒服。比如，当你因为朋友约会迟到而对他冷言冷语时就应问问自己：我现在有什么感觉？你应自我确认冷言冷语背后的情绪是生气。只有当你认清自己的情绪并知道自己现在的感受时，你才有机会掌握情绪而不被情绪所左右。

第二，分化辨识表面情绪背后的真实感受。由于情绪本身是复杂多变的，人们直接感受或表现出来的可能是已经包装或伪装了的情绪，如以生气的方式来掩藏内心受伤的感觉等，所以我们要学习分化并辨识真正感受到的情绪，不被表面情绪所左右，而忽略了自己真正的需求或感受。当对情绪不够熟悉或不够了解的时候，我们常常无法明确地辨识它。比如，有时候人只能粗略地感受到不舒服、不愉快，至于那个"不舒服"是什么却说不上来，这时候就需要进一步探索情绪，试着问自己：是什么让我感到不舒服？这不舒服是愤怒、悲伤、挫折、害怕、羞耻还是罪恶感？如果是接近愤怒的感觉，是不平、不满、有敌意、生气还是愤慨呢？如果是羞耻类的情绪，是觉得愧疚、尴尬、懊悔还是耻辱呢？这样一步一步引导自己，就可以将原本模糊、笼统的情绪分化为比较具体、明确的情绪，也才能进一步利用情绪所带来的线索加以应对。

第三，进一步澄清复杂情绪，以便清晰地了解自己所处的情绪状态。通常人是处在一种复杂的情绪状态中的，如有时心中意念纷扰、情绪五味杂陈，且整个人有心烦意乱之感，此时应当暂停并中断目前的情绪，冷静地进行澄清。只要情绪中夹杂着两种以上的复杂情绪，就需要进一步加以澄清，将那些纠葛、混合的情绪抽丝剥茧，辨识出隐藏的真实情绪。理清一层层的情绪，就能清楚地知道自己的情绪状态、对症下药，有效地解决真正的问题。澄清情绪还能帮助士官生将注意力集中于内省上，有安定情绪的作用。

第四，平静地接纳自己的情绪。情绪的能力是整体的，只有自由地体验各种情绪，才能感受更多流畅的情绪。一个心理健康的人并不否定自己的负向情绪的存在，而且会给它一个适当的空间，绝不压抑或控制，而是去了解、接纳自己的情绪，并学习如何与它相处，这远比压抑、否认有益多了。一个人只有接纳自己内心感受的存在，才能谈得上是一个有效的情绪管理者。

（二）提高对他人情绪的识别能力

提高对他人情绪的识别能力，有助于清晰地认知自己的情绪，更好地管理自己的情绪，建立良好的人际关系，进而促进自己的身心健康。那么，我们应如何提高对他人情绪的识别能力呢？

可通过以下六种方法来提高情绪识别能力。一是从面部表情中识别。从面部识别情绪的主要线索并不在"眉目之间"，而应特别借助面部那些活动性更大的肌肉群的运动来识别。二是有些情绪容易识别，有些则较难识别。一般来说快乐和愤怒最容易识别，而对恐惧、哀痛、厌恶等的识别则比较困难。三是从情绪行为的前后关系中识别情绪，且准确度高；而孤立的识别情绪，则准确度低。四是面部表情的识别。如果能和身段表情结合起来，那就更有利于准确地判断情绪状态。识别身体表情，其中双手的表情占有很重要的地位。识别双手表达情绪的准确度可以达到和识别面部表情一样的水平。在日常生活中，即使我们看不清一个人的面孔，但只要能看清他的身体动作也能了解其情绪状态，如发抖表示紧张、鼓掌表示欢迎、紧握拳头表示愤怒等。五是言语表情的重要性也不可低估。同样一句话，说话者口气和腔调的不同往往可以使人就说话人的情绪做出相当准确的识别，而听话者的感受也因之而有很大差异。六是要准确地识别一个人的情绪单凭表情是不够的，正常成年人的情绪表现是可以灵活调整的，情绪可以在没有表情的情况下产生，表情也可以在没有情绪体验的情况下出现。因此，必须结合其他指标（如当时的情境、个体的个性特征等）综合地进行比较，这样才能准确识别。

（三）提高情绪表达能力

第一，在觉察自己真正的感受后要掌握良好的时机表达自己的情绪。表达情绪时的有效方式应是以平静、非批判的方式叙述情绪的本质，描述而不是直接发泄，且情绪的言语表达要清楚、具体。恰当的表达是为了让我们内心的感受找到出口，也是为了让对方可以更多地了解我们。恰当表达自己的情绪也说明我们有了良好的自我情绪觉察能力。

第二，有意识地控制自己的身体语言，可以为自己提供积极的暗示，有利于情绪的稳定和心理健康。例如，人们在求职或公开演讲时挺起胸膛，就能展现自己的自信与从容；目光坚定地盯着听众，恰当地摆好姿势和双手的位置，就可以给听众留下良好的印象。士官生应首先找到表达观点或感觉的正确语气和合适频率，然后再决定是否、何时以及如何行动。如果忽视这种分析、感觉、判断和沟通的结合，就是忽视了能够形成和谐关系、引出所需反应、确保人际交往的建设性的"社会润滑剂"。

第三，真诚坦率地表达，真诚坦率是表达情绪的最根本原则。判断某人是否是在真诚坦率地表情达意，需要注意倾听他的语言语调，观察他的面部表情及与之相伴随的一系列举动和行为。

当你经历感情时，你的语言、行动能够表情达意而且非常和谐，就说明你的情感是真实的。有些人在受到情绪的困扰时，却装作一副满不在乎的样子，压制自己的情绪，词不达意，这样做不但不利于沟通，还会损害身体健康。

不压抑情感的表达。情感在个体身上存在，其作用不但是提醒自己，同时也在告诉他人某件事情已经触及了个体的需要，影响了个体的思维模式、价值观念。愤怒、痛苦、失望、厌恶或恐惧之类的情绪的确会让人不愉快。但是，承认这些情感的存在，接受它们并掌握恰当的表达和发泄方式，对于心理健康却是至关重要的。

二、培养幸福感

积极心理学认为，每个人都拥有人性中的美德和优点，如勇气、关注未来、乐观、人际交往技能、信念、工作伦理、希望、诚实、坚韧、洞察力及沉浸体验等。积极心理学强调人要正确地对待过去、幸福地感受现在和乐观地面对未来。情绪之所以会滑落到负面情绪的那一端，就是因为正面力量不够。要想消除负面情绪，重要的方法之一就是要学会利用正面的力量，士官生增加正面的能量，就能够消除自身的不快乐、狭隘、愤怒、嫉妒、恐惧、焦虑等消极心态，以更积极的心态来面对生活中的挑战。

（一）幸福感

塞里格曼把幸福分为三部分：快乐生活、充实生活和有意义的生活。"快乐生活"是指过去、现在和将来的积极正面的情感。关于过去的积极情感包括安宁、知足和满意。关于现在的积极情感包括躯体愉快（意指直接且相对短暂的知觉上的欢欣）和复杂愉快（是指需要学习和培养的乐趣）。乐观、希望、信念、信任和信心则是关于未来的积极情绪。"快乐生活"是将快乐和积极情感扩展到最大并把痛苦和消极情绪缩减到最小的状态。"充实生活"是指充分利用个人优点、天分和潜能。因为聪明地利用个人的特长、天分和潜能会使人拥有一个更充实的人生。"有意义的生活"是指参与和为带有积极性的机构和组织服务。生活的意义是从参与和在为这种机构服务的过程中获得的。带有积极性的机构和组织包括政治机构、国家、社区和家庭。

(二)幸福的三种练习

1. 快乐生活练习

快乐生活练习包括过去、现在和将来三方面。关于过去积极情绪的练习叫作"感恩拜访"。可以给应该感谢但从未正式感谢过的人写一封感谢信,然后通过电话或当面念给那个人听。关于现在积极情绪的练习叫作"享受"。可以每天有意地慢慢去享受和回味一下一个平时没时间享受的事情或过程,如吃饭或洗澡。事情做完时把所做的写下来,写下和平时有什么不同,与急急忙忙做完时的感受有何不同。这个练习可以使人感受到暂时欢欣带来的满足感。

有关将来积极情感的练习包括乐观和希望的干预练习,其目的是抵消悲观的态度和情感。练习包括"运用你的特长""三个好事""讣告或自传"和"积极并有建设性的反应"。"运用你的特长"是填写 VIA-IS 特长问卷(见附录简略版)后分析出来五个人的优点,然后在日常生活中想办法把它们利用起来。还可以用个人优点画一个家族图谱,并组织一家人一起讨论每一个家族成员的优点。"三个好事"是要求每晚写下当天发生的三件好事,并写下它们发生的缘由。"讣告或自传"要求假设我们已经死去但有过充实、满意和有成就的一生。

每人在此基础上写一个 1 至 2 页的小作文以告知他人据此来怀念自己。这需要参与者们每天至少一次运用"积极并且有建设性的反应",也就是说要在与他人的交往中对对方表现出积极而热情的反应。

2. 充实生活练习

充分了解和利用每个人的标志性特长是拥有充实生活的途径。有研究表明,抑郁症状的出现同缺乏生活中的参与及参与的充实性是相关的,如果能通过对个人优势的充分利用而达到积极参与生活并使生活充实起来的效果,那么就能抵挡消极情绪并减少抑郁症状。所以,充实生活练习要求个体识别自己有标志性的特长并更多地运用起来,在工作、人际交往和空闲时充分利用这些优势。

3. 有意义的生活练习

生活缺少意义不仅是抑郁的一种表现,也是抑郁情绪的起因之一。因此,在具有积极性的组织和机构中充分发挥特长可以使人们肯定自己的能力与优点,并且感受到生活的意义。所以,有意义的生活练习指踊跃参与具有积极性的组织,如与政治、国家、科普、社区、家庭等有关的各种机构与活动。如辅导一个孩子学习、做社区服务等。

三、多元化情绪调节策略

情绪调节是指采取某些生理或心理的调节策略来处理自己及他人产生的不良情绪,以缓解或转化情绪,从而使自己维持良好的情绪状态。情绪调适是情绪管理的至关重要的一步。对于不良情绪，士官生可以采取以下方法或策略。

（一）生理反应调节

俗话说，心平才能气和，这句话道破了控制生理反应对情绪调节的作用。士官生可以采取自我暗示调节、放松训练调节、想象调节等方法调节生理反应，进而调整情绪状态。

第一，自我暗示调节法。心理学研究表明，暗示作用对人的心理活动和行为具有显著的影响，内部语言可以引起或抑制人的心理和行为。自我暗示即通过内部语言来提醒和安慰自己，如提醒自己"不要灰心""不要着急""一切都会过去的""事情并不像我想象的那么糟"等等，以此来缓解心理压力、调整不良情绪。

第二，放松训练调节法。还可通过身体放松法来消除挫折所引起的紧张感和不安感。放松调节是通过对身体各部分主要肌肉的系统放松练习，抑制伴随紧张而产生的血压升高、头痛、手脚冒汗、腹泻、睡眠等生理反应，从而减轻心理上的压力和焦虑情绪。放松训练调节首先要学会体验肌肉紧张时的感觉，即收缩肌肉群，注意体验其感觉；然后再放松肌肉群，注意体会相反的感觉。呼吸调节也是放松调节的一种。通过某种特定的呼吸方法来消除精神紧张、压抑、焦虑、急躁和疲劳症状。比如，紧张时采用深呼吸的方法可减轻紧张感。平时也可以到空气新鲜的大自然中去做呼吸训练。

第三，想象调节法。受挫心理调节能力并非要等到受挫后再进行培养，在平时就要进行这方面的训练。想象调节法是指在想象中对现实生活中的挫折情境和使自己感到紧张、焦虑的事件进行预演，使个体学会在想象的情境中放松自己，并使之迁移，从而达到能在真实的挫折情境和紧张的场合下应对各种不良情绪反应的目的。想象调节法的基本做法：首先，学会有效的放松；其次，把挫折和紧张事件按紧张的等级由低到高排列出来，并制成等级表；最后，依据等级表由低到高逐步进行想象脱敏训练。

（二）认知重评策略

认知重评策略往往和积极的情绪有关，是一种非常有效的情绪调节策略，因此近年来，心理学研究者将认知重评策略更多地应用于临床研究，其对抑郁、焦虑和边缘性人格障碍有积极的治疗效果。例如，手上有一个苹果，上面有个虫眼。如果心里想着这个苹果被虫子咬过了，肯定是个烂苹果，里面一定烂透了，那么就只能懊恼地把它扔掉；如果心里想着这个苹果被虫子咬过了，一定没打农药，一定很甜，那么就会把虫眼挖了，开心地吃苹果。

通常，人们认为愤怒、生气、抑郁是外在事件引起的，而心理学研究却表明，情绪并非直接源自外在诱发事件，而应归因于个体对于这件事的观念和想法。所以探讨原因、了解情绪背后的想法和信念，可以帮助我们弄清楚是哪些想法或思考方式让我们产生了负向的情绪。具体如何调整认知详见著名的 ABC 理论，在此不再赘述。

（三）探索性调节

探索性调节是指通过探索性行为，发展新技能、知识或资源的行为，以增强情绪调节的效果。下面介绍一些方法。

1. 阅读疗法

我国汉代文学家刘向认为："书犹药也，善读之可以医愚。"其实，除了"医愚"外，读书还的确具有治病的作用，尤其是对于心理社会因素引起的疾病，如抑郁、焦虑、恐慌、烦恼等。

一些人在阅读时往往不直接正视本身的问题，而是对阅读材料有所反应。有的读者比较认同阅读材料中与个人相似之角色，透过阅读材料与作者互动，并对内容产生共鸣，并产生感觉、知觉、记忆、思维、情感等心理反应，进而与作者对话，了解个人以外的他人世界。阅读能改变读者的认知、态度及情绪，其压抑之情绪能在阅读材料中得到释放。敏感问题借文学形式表达不易使人焦虑，参考书中角色解决问题的方式亦能帮助读者解决问题并有效地发展自我。

国外研究表明：华兹华斯、叶芝、布朗宁等抒情诗人的诗歌在化解病人郁结的心绪方面有特殊功效；英国诗人济慈的佳作《睡去》可以治疗失眠证；德国诗人海涅的作品《赞歌》可缓解抑郁症。中国当代有的人通过诵读《唐诗三百首》治好了多年的抑郁症；有人通过阅读《钢铁是怎样炼成的》《命运》《站起来走！》《蔑视死亡》这一类的书籍，树立了战胜疾病的信心、振奋了精神。

阅读疗法一般是针对轻的障碍患者，而且并不是所有书都适合的，读者在阅读过程中可能产生投射、误解、逃避等情况。因此选择合适的图书信息资源非常重要，个体可以根据读者背景、书本性质等进行认真选择。

2. 情绪日记法

情绪日记记录的是个体每天的情绪情况。任何情绪的产生都是由一定的原因引起的。情绪日记的目的是找出情绪产生的原因，以便于个体分析自己情绪产生的规律，它起到了良好的控制和调节的作用。具体的做法是记下每天发生的事及对这些事的感觉，甚至一些微小的感觉。例如，在单位工作时感到心情不愉快，这影响了工作效率，为了保持良好的心境，你可以通过情绪日记的方法分析情绪不悦的根本原因。比如，上班之前还精神抖擞、心情愉快，到了办公室同事告诉你，领导对你昨天办的某件事十分不满，顿时你的情绪低落了下来，心里觉得不太舒服。但不舒服在哪里呢，你可能并不完全清楚。此时，可通过写情绪日记的方式来辨别情绪的类型，并仔细思考情绪低落的原因。是觉得焦虑？是觉得有挫折感？还是有愤怒的感觉？如果担心自己的能力不足而受到领导的批评，那么就是焦虑；若想的事情办砸了，没有达到领导的要求，那么就是挫折；如果觉得领导故意挑毛病，否定自身的工作能力，那么这就是愤怒的情绪了。在连续记录数周后，对情绪变化的原因进行分析就可发现情绪低落的根源所在。然后，找出疏解低落情绪的办法。如果遇到上述情况，不管是焦虑，是挫折，还是愤怒，都不要埋在心里。

事实证明，压制不是解决问题的办法。尤其是对于迟钝型的人来说，他们在遇到令自己愤怒的事时没有发脾气，克制住了自己，但愤怒的情绪仍然存在且日积月累，到最后实在压制不住了，一旦发泄出来就如同火山爆发，十分可怕，不但自己会受伤，对方更难以承受。情绪日记法是迟钝型人控制自己情绪的一种有效方法。

3. 音乐放松疗法

音乐、体育活动本身就是一种社会交往活动。积极参与各种音乐、体育活动，可以使个体得到用音乐、运动、交流来表达、宣泄内心情感的机会，他们在情感交流中相互理解、相互支持，同时也获得了自我满足感和成就感，从而增加了自信心，提高了自我评价，促进了心理健康。

音乐还是一种很好的放松疗法，很多人通过音乐治愈心理疾病，提高心理自信心，很多心理咨询室研发的音乐放松椅能够让人在最舒服的状态下释放压力，音乐放松椅的功能是建立在音乐放松疗法的基础上的，音乐放松椅疗法在中国心理健康教育中的应用很广泛。音乐放松疗法简称音乐疗法，主要是通过心理和生理两种途径达到治疗和修复的目的。有规律的音乐声波震动和频率节奏能够使人体组织细胞发生共振，从而直接影响人的呼吸和心率节奏。音乐声波的频率还会引起人心理上的反应。良性的音乐能够提高大脑皮层的兴奋性，有效改善不良情绪，还能消除一切不良心理隐患。

心理科普

觉察情绪 ABC

A. 找一个安全的空间自言自语。找一个独处的机会，找一个安全的空间，大声地把任何感觉不加责备、不逃避地说给自己听。可以把情感夸大，让它戏剧化到超出真实的感受。在安全的地方你可以自由地喊叫，自由地让情绪发泄出来。

B. 回到过去。探索过去的回忆，可以更清楚自己个人独特的内在反应模式及情绪反应的原因，所以我们可以在选定某一种情绪主题之后，自由联想与童年相关的记忆。把所想到的任何事情不做任何筛选地大声讲出来，对忘记部分加以回忆，甚至可以自己虚构，这样可以澄清自己内心的感受。或者可以问问父母、兄长或其他儿时的朋友，问他们自己童年回忆中的喜、怒、哀、乐，从过去的回忆中探索自己的情绪。

C. 记录并整理每天的情绪，增强对自己情绪的认知与觉察。增强觉察力的另一个方法是，记录自己每天的情绪状态，写下自己的心情日记，在日记中具体地描述事件的发生过程，以便觉察自己的情绪、了解自己的想法，并与过去的经验联系起来，看看自己的情绪是否受到了过去经验的影响。

心理测验

优点问卷样本

心理测验须知:

1. 本测验适用对象为 16 岁以上人群。

2. 本测验仅用于了解自我心理特征和行为模式,不能用于心理问题的诊断。具体心理问题的诊断请遵从心理咨询师的评估。

说明:每个优秀品质均有两个相应问题,其中问题 A 答案有 5 个选项,即 a.非常像我(5分);b.像我(4分);c.中等/无所谓(3分);d.不像我(2分);e.非常不像我(1分)。

问题 B 答案也有五个选项:a.非常像我(1分);b.像我(2分);c.中等/无所谓(3分);d.不像我(4分);e.非常不像我(5分)。

回答问卷时选择与你最接近的答案,回答完毕后将答案选项后的分数相加,得出的数字即是你这一优秀品质的得分。最后,将得分从最高到最低按顺序进行排列,这样就可以看出你在哪个品质上最突出。分析和总结出优秀品质后人们可以更清楚地了解自己,这样才能更有效地在生活、工作和学习中利用个人的优势和长处,用它们来帮助自己提高生活效率,并从日常点点滴滴中得到幸福感和充实感。

一、智慧和知识

1. 创造力

A. 我喜欢琢磨新颖的做事方式

B. 我的朋友大多数都比我有想象力

得分:

2. 好奇心

A. 我总是对世界很好奇

B. 我很容易变得无聊

得分:

3. 开放的思想

A. 需要的时候我是一个非常理性的思考者

B. 我容易做仓促的决定

得分:

4. 热爱学习

A. 当我学到新东西时我非常兴奋

B. 我从来不去参观博物馆或其他有教育性质的场所

得分:

5. 视野

A. 看事情时我总可以看到大局

B. 其他人不经常来问我的意见

得分：

二、勇气

6. 真实性

A. 我总能遵守我的诺言

B. 我的朋友们从不说我是个脚踏实地的人

得分：

7. 勇敢

A. 我经常在强烈的反对声中表明我的立场

B. 痛苦和失望经常把我打败

得分：

8. 坚持不懈

A. 我总会完成已经开始了的事

B. 做事时我总会转移目标

得分：

9. 热情

A. 我会把我自己完全投入到我所做的事情里

B. 我总是闷闷不乐

得分：

三、仁慈

10. 友善

A. 在最近一个月里我自愿地帮助过邻居

B. 我从来对自己的好运比对他人的好运感到更多的兴奋

得分：

11. 爱

A. 在这个世界上，有人对我身心的关心和他们对他们自己的关心一样多

B. 我不容易接受别人给我的爱

得分：

12. 社会智能

A. 不论什么样的社会场合我都能融入进去

B. 我不容易感觉到别人的感受

得分：

四、正义

13. 公平

A. 我对所有人都很公平,不管他们是谁

B. 如果我不喜欢一个人,我很难对此人公平

得分:

14. 领导能力

A. 我不需要唠叨就可以让人和我一起去办事

B. 我不会很好地组织团体活动

得分:

15. 团队精神

A. 在团队中我干得最好

B. 在需要放弃自己的利益从而去服从团体的利益时我总会犹豫

得分:

五、自制

16. 宽恕

A. 我总是既往不咎

B. 我总会报复

得分:

17. 谦虚

A. 当别人夸我的时候我会转移话题

B. 我常常说起自己的成就

得分:

18. 谨慎

A. 我会避开有身体危险的活动

B. 我有时会在友情和其他人际关系中做出错的决定

得分:

19. 自律

A. 我能控制我的感情

B. 我不能按计划节食减肥

得分:

六、超越自我

20. 欣赏美和完美

A. 在前一个月中,我曾对完美的音乐、艺术、戏剧和电影作品,积极向上的体育运动项目,以及较高的科学或数学成就感到非常兴奋

B. 在过去的一年里我没有创造任何美的东西

得分：

21. 感激

A. 我总说谢谢，即使是为很小的事

B. 我很少停下来去想自己生活中的幸事

得分：

22. 希望

A. 我总抱有乐观的态度

B. 我很少会为自己想要的东西设计细心考虑过的计划

得分：

23. 幽默

A. 我总喜欢劳逸结合

B. 我很爱说可笑的话

得分：

24. 宗教信仰

A. 我有重要的生活目的

B. 我没有使命感

得分：

总分：

将各项得分从最高到最低按顺序进行排列。

心理团辅

情感传递

1. 活动目的：通过游戏让士官生明白情绪、情感是可以相互传染的，在日常交往中，他们应该以微笑示人。

2. 活动过程：

第一轮：

（1）游戏开始前，所有人围成一圈，并且闭上眼睛，主持人在由士官生组成的圈外走几圈，然后拍一下某个士官生的后背，确定"情绪源"，注意尽量不要让第三者知道这个"情绪源"是谁。

（2）让士官生睁开眼睛、散开，并告诉他们现在是一个鸡尾酒会，他们可以在屋里任意交谈，和尽可能多的人交流。

（3）"情绪源"的任务就是通过眨眼睛的动作将不安的情绪传递给屋内的其他三个人，而任何一个获得眨眼睛信息的人都要将自己当作已经受到不安情绪感染的人，一旦被感染，他的任务就是向另外三个人眨眼睛，将不安的情绪再次感染给他们。

（4）5分钟以后，让所有的士官生坐下来，让"情绪源"站起来，接着是那三个被他传染的，然后是被那三个人传染的，直到所有被传染的人都站起来，最后你会惊奇于情绪传染的可怕性。

第二轮：

（1）告诉士官生，你们已经找到了治理不安情绪传染的有效措施，那就是制造"快乐源"，即用真挚柔和的微笑来冲淡大家因为不安而产生的心理阴影。

（2）让大家重新坐下围成一圈并闭上眼睛，告诉大家你将会从他们当中选择一个同学作为"快乐源"，并让其通过微笑将快乐传递给大家，任何一个得到微笑的人也要将微笑传递给其他三个人。

（3）在士官生的身后转圈，假装指定了"快乐源"，实际上你没有指任何人的后背，然后让他们睁开眼睛，并声称游戏开始。

（4）自由活动3分钟，3分钟以后，让他们重新坐下来，并让收到快乐信息的同学举起手来，然后让大家指出他们认为的"快乐源"，你会发现大家的手指会指向不同的人。

（5）微笑地告诉大家实际上你根本就没有指定的"快乐源"，是他们的快乐感染了他们自己。

3. 讨论分享：

（1）不安和快乐哪一个更容易被传染？在第一轮中，当你被传染了不安的情绪时，你是否会真地感觉到不安，你的举止动作会不会反映出这一点？第二轮中呢？

（2）在游戏的过程中，你对于别人要传染给你不安的预期导致你真的开始不安，同样你想让别人对你微笑促使你接受和给予微笑。同样在日常的生活和工作当中，你是否会遇到这种事情？

（3）在一个团队里面，某个人的情绪是否会影响到其他人，是否会影响到团队的工作效率？为了防止被别人的负面情绪所影响，你需要做什么？

4. 总结：

（1）科学实验证明，当妈妈的表情呈现出痛苦的样子的时候，大多数的婴儿都会变得不安，进而哇哇大哭。就如在实验中所指出的人的情绪是会互相传染的。

（2）日常在与朋友、同学相处时，如果总是保持一张冷漠的脸，那么就很容易在交往过程中形成一种郁闷、压抑的气氛，这不利于双方情感的发展。所以，我们应保持一种健康的心态，以微笑的面孔示人，这对于生活和工作是至关重要的。

（3）经常去一些令你产生快乐的地方，从而放松一下自己紧张的情绪，你会发现微笑其实很简单。

第四章 士官生的意志力

案例导读

某部三级士官小王,军政素质过硬,平时训练成绩优异,并且担任管理骨干,表现出色,被公认为年度二等功最有力的竞争人选。但是就在此时,基地举行武装操作大比赛,小王作为旅里的训练尖子参赛,但由于心理压力过大而出现意外,造成设备损坏,最终他成绩垫底,年底的二等功也泡汤了,此后他郁郁寡欢、工作消极。

小王的情绪反应是挫折心理的表现,挫折心理是指人在实现预定目标的过程中因遇到阻碍或干扰而产生的一种内心不快和苦闷的情绪反应。挫折主要包括四种类型:一、需求挫折,指由于个体的心理需求得不到满足而引起的挫折;二、行动挫折,指个体为实现目标所采取的行动不能进行所引起的挫折;三、目标挫折,指个体虽已采取行动但仍达不到既定目标所引起的挫折,四、损失挫折,是指因个体失去自己所拥有的东西而引起的挫折。挫折心理主要表现在以下几个方面。一是攻击,有些士官受到挫折后把矛头直接指向使其受挫的人,对其怒目而视、反唇相讥、破口大骂、打击报复。二是固执,有些士官受到挫折后,不是冷静分析原因、总结教训、变通思维,而是固执地重复以往的方法和途径。三是倒退,有些士官受挫后表现出与自己年龄和身份不相称的幼稚行为。四是对立,有些士官事后对他人正确的劝说和疏导采取盲目的反抗、抵制和排斥的做法。五是诿过,有些士官受挫后不是积极从自身找原因,而是诿过于人以此释放自己的心理压力。六是压抑,有些士官受挫后不积极调整自我,而是把失望、焦虑等情绪深深地埋在心底。

第一节 士官生的意志力与心理健康

任何事物都有两面性。好的环境既可以为自己的学习和生活创造有利条件,也会让自己难以体会到困难与挫折。孟子曰:"天将降大任于斯人也,必先苦其心智,劳其筋骨,饿其体肤,空乏其身,增益其所不能。"巴尔扎克说:"苦难对于能干的人是一笔财富,对于弱者是万丈深渊。"

一、意志力的内涵

意志力是人们为达到一定目的而自觉行动并克服困难的心理过程。拥有坚强的意志品质是一个人达到目标的过程，获得成功的必要条件。

一些士官生由于受到学校、社会和自身条件等多方面因素的影响而意志力薄弱，影响了自己的发展。在教育教学中，可以通过目标导向法、监督训练法、挫折训练法、情感激励法对士官生进行疏导，以培养其顽强不屈的意志力。

心理学家通常认为，意志力既有静态的方面，又有动态的方面。一方面，它是引导人类行动的力量；另一方面，它又是人们在这些行动中的行为。因此，当一个人能够在某一事件或一连串事件中表现出极大的决心与力量时，就会被认为拥有很强的意志力（静态的）；而他的意志力的特性需要通过他的决心或行动的力度和持久性来体现，这样在这一过程中所展现出来的意志力就变成了动态的意志力，他的决心也成了引导自我心理的行为。

人的意志力有极大的力量，它能让人克服一切困难，不论个体所经历的时间有多长，所付出的代价有多大，无坚不摧的意志力终能帮人达到目的。

二、士官生意志力薄弱的表现

一些士官生由于年龄和生活经历的限制，还不能完全依靠自己的力量去克服困难，不习惯于为达到一个目标而付出艰辛的努力。特别是某些士官生，从小在优越的生活条件下成长起来，他们在成长的过程中获得了过多的关注和照料。即使在部队锻炼了几年，但他们在很多方面也很难独立地应对困难，也就是说，在某些方面的意志力显得薄弱。所以重视培养士官生的意志品质，帮助他们逐渐成为坚强、独立、自制、有韧性的人显得尤为重要。

意志力薄弱主要表现在以下几个方面。

（一）缺乏远大的人生目标

古往今来，凡是拥有不凡成就的人都会有坚强的意志在他的身上体现出来。俗话说："有志者事竟成。""志"有志向及意志两层意思，有了明确的志向后更需要有强大的意志力去推动我们不断地向目标迈进。当年周总理为中华之崛起而读书；朱德、邓小平等为拯救中华民族而远赴欧洲寻求救国救民之策；曹雪芹家道中落仍笔耕不辍；安徒生屡遭失业却不折不挠。所有的这些事例都有一个共同点，那就是他们都拥有远大的人生目标，形成了坚强的意志力，这也就成就了他们的事业。

受市场经济的影响，目前的学校教育、家庭教育和社会教育过分强调以就业挣钱为目的，士官生们从小就认识到要听家长的话，好好学习，掌握更多的知识和技能，找个好工作，挣更多的钱，过上更舒适的生活。当自己的奋斗之路遭遇挫折时，有些士官生陷入了迷茫，失去了生活和学习的动力。

（二）注意力不专注

注意力是兴趣的前提，兴趣是获取知识信息的重要保证，在平时的学习中，经常会看到这样的一些士官生：语文老师带着士官生们学习一些脍炙人口的诗词时，他对诗词开始感兴趣了，立志要作为一位诗人；高数老师讲述华罗庚、霍金的事迹时，他又对数学产生了兴趣；学校举办运动会，士官生们奋勇争先，顽强拼搏，为团队争光时，他又发誓从明天开始加强体能训练，争取明年也能参加运动会；学校举行文艺演出，第二天他就开始学习唱歌，希望在今后的某个场合也能一展歌喉。结果他几年下来做了很多事，付出很多的努力，结果什么事也没做成。

（三）自制力差，缺乏恒心

自制力是指能够完全自觉、灵活地控制自己的情绪，以及约束自己的行动及言语方面的品质。自制力强的人善于克制自己的情绪，抵抗外部或内部的干扰；相反，自制力弱的人则容易走神，纪律性差，思维反应慢。

在学习成长的道路上，几乎每个士官生都制定过计划，有的计划很科学、很详细，但是，有的士官生却不能按照其计划坚持到底。

意志力薄弱形成的原因具体表现在以下方面。

1. 自我的原因

士官生身体迅速生长发育，体型不断变化，思想活动也随之变化，这导致其各方面的欲望不断加强，也分散了其在学习上的注意力，有的甚至丧失了坚持学习的意志。比如说恋爱的需求。本来随着生理上的变化，在这个年龄谈恋爱是正常的，但关键是有的士官生能很好地控制自己、安排自己的各项生活，而有的士官生就失了分寸。这个过程也正在一点一点地减弱其在学习上的意志力。

2. 家庭的溺爱

家长是孩子成长的第一任教师，也是孩子永恒的教师；家庭既是孩子成长的第一站，又是孩子成长的长久加油站。所以从某种意义上说，家长对孩子的教育至关重要，从对许多独生子女个案的分析看，意志力薄弱的士官生，其家庭因素、父母的生活行为和教育方法也多数令人不满意。一般来说，一些独生子女家长对其子女的过于娇惯和生活上的百般迁就，使子女养成了性情娇弱、个性刁蛮或唯我独尊的性格，这不能不引起学校和家长的关注。在与一些家长进行交流时，有的士官生家长说："我家孩子从小个性就倔强，只能听得好话，不能批评。"听到这样的话，你可能会哭笑不得，这些孩子就是典型的被溺爱的孩子，他们的意志力比较薄弱，遇到批评或挫折时容易崩溃。

3. 社会环境的影响

虽然士官生的生活环境相对封闭，但是他们也不是生活在真空中，其仍然是社会的一分子，因此社会环境对士官生的影响也不容忽视。

在市场经济环境下，与世界接轨形成的一个结果是重经济利益、轻教育。有些人不顾本国的国情，盲目学习西方。重经济利益的结果是，由2000多年专制的压制转向盲目的宣传人性、自由和平等，它迎合了人们对人性的渴求，宣传人性的自由，宣扬个人主义，现已造成了极大的社会问题。

现在的一些影视作品正在起着推波助澜的作用，有些作家大肆宣扬个人主义，有些电视剧迎合一些人的心理，教唆年轻人离经叛道，这影响着年轻人的正常成长。媒体本来应该积极地宣扬党的方针政策，促进积极有益、健康向上的社会风气的形成，培养年轻人正确的人生观，可是一些媒体却出现了责任缺位、道德失范的问题。当广电总局出台"限娱令"时，一些人还在那里愤愤不平、加以指责，这些人受利益驱使或是为了享受感官上的愉悦，不顾自己的社会责任，严重腐蚀良好的社会风气，对年轻人的健康成长产生了恶劣的影响。

三、士官生意志力与心理健康的关系

诗人徐志摩曾说："人能走多远，这事不能问双脚，而是问志向。人能攀多高，这事不能问双手，而要问意志。"一个人能否顺利完成自己所从事的工作或事业，除了能力的大小以外，意志就是另一个很重要的因素。一个意志薄弱的人遇到困难就容易畏缩不前，一个半途而废、放弃远大奋斗目标的人是不可能取得任何重大成就的。

良好的意志对士官生的心理健康也是很重要的。实践证明，意志坚强者可以控制自己的情绪，排除消极情绪的干扰，战胜困难和挫折，以积极的心态和坚韧不拔的精神迎接人生的挑战。意志薄弱者则往往被消极情绪所控制，被困难和挫折所击倒。他们可能无法适应工作、学习和生活对个人提出的种种要求和挑战，从而产生了严重的精神压力，最终使心理健康受到了损害。例如：情绪不稳，容易烦躁、焦虑；兴趣减退，对外界事物的关心减少；冷漠悲观，对学习厌烦；心感不安，幻想逃避；人际过敏，孤独寂寞；严重者可导致认知失常、行为失控，诱发心理问题或产生心理疾病；等等。所以，培养士官生的意志力是士官生心理健康教育非常重要的一部分。

心理科普

意志力不足的4个心理效应

坚持不懈、坚韧不拔等一直被认为是成功者的必备特征，科学家、物理学家爱因斯坦曾表示，"钢铁般的意志力和优秀的性格比智慧和博学更为重要"。从心理学的角度来说，意志力是指个体自觉地确定目标，并根据目标来支配、调节自己行动，克服各种困难，从而实现目标的一种品质。很多人认为自己意志力不足。那么，意志力不足可能是由哪些原因导致的呢？

①意志力极限效应。个体的意志力有极限并且能够被消耗（"意志力损耗"），研

证明，如果个体刚刚做过需要消耗意志力的事件，那么他完成下一件需要消耗意志力的事件的可能性就会降低。简单来说，个体的意志力就像肌肉，有一定的承受范围，而且用多了也会疲劳。个体要想应对这种情况，一方面要从全局出发，有选择地使用意志力，将意志力消耗在比较重要的事情上；另一方面要坚持训练，以提高自己意志力的极限值。

②补偿心理。补偿心理是一种心理防御机制，是指个体如果因为某些缺陷而无法实现目标，那么他就可能会用其他方式来弥补这些缺陷，以减轻焦虑、树立自信。反过来说，个体如果做了一件让自己特别满意的事情，那么他就有可能以此为理由放纵自己。事实上，适度放松是对成功的奖赏，能够激励自己前进，但这并不意味着自己能够随意放纵，特别是在取得一定成绩的时候，个体切忌沾沾自喜。

③"那又如何"效应。从放纵、后悔到更严重的放纵的恶性循环，在心理学上被称为"那又如何"效应，也就是常说的"破罐子破摔"。举例而言，当个体感觉疲劳、情绪低落，有挫败感的时候，意志力会有所下降，此时可能产生"反正都已经这样了，放纵一下又如何"的想法，但在放纵之后，个体不仅感觉更加疲劳，而且还会产生后悔等负面情绪，如果不加以调节，就会陷入"放纵、后悔、再放纵、再后悔"的恶性循环。因此，在疲惫的时候，个体要学会使用正确的放松方式，必须明确"放松不等于放纵"；在面对挫折的时候，个体要勇于挑战，并从中吸取经验，而非一味地逃避。

④意志力传染效应。俗话说"近朱者赤，近墨者黑"，从心理学上讲，个体的选择在很大程度上会受他人想法、意愿和行为的影响，而诱惑和意志力也都具有传染性。因此，个体如果想提高意志力，不妨在自己的社交圈内找一个榜样，以获得源源不断的动力。

（摘自科普中国网）

第二节　士官生的意志力与挫折

"人有悲欢离合，月有阴晴圆缺，此事古难全。"人生从来不是一帆风顺的，有花团锦簇，也有悲观失意，有"风正一帆悬"的惬意，也有"逆水行舟碧溪上"的困苦。俗话说："人生不如意事十有八九，得意处只二三。"这句话或许有点夸张，但如果我们去统计一下自己生活中所遭遇的不尽人意的事情的话，你会发现其也确实是数不胜数。

一、挫折的定义与分类

由于研究角度不同，人们对挫折的理解也不尽相同，在解释和描述上也有很大的差异。在心理学中，挫折是指个体在从事有目的活动时遇到障碍、干扰，致使个人动机不能实现，个人的需要不能满足，从而引发出的一种消极心理状态。挫折产生的五个要素如下。①需要和由此产生的动机。②在动机驱使下有目的的行为。③阻碍人们实现目标、满足需求的情境和事物，又称挫折情境，也称挫折源。挫折情境可能是实际存在的，也可能是人们想象中的。④对挫折情境的知觉、认识和评价，又称挫折认知。挫折认知既可以是对实际遇到的挫折情境的认知，也可以是对想象中可能出现的挫折情境的认知，挫折认知是产生挫折最重要的因素。⑤因受到挫折而产生的情绪和行为反应，又称挫折反应。

二、挫折产生的原因

士官生在自己的人生、事业、爱情等方面有各种各样的动机和目标，为了实现这些目标，他们刻苦努力、不断进取，可是追求梦想的路并不是一帆风顺的，由于目标的实现受到一些主客观因素的影响，因此并不是所有的梦想都能实现的，所以士官生难免会经历失败和挫折。

（一）客观因素

1. 自然环境因素

构成挫折的自然因素是指个人不能预料和控制的自然灾害（如地震、洪水、台风等），由自然因素引起的疾病（如SARS、禽流感等）、事故，以及恶劣的学习环境，等等。对于士官生来说，疾病、自然灾害、亲人去世等都会使其遭受挫折，这些都是人们无法克服的客观因素。

2. 社会环境因素

构成挫折的社会因素是指个人在社会生活中受到的各种人为因素的限制与阻碍，包括政治、经济、法律、道德、风俗习惯等。我国正处在一个深刻的社会转型时期，这在客观上对当代士官生的心理带来了深刻的影响。

首先，市场经济呼唤人的主体意识，承认个人利益的合理性，鼓励积极竞争和个人的发展，要求人们锐意进取、开拓创新，传统的安贫乐道、知足常乐的观念正在受到挑战。面对这种变化，如何处理个人与他人、个人与社会、个体发展与社会发展、合作与竞争等的关系，往往使成长中的士官生感到困惑。这些冲突会增加士官生的挫折感。

其次，当代士官生身处东西方价值观冲突的复杂环境中，不断涌入外来思想，直接影响着士官生的价值选择。当一种文化移入另一种文化时，不同文化之间的碰撞会造成价值体系的重新整合，使一些人难以依据自己已有的认知经验合理而又准确地选择和认同一种社会价值观念，从而陷入无以参照、无以归附的境地，也容易使其产生心理失调和挫折感。

最后，社会转型期对士官生的评价、需求也发生了变化。随着我国军队改革的进一步深化，士官生面临着更为激烈的竞争，他们必须和大多数同龄人一样为生存而拼搏，这些反差也极易使士官生产生挫折感。

3. 学校环境因素

学校环境对士官生的心理挫折有直接影响，主要表现在以下几个方面。

第一，高校校园环境设施的陈旧。士官生往往对大学校园与士官生活有着美好憧憬，但现实中一些大学的校园环境及设施往往与某些士官生想象中的"天堂"有一定的差距，这容易使他们的不满情绪增加。

第二，高校教学内容与管理方式的滞后。求知欲、成就动机非常强的士官生往往希望学习最新的知识，以便以后能够在社会上大有作为，但是部分高校的教学内容滞后于现实社会的变化和发展，教学方法和手段与新型人才培养的要求不相适应，这使得部分士官生的挫折心理油然而生。另外，由于部分高校不能根据社会发展的新要求、学生的个性发展和心理特征及时调整对学生的管理方式，使学生的个性发展受到限制，也使一些士官生产生了不满与逆反心理。

4. 家庭因素

家庭的一些潜在或显性的条件，如家庭的自然结构、家庭的人际关系、家庭的教育方式、家庭的抚养方式及家长的素质等对士官生的挫折心理都有直接或间接的影响。有关研究表明，士官生的不少心理问题是与家庭生活的不良背景、早期不良家庭生活经历联系在一起的。自小娇生惯养和过分受保护、被溺爱的孩子进入大学后更容易产生挫折心理。家庭的社会经济状况对士官生的心理产生着潜在的影响，家庭经济困难的士官生除要面对个人发展与就业压力外，还面临着较大的生活压力与经济压力，经济压力影响了一些士官生的学业发展与个人发展，容易导致更多的心理冲突的产生，从而使他们产生挫折感。

（二）主观因素

1. 个体生理因素

生理原因是指个体由于生理素质、体力、外貌及某些先天缺陷所带来的局限和限制，它使个体无法实现既定的目标，进而导致活动失败，如由于身高不足而未能加入篮球队、礼仪队等。据调查，有一定比例的士官生对自己的容貌、体型不够满意，这种自我形象评价偏低的行为往往使士官生信心不足，在人际交往等社会活动中处于劣势，同时也使士官生产生了挫折感。

2. 生活环境的不适应

一些士官生第一次离开家到一个全新的环境，一时难以顺利地实现角色转换，产生了诸如水土不服、饮食不习惯、集体生活不适应、难以承受理想中与现实中大学环境之间的反差等不良反应，有的学生因为在生活中遇到了一些困难或不如意的事情便产生了挫折心理，出现了孤独、苦闷、烦恼、忧愁等不良心理反应。同时，这个时期是由少年向成年过渡的阶段，士官生的独立精神、自主精神还没完全形成，有的学生无法适应新的生活。随着年级的升高，士官生逐渐感受到了学习的紧张与竞争的压力，一些士官生的心理压力增大，产生了挫折心理。

3. 自我认知偏差

一些士官生缺乏社会经验，往往不能正确地认识自我，自我评价偏高；而有的士官生遇到挫折与失败时就会产生失败感或焦虑苦恼的情绪，他们常常低估自己甚至进行自我怀疑和否定。另外，还有少数学生比较消极、被动，一遇到困难、障碍便觉得"一切都没有意思"，结果就会变得畏缩不前、错过成功的机会。认知有偏差的士官生很容易产生挫折的情绪体验，而且不良认知偏见的积累会加重其挫折情绪的体验，使其很难走出挫折的阴影，甚至会钻牛角尖，走向极端。

4. 人际交往不适

在部队这一特殊环境之中，士官生具有强烈的归属感，对友谊、对朋友有着热切的依恋和期望。如果交往经验与技巧不足，那么交往过程中的沟通不足、关系失调、人际冲突等现象就会时有发生，从而导致人际关系不良，没有什么知心朋友，产生挫折心理。在陌生的环境中，如果没有什么朋友，就会失去与他人沟通、交流的机会，这对于心理健康是不利的，这类人在遇到挫折时很难从挫折的阴影中走出来。

5. 动机冲突

动机冲突也是引起士官生挫折的重要原因。在现实生活中，人们常常会同时产生两个或两个以上的动机，如果这些同时并存的动机不能同时获得满足，并且在性质上又出现彼此相互排斥的情况，就会产生动机冲突的心理现象。动机冲突常使士官生感到左右为难，使其内心产生激烈的冲突和焦虑不安的情绪，进而导致挫折感的产生。随着社会的发展，士官生选择的自由度越来越大，由此带来的动机冲突也必然增加。

三、意志力与挫折的关系

在遇到挫折时，意志力强的人能够自觉控制和调节自己的心理和行为，面对现实，找出失败的原因，施展所有的本领来以成功应对困难，并善始善终地将计划执行到底，直至目标实现。

意志力强的人对挫折的适应能力、承受能力都较强，并能将挫折进一步转化为促进目标实现的积极因素，进一步增强自己的自信心。意志薄弱的人往往缺少信心和主见，对自我的控制和约束力较差，在遇到挫折时容易改变行动的方向，容易回避现实，采取消极的应对方式，其结果不仅严重影响既定目标的实现，同时还会进一步降低自信心和对挫折的承受能力和适应能力，甚至出现意志消沉和精神障碍。

第三节 士官生意志力的培养及挫折应对方法

"身体是革命的本钱。"对一般人而言，健康的身体是事业成功之本；对士官生而言，健康而强壮的体魄是取胜之本。军事体能训练就是要通过有目的、有计划、有规律的身体锻炼来达到强身健体、健心的目的。

一、士官生意志力的培养方法

坚强的意志力是战斗精神的重要内容，是我们战胜困难、克服弱点、迈向成功的前提。意志力也是一种能够培养和发展的心理素质。意志力的培养离不开环境的支持，因此，可以在日常生活和各项军事活动中加强锻炼，克服惰性、盲从、怯懦、恐惧、顽固、执拗、优柔寡断等心理，提高意志的自觉性、果断性、自制性和坚韧性，培养应对挫折、坚忍不拔、敢于拼搏等坚强的意志。

（一）军事训练法

1. 军事体能训练

有研究表明，体能训练不仅能增强人的体质，还会对人的心理产生积极的影响，可有效降低焦虑、抑郁和应激反应的水平。军事体能训练不同于简单的体育活动，它是一项有计划、有目的、可调节、长期的、高强度的体育活动。在训练过程中个体要承受身体和心理的双重磨砺。积极主动参与军事体能训练，既能强健体魄，更能磨砺士官生钢铁般的意志。

拉力器、杠铃、哑铃、臂力棒和俯卧撑等训练是很多官兵每天必练的项目。此外，一些其他的训练活动，如有氧运动或有节奏的腹式呼吸运动均可获得令人满意的效果。

2. 军事技能训练

现代战争对士官生技能方面的要求越来越高。这主要表现在高科技的武器装备对士官生技能的要求越来越高，如电子化的武器装备；现代战争的复杂性也对士官生的技能提出了更高的要求，如心理战；现代战场也对士官生的技能提出了更高的要求，如城市巷战。要适应现代战争，士官生不仅要熟练掌握高科技武器的使用方法，还要具有在各种战场情境下的生存能力，如体力的保存与恢复、野生动植物的识别与获取、自我保护与救治、应激情况的处理等。此外，还需要掌握心理战和反心理战，以及自我心理调节的知识和技能。

3. 军事胆量训练

对于远离战争、缺少战争经验的当代士官生，军事胆量的训练显得尤其重要。目前军事胆量的训练已经成为心理行为训练的一个主要内容。近年来，心理学专家研制出了一套士官生心理行为训练器械，其中就有胆量训练的专门器械。该训练的具体项目有"飞跃自我"训练、"战胜恐惧"训练等。在一根6米高的铁柱子顶端固定一个脸盆大小的铁板，铁板上前方1.5米处悬挂着一根吊杠，要求战士站在铁板上，然后跃起抓住吊杠，这是"飞跃自我"训练。离地8米高的空中断桥，桥面又窄又长，一个1.3米的断桥缺口横在眼前，要求战士爬上这个空中断桥，穿过窄而长的桥面，再飞身跳过1.3米的断桥缺口，而且还必须再跳回来，这是"战胜恐惧"训练。这些训练可以极大地锻炼官兵的意志和胆量，并且可以增强他们的心理承受能力和自信心。其中"飞跃自我"这个训练科目就是专为冲破心理障碍，塑造士官生的敢为精神而设置的。

此外，为适应高技术条件下严酷的战场环境，训练士官生的胆魄，还要尽量使训练过程中的困难、心理紧张度接近真实战场的程度，让士官生体验到真实战场上的困难和紧张度。"模拟战场情境"训练的目的就在于此。这是一种在高技术条件下进行的模拟化训练方法，采用各种先进的技术手段，对高技术条件下的作战环境、作战过程及各种武器装备的作战效应进行逼真的模仿，并使部队在这种模拟环境下做好适应性训练的方法。在战场情景模拟训练中应用了拟声、造光、变形等高科技手段，增强了训练中的实战气氛，以使士官生认识并逐渐适应战争中可能出现的各种异常的声、光、形。这有助于防范战场上异常声、光、形给士官生带来的不良心理影响。战斗困难情景模拟训练的基本内容则包括：设置复杂多变的敌情，增加危险艰难的战斗情节，设置危险障碍，增加各种干扰因素，选择复杂的地形和恶劣的气象条件，等等。训练中通过模拟战斗困难情境，可以锻炼士官生在复杂恶劣的地形和气象条件下，在情况若明若暗、敌众我寡、孤军无援、通讯中断、补给不济等险恶态势下，临危不惧、镇定自若、沉着应战的良好心理适应能力。战场情景模拟训练是一种在和平时期考验士官生能力，提高士官生胆量和意志力的一种较好的训练方法。

（二）自我训练法

1. 自我坚持

坚持做好日常小事是锻炼意志的基本途径。坚强的意志、抵抗诱惑的能力等都是在士官生日常的学习、训练和生活中逐步培养的。高尔基说："哪怕是对自己的一点小的克制，也会使人变得坚强起来。"坚强意志的培养要靠千百件小事的锻炼，只有在小事中磨炼自己，才可能在重大事情上表现出坚强的意志。当然，也可以结合执勤、独立承担任务等进行意志力训练。

2. 自我反思

为实现目标做准备。以写日记或周记的形式检查自己、评价自己、批评自己、鼓励自己，培养勤奋进取、勇敢顽强的品质，参与到提高意志力的全过程中，克服懒惰、盲目、草率、优柔寡断等不良的意志品质。也可以结合技术、战术训练等进行意志的果断性训练。

3. 自律训练

士官生的身份就意味着其要服从命令、听从指挥，这是军队取得胜利的一个保证。服从命令、听从指挥的一个前提就是自律行为。自律行为是一种需要自我调控的按照规矩行事的行为。规矩如果是自己定的，就无须自我调节，那是随心所欲。问题在于规矩是别人制定而且又是自己不太乐意接受的，这就需要自我调节。

俗话说，没有规矩不成方圆。部队使命的完成，其前提条件是拥有一批服从命令、听从指挥的士官生，即具有自律性的士官生，否则，难以想象会出现什么情况。自律行为的形成过程是一个把外在的规矩逐渐内化成其自身要求的过程，非一日之功。因此，自律行为要从入学的第一天起就开始训练，要注重平时的养成。

自律是指在没有人现场监督的情况下，通过自己要求自己，变被动为主动，自觉地遵循法度，并拿它来约束自己的一言一行的状态。而士官生是否能够自律主要体现在是否依军队法律、法规和制度行事。自律行为训练主要通过以下几个步骤进行。

①安排好你所做事情的优先顺序，然后按这个顺序去做。
②把自律的生活方式当成目标。
③向你的借口挑战。
④工作完成之前，先把奖励挪开。
⑤把目光注视在结果上。

4. 自我挑战

在实践活动中经常为自己设置一些主客观条件允许、并需要一定的意志努力才能克服的困难，以坚决的态度战胜它，再进行总结，获得并品味意志成功的体验。毛泽东曾鼓励人们："胜利的实现，往往在于再坚持一下的努力之中。"这种困难的设定可以是一次阅读，可以是一次长跑，也可以结合体能训练、野战生存训练、反恐怖行动、抢险救灾等进行意志的坚忍性训练。

在高技术条件下的战争中，士官生只有掌握在各种严酷复杂的环境中生存和战斗的技能，并善于应用这些技能，才能顺利完成各项战斗任务，赢得战争的胜利。野战生存训练就是一项全面考验士官生素质、挑战自我的训练。在同样的作战环境中谁的野战生存能力强，谁胜利的把握就多一些。未来战争，机动快，战场广，因而对野战生存能力的要求就更高。

野战生存训练就是要求士官生在极端恶劣的环境中设法生存下来，并战胜随时可能出现的敌人和自然界中的毒蛇猛兽。野战生存训练不仅可以提高士官生在恶劣的自然条件下的生理适应能力，而且还可以在严峻的困难环境中磨炼士官生的意志，增强士官生的心理耐受力。当今世界许多国家的军队都非常重视提高士官生野战生存能力的训练。美军为了锻炼士官生的野外生存能力，让其不带食物和水进入热带原始森林，并要求其在规定的时间内到达指定的地点。在途中他们只能食野果、捕食蛇类和野兽，采掘植物根茎并吮吸汁液解渴，而且还要不时抵抗预先设伏的假设敌人的袭击。英军在马岛战争中，远渡重洋在万里之遥的异地取得了作战胜利，这也与其严格的野外生存训练是分不开的。

部队近年来非常重视野外生存训练，已经把提高部队野战生存能力作为一项重要的训练课题。比如，训练士官生对时差的适应，对气压和温度的适应，对高原的适应，对紧张气氛的适应，对疲劳的适应，对强烈刺激的适应，等等。这些训练均在隔断供给的条件下进行。据报道，我国海军一艘导弹护卫舰在"无码头泊靠、无岸基补给、无避风海域"的条件下实现了野战生存102天，创下了海军之最。

（三）榜样激励法

榜样激励法也叫学习榜样法。榜样激励法是指领导者对在实现目标中做法先进、成绩突出的个人或集体加以肯定和表扬，并要求大家学习，从而激发团体成员积极性的方法。我们常说，榜样的力量是无穷的，榜样是一面旗帜，使人学有方向，进而起到了巨大的激励作用。领导者在团体内选择的榜样应该是成绩突出、品德高尚、作风正派的成员。榜样激励法通过榜样的示范来规范、引导下属的行为，从而形成合力，使团成员向着共同的目标而努力。

教员可以在自习课上开展著名人物、模范人物、领袖人物的系列活动，让士官生学习钻研他们的事迹，并将其作为鼓励自己前进的动力，同时把伟大人物、英雄模范及身边的先进典型作为自己学习和模仿的榜样。士官生可以读他们的人物传记，学习他们的先进事迹，立志向他们学习，还可以搜集格言、警句，如"千磨万击还坚劲，任尔东西南北风""宝剑锋从磨砺出，梅花香自苦寒来"等，用以激励自己、鞭策自己。榜样不应是固定的，不应几年甚至几十年不变。作为榜样，其他人向你学习，如果在各方面超过了你，你不再是榜样，就应反过来向别人学习，以别人为榜样了。作为榜样，如果在别人向你学习的时候，你自身也在不断努力，始终走在别人前头，那么你始终是别人的榜样。人人都有可能成为榜样，才可能促使大家自觉地向榜样学习，榜样才真正起到了一种激励上进的作用。

同时，可以结合交流自己的人生目标等形式，以班为单位开展意志的自觉性训练。远大的目标有利于调动人的心理潜能，使人观察敏锐、记忆持久、思维深刻、想象丰富，并使人的情感充沛、注意力集中，还会激励人们为实现理想勤奋耕耘、锲而不舍。确定不同的目标，然后分步实施，通过目标的分解你应该能看到，在前一个目标的基础上，实现下一个目标并不太难。比如，在学习过程中，以考上某个大学为最终目标，根据当前的现实，先制订一个周目标和日目标，这类目标一般不用考试成绩来衡量，标准完全由自己来把握，且这类目标一般都不太高，但通过日积月累，最后就能实现最终目标。

（四）情感激励法

情感跟意志有着十分密切的关系，当人的某种情感对人的活动起到推动或支持作用时，这种积极的情感便会成为催生意志力和行动的动力。生活中恰当地运用情感激励法，可以有效地激发他们的意志力。

中国女排是一个英雄的集体。她们的成功是因为平时的刻苦训练，更在于他们平时大量的励志教育，是因为她们懂得"振兴中华从我做起""此时不搏更待何时"的道理。当他们在综合实力不占明显优势的情况下，靠着为国争光的精神，创造了"五连冠"的神话。其在雅典奥运会女排决赛中，连负两局并不气馁，第三局对手就差1分就能获得冠军的时刻，她们团结一心，将对国家和人民的期待化作战胜对手的强大动力，连扳三局，实现了惊天大逆转。这是因为她们有一种崇高的使命感，这使她们能在关键时刻咬紧牙关、战胜对手。士官生在自己的学习和生活中注入这种崇高伟大的理想，可以让自己摆脱一些私人情感的多愁善感和喜怒无常，使自己拥有一种"想法"，从而去激发自己的意志力。

如何解决士官生意志力薄弱的问题虽然是一个复杂的问题，但是无论是什么样的士官生，只要我们善于去发现他们的问题，找出问题的原因并进行分析，写出计划并付诸实施，就能够从中获得很多理论方法。同时我们还可以把这种理论加以推广，应用到教学、训练的方方面面。

二、士官生正确应对挫折的方法

军旅生涯是一个漫长的旅程，在这个旅程中没有始终如一的平坦大道，每一个人都会在这段旅程中攀爬崎岖的山路，走过满是荆棘的险路，所有我们将遇到的挫折都是不可逃避的，因此我们必须学会面对，并提高挫折承受力。这里介绍一些方法。

（一）保持积极乐观的应对态度

首先，作为当代士官生要充分认识挫折的普遍性和不可避免性。人生的成长和发展道路不可能总是一帆风顺、尽如人意的。挫折是生活的组成部分，人就是在不断战胜挫折的过程中前进的。其次，要认识挫折的两重性，树立正确的挫折观。挫折有消极的一面，也有积极的一面。挫折给人带来失败，造成损失，给人打击，使人产生痛苦；但是挫折也能催人奋起，磨炼人的意志，使人接受训练、获得经验、增强才干，变得更聪明、更成熟、更坚强。古语说："自古雄才多磨难，从来纨绔少伟男。"大文豪巴尔扎克说："挫折和不幸，是天才的晋身之阶，信徒的洗礼之水，能人的无价之宝，弱者的无底深渊。"最后，正确对待挫折。在人生的道路上，没有一个人是一帆风顺的，我们要善于分析困难和挫折，从中找出原因和吸取教训，找到克服困难、战胜挫折的办法，从而解决问题，使自己走向成功。

（二）对挫折进行正确归因

美国心理学家韦纳对人们失败的原因进行了研究，他认为一般情况下失败由客观因素（包括任务难度和机遇）和主观因素（人的能力与努力）造成。人们把失败归因于何种因素，对以后的活动效果与参加活动的积极性有很大的影响：把失败归因于主观因素会使人感到内疚和无助；把失败归因于客观因素会使人产生愤怒与敌意。士官生应正确分析自己成败的归因模式，特别要注意避免韦纳提出的两种错误的归因模式。比如：有的士官生总是把自己的学业失败归因于外在因素，说运气不好，没猜中考题或抱怨老师出题太难，而不是去努力攻克自己的学业弱项，改变自己的处境。有的士官生总是把自己的学业失败归因于内在因素，受挫折后把失败归结于自身的能力、技能和努力的程度过低，过多地责备自己。这两种习惯性的归因方式都无助于战胜挫折。总之，士官生受挫后，应当冷静、客观地分析自己失败的原因，找到造成挫折的真正原因，对挫折进行客观、准确、符合实际的归因，从而有效地克服困难。

（三）合理运用挫折防御机制

防御机制是精神分析学派用语，由弗洛伊德提出，是指自我将可怕的东西控制于意识之外以减少或避免焦虑的方法，是个人在精神受干扰时用以避开干扰、保持心理平衡的心理机制。自我防御机制是自我用来应对本我和超我压力的手段。当自我受到本我和超我的威胁而引起强烈的焦虑和罪恶感时，焦虑将无意识地激活一系列的防御机制，以某种歪曲现实的方式来保护自我，进而缓和或消除不安和痛苦。只要能够运用这些防御机制来维持平衡，而没有表现出适应不良的行为，那就不能看作是病态。只有在不适当的时机不恰当地应用防御机制，以致不论在自己内心安宁方面还是在与他人的交往方面都和他的生活不相称、不相协调时才可以称之为病态。

从个体遭遇挫折时解决问题的效率与维护个人心理健康的观点来看，心理防御机制具有多种作用。它能暂时减轻和解除痛苦和不安，对情绪起着缓冲作用，还能用间接性或替代性的方式使个人的动机得到满足，使原来的挫折得到缓解。这些是心理防御机制的积极作用。但心理防御机制在某些方面也带有掩耳盗铃式的自我欺骗，使得现实问题未能得到真正解决，反而复杂化，因此防御机制也能起到一种妨碍成长的消极作用。士官生个人成长目标要达到健康的自我结构，应随着现实自我的变化做出必要的改变。尽管防御机制是在长期生活中习得的，并能反映本人的性格特征，但对士官生来说，应注意在遭受挫折时适当、适度地运用它。学习和善于使用积极的成熟的防御机制来应对可能面临的挫折情境，化防御机制为激励机制，既缓解内心冲突又调节行为，尽量克服消极防御机制带来的负面影响，以求得心理平衡和自我结构的完善，这是士官生健康人格发展的重要内容。

（四）积极寻求社会支持，合理宣泄情绪

社会支持网络指的是一组个人之间的接触，通过这些接触个人得以维持社会身份并且获得情绪支持、物质援助和服务、信息与新的社会接触。依据社会支持理论的观点，一个人所拥有的社会支持网络越强大，就能够越好地应对各种来自环境的挑战。个人所拥有的资源又可以分为个人资源和社会资源。个人资源包括个人的自我功能和应对能力，后者是指个人社会网络中的广度和网络中的人所能提供的社会支持功能的程度。以社会支持理论为取向的社会工作强调通过干预个人的社会网络来改变其在个人生活中的作用。对于那些社会网络资源不足或利用社会网络的能力不足的个体，社会工作者致力于给他们以必要的

帮助，帮助他们扩大社会网络资源，提高其利用社会网络的能力。

有调查表明，一些士官生在应对挫折时多采用封闭性应对方式，较少寻求社会支持，这可能与他们文化素质较高、自尊心较强有关。来自社会各方面的精神与物质上的支持可以作为一种保护性因素，支持个人的挫折容忍能力，减轻挫折对个体的打击，从而有利于个体调控心理应激反应。所谓"当局者迷旁观者清""三个臭皮匠赛过诸葛亮""一个篱笆三个桩，一个好汉三个帮"等俗语，充分说明了社会支持系统在个人应对困境和挫折中所起的支持作用。士官生受挫时应学会积极寻求社会支持，这有助于受挫者汲取社会的力量，在他人或群体、组织的支持和引导下改善心态、调整行为，减轻挫折的打击，摆脱挫折导致的烦恼。

另外，遭遇挫折后，一些士官生在心理上往往处于焦虑、愤怒、冲动的情绪状态中，如不妥善化解，其就可能产生种种消极的行为反应，给自己和社会带来不良的后果。因此，采取可控的、符合社会规范的方式宣泄受挫后的紧张心理，恢复心理平衡，对士官生来说也是十分必要的。情绪宣泄的方式主要有自我疏导、情绪宣泄、运动宣泄、心理咨询等，当遭遇挫折的时候，大家可以选择适合自己的方式进行合理宣泄。

心理科普

动机冲突的四种形式

动机冲突，又称心理冲突，是指一个人在某种活动中同时存在着一个或数个所欲求的目标，或存在两个或两个以上互相排斥的动机，当它们处于相互矛盾的状态时，个体难以决定取舍，表现为行动上的犹豫不决。这种相互冲击的心理状态就是动机冲突，它是造成挫折和心理应激的一个重要原因。动机冲突和挫折的区别：动机冲突必须有两个或两个以上互相排斥的动机，而挫折可以只有一个动机；动机冲突往往发生在动机已经形成但还未见诸行动时，而挫折则常常发生在为达到目标而采取行动的过程之中或过程之后。常见的冲突类型有以下四种。

第一，双趋冲突，又称正正冲突，指对个体同时存在两个具有同样吸引力的目标，而两者不可兼得、难以取舍的心态。双趋冲突是大学生中最常见的心理冲突。当两个目标都符合需要，并且有相同强度的动机但又"鱼和熊掌不可兼得"时，就出现了难以取舍的冲突。

第二，双避冲突，又称负负冲突，指同时有两个可能对个体具有威胁性或不利的事发生，两种都想躲避，但受条件限制只能避开一种、接受一种，个体在做抉择时内心会产生矛盾和痛苦，如同前有狼后有虎的两难境地。

第三，趋避冲突，又称正负冲突，指个体同时对同一目标具有趋近和逃避两种心态。这一目标可以满足人的某些需求，但同时又会对人构成某种威胁，既有吸引力又有排斥力，使人陷入进退两难的心理困境。

第四，双趋避冲突，又称双重正负冲突，指同时有两个目标，存在着两种选择，但两个目标各有所长、各有所短，使人产生左顾右盼、难以抉择的心态。比如，择业时有两个单位可供选择，而每个单位又各有利弊，这时个体就会举棋不定并陷入冲突中。

心理测验

心理测验须知：

1. 本测验适用对象为中学生以上群体（12岁以上）。

2. 本测验仅用于了解自我意志力的情况，不能用于心理问题的诊断。具体心理问题的诊断请遵从心理咨询师的评估。

意志力测验问卷

下面这个问卷可用来了解你的意志力，共有20道题。每题都有5个备选答案，请根据自己的实际情况，从题目后面5个选项中选择1个并打"√"，1表示很同意，2表示比较同意，3表示说不准，4表示不大同意，5表示不同意。

题 目	选项
1. 我很喜欢长跑、长途旅行、爬山等体育运动，但并不是因为我的身体条件适合这些项目，而是因为它们能锻炼我的意志力	1 2 3 4 5
2. 我给自己设定的计划常常因为主观原因而不能如期完成	1 2 3 4 5
3. 设定的计划应有一定的灵活性，如果完成计划有困难，随时可以改变或撤销	1 2 3 4 5
4. 学习和娱乐项目发生冲突时，哪怕这种娱乐项目很有吸引力，我也会马上去学习	1 2 3 4 5
5. 如果没有特殊原因，我会每天按时起床、不睡懒觉	1 2 3 4 5
6. 学习或工作中遇到困难的时候，最好的办法是立即向师长、同志或同学求助	1 2 3 4 5
7. 在长跑中觉得跑不动时，我常常咬紧牙关、坚持到底	1 2 3 4 5
8. 我常因读一本引人入胜的小说而不能按时睡眠	1 2 3 4 5
9. 我在做一件应该做的事之前，常能想到做与不做的不同结果，从而有目的地去做	1 2 3 4 5
10. 如果对一件事不感兴趣，那么不管它是什么事，我的积极性都不高	1 2 3 4 5
11. 当我同时面临一件该做的事和一件不该做却吸引着我的事时，我常常经过激烈的思想斗争，让前者占上风	1 2 3 4 5
12. 有时我躺在床上，下决心第二天干一件重要的事情（例如突击一下外语），但到第二天，这种劲头又消失了	1 2 3 4 5
13. 我能长时间做一件重要但枯燥无味的事情	1 2 3 4 5
14. 生活中遇到复杂情况时，我常常优柔寡断、举棋不定	1 2 3 4 5
15. 做一件事之前，我首先想到的是它的重要性，其次才会考虑它是否使我感兴趣	1 2 3 4 5
16. 我遇到困难时常常希望别人帮我拿主意	1 2 3 4 5
17. 我决定做一件事时，常常说干就干，决不拖延或让它落空	1 2 3 4 5
18. 在和别人争吵时虽然明知是我不对，我却忍不住说一些过头话	1 2 3 4 5
19. 我希望做一个坚强的、有意志力的人，因为我深信"有志者事竟成"	1 2 3 4 5
20. 我相信机遇的作用，许多事实证明机遇的作用有时大大超过人的努力	1 2 3 4 5

测验计分：凡单号题，每题后面的五种答案从第1到第5依次记5、4、3、2、1分；凡双号题，每题后面的五种答案从第1到第5依次记1、2、3、4、5分。20题得分之和与意志品质的关系如下：

0到20分，意志力很薄弱；

21到40分，意志力薄弱；

41到60分，意志力一般；

61到80分，意志力较强；

81到100分，意志力非常强。

心理团辅

耐人寻味的故事

1. 活动目的：用生动的故事说明妨碍人们运用所学知识的阻力不仅来自外界，而且来自他们自身，大家需要认识和克服自己为自己设置的障碍。

2. 活动时间：20分钟

3. 活动过程：

北美狗鱼的故事：将狗鱼放置在一个用玻璃隔开的鱼缸中，鱼缸的另一半里养着些小鱼。这条饥饿的狗鱼为吃到小鱼进行了无数次尝试，但结果总是撞到玻璃上。最终，它明白了自己无论如何也够不到小鱼。然后玻璃隔板被拿掉了，但是狗鱼基于已有经验并不去袭击小鱼，双方相安无事。

狗鱼随后的行为就是狗鱼综合征的表现，其特点如下。

①对差别视而不见。

②自以为无所不知。

③滥用经验。

④墨守成规。

⑤拒绝考虑其他可能性。

⑥缺乏在压力下采取行动的能力。

4. 分享讨论：

（1）在你认识的人当中，是否有人曾表现出狗鱼综合征？是些怎样的例子？

（2）我们怎么帮助他人（或自己）摆脱狗鱼综合征？

（3）狗鱼综合征在何种方式下有用？

第五章 士官生的人格

案例导读

张某,男,22岁,士官生,性格内向,从小就是在挫折中长大。父亲是个很老实的知识分子,母亲是工人。平时母亲对父亲总是吵闹不休,一家之主的父亲没有家庭地位。张某的童年时期,作为知识分子的父亲家庭经济收入偏低,母亲总是为此数落父亲。母亲对张某也动辄打骂、训斥责备。他在学龄前就胆小、害怕,常常被别人欺侮。上学后,他认识到这是社会和周围的人对自己家庭评价较低的结果。别人说他的父亲太老实,母亲是个"母老虎"。在这种社会与家庭环境中,张某形成了自卑、压抑的性格。

本案例中的士官生张某从小在被批评、指责的环境中长大,自我价值感较低,且在家中同为男性的父亲一直被强势的母亲责怪、数落,这致使他自信心不足、胆小自卑,在与他人交往的过程中这些特点会不自觉地展现出来,其在人际交往中很容易受挫,家庭氛围糟糕、同伴关系受挫又会使他的自我价值感继续降低。

第一节　人格揭秘

人格的健全是心理健康的根本标志。重视士官生人格的培养,既是健康的需要,也是发展的需要;既是现实的需要,又是未来的需要。士官生要充分认识到健康人格对自身发展的必要性,要充分发现自己的长处,但又要寻找和承认自己的不足,勇敢地面对挑战,不断地发展自己,促进自身健康人格的完善。

一、人格的内涵与特征

(一)人格的概念

人格,又称个性,源于拉丁语 persona,其原意是指古希腊罗马时代的喜剧演员在舞台上扮演角色所戴的假面具,它代表剧中人物的角色和身份,表现剧中人物的某种典型心理,如狡诈的人、忠厚老实的人等。心理学沿用其含义,把一个人在人生舞台上扮演的角色的种种心理活动与行为都看作是人格的表现。人格是人的生物性和社会性相统一的体现。

人格代表着一个人的精神面貌，决定着一个人成就的大小。

《心理学大词典》认为，人格指一个人在其生活、实践活动中经常表现出来的比较稳定的带有一定倾向性的心理特征的总和，是指一个人区别于其他人的精神面貌或心理面貌。人格是个多层次、多侧面的有机系统，它分为人格心理特征和心理活动倾向性两个方面。人格心理特征包括气质、性格和能力等方面的内容，它表现为人们活动效率和行动风格方面的差异。心理活动倾向性则包括需要、动机、兴趣、理想、世界观、价值观等，它表现为人们活动的倾向性方面的差异。正如一棵树上没有两片完全相同的叶子一样，世界上也没有两个完全相同的人。中国有句俗话："人心不同，各如其面。"人类的心理差异就如同人的面孔一样千差万别。有的人活泼，有的人文静，有的人勇敢，有的人谨慎，有的人憨厚，有的人聪慧，每个人都有独特的性格和爱好，都有着与别人不同的能力与气质，从而呈现出不同的人格特征。

（二）人格的特征

1. 人格具有整体性

人格的整体性是指构成人格的各种心理成分不是相互独立的，也不是机械地联合在一起的，而是错综复杂地相互联系、交互作用，从而构成了个体整个心理面貌的完整的功能系统。人格对人的心理活动和行为的调节是通过人格系统的整体起作用的。

人格的整体性首先表现在各种心理成分的一致性。一个正常的人总是能及时地、正确地认识和评价自己，能及时地调整人的内部心理世界中的各种矛盾，调整人格中的各种心理冲突，使人的心理和行为保持和谐一致。如果没有这种一致性，人们就会长期处于对立的动机、价值观、信念的斗争中，人的心理活动就会出现无序的状态。这是一种人格分裂现象，也称"二重人格"或"多重人格"。

人格的整体性其次表现在，人格是由各个紧密相连的成分构成的多层次、多侧面、多水平的统一整体。在构成个体人格的各种成分中，有的是主要的、起主导作用，有的是次要的、起辅助作用。起主导作用的成分决定个体人格的基本特征。

人格的整体性还表现在，只有从整体出发，并在和其他人格特征的联系中，才能认识个别，使其具有确定的意义。比如，沉默寡言这一特征在不同人身上可能有不同意义。甲可能由于怕羞不愿抛头露面，这是怯懦的表现；乙不想暴露自己的真实面貌，这是虚伪的表现；丙可能是想靠别人的努力来获取自己想要的，这是懒惰的表现。

个体的人格特征与行为表现并不一定是一一对应的。同一种人格特征在不同人身上的表现会各不相同；同一种行为往往是不同人格特征的表现。要认识一个人的人格特征，必须从人格的整体性上进行把握。

2. 人格具有独特性与共同性

人格的独特性是指每个人都有与他人不同的人格特征。即使是在遗传上最为相近的同卵双生子，其人格也是有差别的。人格的独特性充分地表现为人们在需要、动机、兴趣、爱好、价值观、信念、能力、气质、性格等方面的差异性。

人格也具有共同性，即某一群体、某个阶级或某个民族在一定的群体环境、生活环境、自然环境中形成的共同的典型心理特点。例如，由于受共同社会文化的影响，同一民族、同一地区、同一阶层、同一群体的个体之间具有很多相似的人格特征。人类学家本尼迪克特考察了北美印第安人的两个部落，发现处于不同文化圈的人具有不同的人格。朱尼部落的人和奎久特尔人在人格特征上有很大差异。朱尼人的特点是中庸、节制与和平；奎久特尔人的特点是任性和好竞争。这种统一文化陶冶出的共同的人格特征被称为群体人格或社会人格，是由于群体基本的和共同的经验造成的。因此，人格是独特性和共同性相统一的整体。

3. 人格具有稳定性和可变性

人格的稳定性是指个体的人格特征具有跨时间的持续性和跨情景的一致性。人格特征跨时间的持续性是指人格具有稳定性，不会在短时间内有很大变化。因此人们常说"三岁看大，七岁看老"。人格特征跨情景的一致性是指在不同的情境下，同一个人的人格特征在一定程度上会保持不变。例如，一个内向的人在不同场合都会表现出不爱讲话、不爱交际的行为倾向。正因为人格具有稳定性，我们才能将不同人的精神面貌区别开来，从而有效地推测他在某种情况下的行为表现。

但是，人格的稳定性是相对的，人格的特征也是可以变化的，从而使人格具有可塑性的特征。具有决定意义的环境因素和机体因素会使个体的人格特征发生改变。例如，一个平时很乐观的人可能因一次重大的打击而变得郁郁寡欢。应当指出，人格的变化不同于行为的变化。行为变化是由情境引起的暂时的变化，而人格的变化则是内在的特质的变化，具有永久性。例如，一个很温和的人偶尔也会因急躁而发脾气。这是行为的暂时变化。如果一个人从原来宽松的环境中来到一个充满压力的环境中生活，那么他就会变成一个急躁的人，一个经常发脾气的人。这就是人格变化。

4. 人格具有生物性和社会性

人格既有生物性，又有社会性。所谓生物性就是指人格是在人的自然的生物特性的基础上发展起来的，人的生物特性影响着人格发展的道路和方式，也决定着人格特点形成的难易。例如，一个神经活动类型属于强而不平衡型的人，就比较容易形成勇敢、刚毅的人格特点，而要形成细致、体贴的人格特点就比较困难。相反，一个神经活动类型属于弱型的人，就比较容易形成细致、体贴的人格特点，而要形成勇敢、刚毅的人格特点就比较困难。

但是，人的生物特性并不能决定人格的发展方向。对人格发展起决定作用的是个体的社会历史文化背景。这就是人格的社会性。例如，在一定的社会中，同一民族、同一阶层的人们在某些共同的生活条件下生活，逐渐掌握了这个社会的风俗习惯和道德观念，就会形成某些共同的人格特点。

二、现代积极人格理论

积极人格是积极心理学研究的一个重要内容和概念,是积极心理学得以建立的基础,因为积极心理学是以人类的自我管理、自我导向和有适应性的整体为理论假设的。

(一)积极人格的内涵

积极人格与积极体验以及积极社会系统一起构成了积极心理学研究的三个主要方面。积极心理学是由心理学家赛利格曼首先提出的,而谢尔登和劳拉将其定义为:"致力于研究人的发展潜能和美德等积极品质的一门科学。"积极心理学作为心理学的一个分支,主要对最理想的人类机能进行科学的研究,其目标是发现使个体、团体和社会良好发展的因素,并运用这些因素来增进人类的健康、幸福,以促进社会繁荣。同时,在人格的研究方面,积极心理学认为不仅要研究问题人格特质和影响人格形成的消极因素,还要研究人的良好人格特质以及影响人格形成的积极因素,特别是要研究积极人格理论在个体良好人格特质形成或发展中的作用。

积极人格主要是在对个体各种现实能力和潜在能力进行激发和强化的过程中形成的,当激发和强化使某种显示能力或潜在能力变成一种习惯性的工作方式时,积极人格特质也就形成了。

(二)积极人格理论的发展

对积极人格的研究最早可追溯到二十世纪五六十年代,以马斯洛、罗杰斯为代表的人本主义心理学家开始把研究的关注点放在人的积极层面,相比之前其他流派的心理学家,他们对人的积极心理活动给予了更多的关注。人本主义心理学有着积极的人格观。首先,他们认为人性本善,只要提供适宜的成长环境,人就会朝着积极的方面发展。其次,人是能自主选择的,能主动建构自己的生活。最后,人是能自我实现的,个体在不断地追求着自我完善和发展,但他们都忽视了社会环境和社会实践对人格形成的影响。

积极心理学的人格观被称为积极人格理论。积极人格理论同人本主义心理学的人格观一样,非常重视对积极人格特征的研究,且它对积极人格进行了更深层次的研究。

首先,积极人格理论对传统人格心理学研究中所存在的问题进行了深刻的反思和批判。当代心理学自诞生之日起就被赋予了三项使命:①治疗精神疾病;②使普通人的生活更加丰富充实、有意义;③发掘并培养人才。然而第二次世界大战后,治愈战争创伤、治疗和缓解人们的心理问题成为心理学研究的主要任务,随之出现了大量针对心理障碍的研究以及对离婚、死亡、性虐待等环境压力对个体造成的负面影响的研究。因此,心理学的后两个使命被人们忽视了。在之后很长的一段时间内,尽管传统心理学发现了许多心理问题的治疗方法,对人类的发展做出了很大的贡献,但它却把研究重点放在了心理问题上,在人格研究中过分关注问题人格或人格形成问题,从而导致人格心理学发展形成了一种不平衡的状态，即一方面解决各种人格问题的技能、技巧日益成熟，但另一方面人们对良好人格的形成或发展仍然一无所知。目前，世界局势相对稳定，物质文明得到高度发展，但产生心理问题和疾病的人反而有增无减。这种状况警示我们必须要把人格心理学的研究重点放到对良好积极人格的研究上。

其次，积极人格理论认为，人格主要是在人与社会文化环境的交互作用中形成的一个复杂的因果活动过程中得到发展的，因而内在生理因素、外部行为和社会文化环境对人格发展产生的影响会时刻发生交互作用。这说明在人格研究中不仅要考虑人的先天生理因素的作用，更要强调后天社会文化环境因素对人格的影响。

最后，积极人格理论强调人的能力和潜力在人格形成过程中的作用。积极人格理论认为人格的形成和发展过程是个体主动建构的过程，也就是说，人类在自身发展的过程中具有很大的主动性。而人格心理学却在一定程度上忽视了人的能力和人的潜力在个体人格建构过程中的作用。与之不同的是，积极人格理论认为应当把人的现实能力和潜力都纳入个体的人格建构中，当个体具有主动的积极行为能力之后，他就可以对自己的心理体验、行为方式以及周围的环境有意识地施加一定的积极影响，从而影响自己的人格建构。

积极人格理论对人本主义人格观既有继承又有发展，虽然它同样强调人格的积极方面，但却没有过分强调人的能动性和"人性本善"论，且认为人格并非一成不变。另外，积极人格理论反思和批判了传统人格心理学研究中存在的问题，认为人格心理学不仅要对个体的差异做出描述，还要利用其理论来对某些人的人格问题进行纠正，并通过对人格的分析来唤起心理学对积极力量的关注，帮助人们形成积极的人生观。

因此，可以说人本主义心理学的人格理论是积极心理学的积极人格理论的重要来源之一，而积极人格理论站在更高的高度，对积极人格进行了更深层次的研究。

（三）积极人格的特质

积极心理学相信在每一个人的内心深处都存在两股相互抗争的力量：一股力量是消极的，它代表压抑、侵犯、恐惧、生气、悲伤、悔恨、贪婪、自卑、怨恨、高傲、妄自尊大、自私和说谎等；另一股力量是积极的，它代表喜悦、快乐、希望、负责任、宁静、谦逊、宽容、仁慈、慷慨等，这两股力量谁都可能战胜谁，关键是看个体自身到底是在给哪一股力量不断注入新的能量，在给哪一股力量创造适宜的生存心理环境。

培养积极人格需要强调人格形成过程中各因素之间的交互作用，即强调人格形成过程中内在因素、外部行为、社会文化环境等各因素之间的交互作用。这些因素包括生物遗传因素、自然物理因素（生态环境、气候空间、拥挤程度）、社会文化、家庭环境（父母教育方式、家庭结构、家庭气氛、出生顺序等）、学校环境、自我调控等。培养积极人格也需要强调人的能力和潜力在人格形成过程中的作用，良好的外部环境是积极人格形成的一个重要条件，要建构良好的外部环境，发展人的主动积极行为能力。一个人的现实能力（包括人对自己行为的评价能力、设定目标的能力、实现目标的能力等）应被纳入人格的建构之中，并且成为影响人格的一个重要力量。

积极人格理论强调个体的良好人格并不一定意味着个体是没有任何人格问题或心理疾病的，关键在于其是否能积极主动地在生活中不断主动追求幸福并时时体验到快乐，同时又能使自己的能力和潜力得到充分的发挥。也就是说，只有个体不断培养自身固有的积极力量，其人性的消极面才能真正地被消除或抑制。相反，如果人格理论仅仅注重于消除人格中存在的消极方面，而对人格中的积极方面置之不理，那么即使个体的所有人格问题都被消除，其固有的积极力量也不可能得到自然的完善和增长，这样的人不可能成为一个自我完善的个体。当然，积极心理学倡导研究积极人格并不意味着要完全忽视或放弃对问题人格的研究，只不过是强调积极心理学的人格理论要成为一种平衡的人格理论。

三、军事训练与人格的关系

（一）军事训练的定义

军事训练是关于军事理论教育和作战技能训练的活动，它通常分为部队训练、院校训练和预备役训练（又称后备役训练）。军事训练在国家武装力量建设和战备工作中占有重要地位。它是军队平时的主要任务，是战备的重要方面，许多国家都把军事训练列为战略研究的一项内容。

（二）军事训练的作用

1. 增强爱国精神

爱国主义教育是贯穿于整个士官生军事训练的主旋律，更是军事训练中思想政治教育的主题。为人民服务是我军的宗旨，建设祖国、保卫祖国是我军的光荣使命。广大官兵怀着对祖国一草一木和每寸山河神圣的、至高无上的爱，始终站在维护祖国尊严的最前沿，这支队伍本来就是一部内容丰富、生动感人的爱国主义教育的好教材。高校士官生融入军营，参加军事训练，在军队封闭的管理、开放的教育、软功硬做的氛围中，与有着强烈的爱国之情的广大官兵朝夕相处，接受爱国主义教育，士官生的爱国主义精神在军事训练这一特殊氛围中得到了提高和升华。

2. 培养良好的意志品质

实践证明，军事训练是培养士官生良好意志品质的极好形式。军事训练培养和磨炼了士官生果断、勇敢、顽强、自制和坚忍不拔的优良意志品质。这种意志品质不但能有效地克服大学学习、工作和生活中的难题，激励青年士官生在奋发、成才之路上努力攀登，而且为他们踏上工作岗位、走向社会奠定了良好的基础。尤其是在今天这种优胜劣汰、竞争激烈的市场经济环境中，健全的意志品质成为他们正确把握人生航向，迎着狂风巨浪向理想目标迈进的必要条件。

3. 塑造集体主义精神

军事训练是集体主义精神的熔炉。军事训练有着最集中、最统一、最紧张、最严格的集体活动。在这些集体活动中，每一个士官生都变成了一名普通士兵，他们过战士生活，接受组织的指令，接受各级领导的管教，受各种纪律的约束，按各种规章制度办事，接受艰苦生活的锤炼。这种优良的集体使每个士官生相信组织，依靠集体，关心集体，维护集体，不断克服不良行为和习惯，不断克服个人主义，不断塑造集体主义思想。同时，很多教官把这种精神带到了军事训练后的士官生的教育与管理工作中，不断巩固和发展了军事训练的成果，推动了良好校风、学风、班风的建设，促进了士官生集体主义精神的弘扬和光大。

4. 有利于专业学习

军事训练以其特有的方式对士官生的专业学习发挥了积极的促进作用。其主要作用如下。军事训练培养了青年士官生锻炼身体、增强体质的自觉意识；经过刻苦训练，士官生的身体素质发生了很大变化，身体强壮了，精力充沛了，学习效率也得到了提高。紧张有序的军事训练生活节奏使士官生学会了科学利用时间。军人铁的纪律和挤时间的钉子精神使士官生们受到了启发，从时间就是胜利的至理名言中找到了成功的秘诀。科学地利用时间搞好专业学习，军事训练调动了士官生学习的积极性。每当问到军事训练的最大收获时，许多士官生道出了他们的心声：军事训练使他们获得了攀登书山、搏击学海的勇气和毅力。他们在军事训练中得到了启迪：明知学海无涯，偏要竟舟苦渡；明知书山险峻，总要奋力攀登。与惊涛搏击，与激流抗争，历尽艰险，矢志不移。

（三）军事训练和人格之间的关系

健全的人格即人的行为与心理相互协调统一的人格，是士官生心理健康的最重要因素。健全人格的形成必须建立在士官生心理健康的基础之上，健全人格要通过具体的行为表现出来。高校的军事训练对士官生健康心理的形成具有重要作用，士官生在校阶段正处于人格形成的关键时期，在此阶段他们有着较为强烈的情感交流需求，需要友谊、理解与和谐的人际关系。高效的军事训练活动有助于士官生之间沟通和交流感情，能够促进人际关系的融洽发展，具体可以表现在以下几个方面。在学习生活方面，士官生在与老师和其他同学交流的过程中，既能客观准确地认识自己，又能与他人建立广泛而稳定的人际关系。在自制力方面，他们既有明确的学习和生活目的以及为之奋斗的坚定信念与积极行动，又能克制不良欲望，在行为上表现出坚毅、果敢的品质，而坚毅、果敢的品质是士官生心理健康的重要表现。与纯粹的学校课程教学相比，军事训练更能够在活跃的训练氛围中使士官生彼此之间进行深入互动和交流，更有利于促进士官生的个性发展，进而为士官生健全人格的养成和自我意识的形成提供良好的契机。

心理科普

人格是金

　　山有脊梁，人有人格。那么，何谓人格呢？心理学家说它是"健康的人"；法学家说它是"权利义务主体的资格"；伦理学家说它是"道德主体品格的总和"。我们通常所讲的人格是指道德人格，是对人的思想和行为的道德评价。简明地讲，它是指做人的资格、为人的品格。

　　在现实生活中，人们都十分尊重自己的人格，正如宋代郑思肖《咏菊》中所写的那样："花开不并百花丛，独立疏篱趣无穷；宁可枝头抱香死，何曾吹落北风中。"一个善于做人的人必须以自己的人品为最高准则，不论是得意或失意时都应以自己的形象赢得他人的信赖，以自己的人品赢得他人的崇敬。

　　人格总是在关键的时刻展现出来，它是在平凡的日常生活中，在经历过一件一件具体的事情之后而形成的。因此，人格是有形的。高尚的人格闪闪发亮、晶莹夺目，像巍巍高塔，似郁郁青山；低下的人格狰狞可恶、丑陋不堪，似污泥浊水，如秽气刺鼻。

　　人格是有重量的，或重于泰山，或轻如鸿毛。有的人死了，人们依然敬重他、看重他，以至于死了却还活着；有的人活着，人们却鄙视他、轻视他，以至于活着也像死了。老百姓心里有杆秤，它既称人事，也称人格。

　　人格也是有尺度的。人格就像阶梯，在你生命的历程中，每当你做一件有益于他人和社会的事时，你的人格就上升一个阶梯而迈向崇高；当你违背良心，干了一件缺德事时，人格便下降一级而滑向卑污。一个人做一件错事难免，但专行小人勾当，那就无所谓人格可言了。

　　古人曰："人格是金，人格的光辉是任何邪恶，任何势利都无法泯灭的。"因此，人格之美是"美中之美"。"岁寒三友"松、竹、梅，"花中君子"兰、莲、菊，其风骨，其高洁，其丽质，皆喻人格之美。

　　人格须"贵我"：自立以树人之尊严；自信以扬人之精神；自学以长人之才华；自爱以洁人之品性；自励以磨人之意志；自警以示人之理智；自强以显人之个性；自谋以图人之发展；自备以成人之大业。

　　人格亦须超越"自我"：摒弃无所作为之"自我"、自轻自贱之"自我"、见利忘义之"自我"、嫉贤妒能之"自我"、卑躬屈膝之"自我"、低级趣味之"自我"……

　　"有为"是人格之本。有为才是实实在在的人生，有为才能使高贵的头颅真正扬起。"有度"是人格之则。有度才能知趣。知趣者，知进退也。不知进退乃人格之大忌。

　　人格是人之脊梁。

第二节 士官生常见的人格偏差

人格发展偏差是介于健康人格与人格障碍之间的一种人格状态，表现为人格发展的不良倾向。士官生常见的人格偏差有自卑、嫉妒、浮躁、虚荣和懒惰等，这些都是不健康的心理因素。它们不仅影响活动效率、妨碍正常的人际关系，同时还会给人蒙上一层消极、阴暗的色彩。

一、士官生常见的自卑心理

（一）自卑心理的含义

自卑是指个体对自我的能力或品质评价过低，在追求理想和目标上丧失信心，在与人交往中缺乏勇气的心态。自卑心理是士官生的大忌，它不同程度地影响着个体的行为效果，轻微的可能造成其学习没有积极性，严重的可能导致其悲观厌世，甚至使其产生轻生或报复的念头。在人际关系上，自卑者总是感到自己不如别人，觉得自己被忽视而陷入孤独彷徨之中；在学习上，他们自视能力不足而不敢或不善于表现自我；对于集体的委托和竞争性的活动，他们会担心失败而百般推辞和躲避。

（二）士官生自卑心理产生的原因

1. 自我认知不足

有些人总是以他人为镜来认识自己，如果他人对自己的评价过低，特别是较有权威的人的评价就会影响其对自己的认识，从而过低评价自己，进而产生自卑心理。有的人对自我形象不认同，觉得自己长得不好或是对自己的能力表示怀疑。进入大学后，有些士官生的优越感降低甚至没有了，觉得自己没有赢得别人尊重的本钱，于是产生了较大的失落感，原有的优越感一下子就成了自卑感。

2. 家庭经济因素

部分士官生由于出身贫寒、家庭经济收入不高，往往不够自信，容易产生自轻、自鄙的情感体验，对自己持否定的态度。与别的士官生相比，他们会因自己家庭经济条件不好而感到自卑。这几年，由于这方面引起自卑的士官生的人数有增加的趋势。

3. 社会文化因素

每个人都处在特定的社会文化环境中，文化对自卑心理的影响很大。根据米德等人研究的新几内亚三个民族的人格特征，居住在湖泊地带的张布里族，男女角色差异明显，女性是社会的主体，她们每天劳动、掌握经济实权。男性处于从属地位，主要从事艺术工艺与祭祀活动并承担孩子的养育责任。这种分工使该地区的男人有明显的自卑感。

4. 成长经历的影响

人的一生不能说漫长也不能说太短,但真正对人产生深刻影响的关键时期就那么几个,其中童年经历的影响尤其明显。心理科学的研究已证实,不少心理问题都可在早期生活中找到症结,自卑作为一种消极的心态也不例外。家庭困难的士官生大多来自农村,父母往往受教育程度不高,因此对子女的教育和引导方式缺乏科学性,这对家庭经济困难士官生早年的人格发展产生了不利影响。

5. 个人性格特点的影响

气质抑郁、性格内向者大都对事物的感受性强,对事物带来的消极后果有放大趋向,而且不容易将其消极体验及时宣泄和排解。因而外界因素对他们心理的影响往往要比对其他气质、性格类型者的影响大,他们产生自卑的可能性也相应增大。

(三)士官生矫正自卑心理的方法

自卑心理是一种消极的心理状态,是士官生取得学业成功的很大障碍。正确预防和有效消除自卑心理对士官生来说至关重要。

1. 正确认识自己,提高自我评价

自卑的人往往容易接受别人对他的低估评价,而不愿接受别人对他的高估评价。在与他人比较时,也多半喜欢拿自己的短处与他人的长处相比。越比越觉得自己不如别人,越比越泄气,自然会产生自卑感。其实,我们每个人都有各自的优点和缺点。

因此,有自卑心理的人首先要正确认识自己,提高自我评价,要发现自己的长处并经常回忆自己经过努力做成功了的事例;要善于发现自己的优点,肯定自己,以此激发自己的自信心,不要因为自己某些缺点的存在而把自己看得一无是处,不能因为一次失败而以偏概全,认为自己什么都干不了。

2. 善于自我满足,消除自卑心理

自卑的人一般都比较敏感脆弱,经不起挫折的打击。一旦遭遇挫折就很容易意志消沉,产生自卑感。因此,凡事应不怀奢望,要善于自我满足,做到知足常乐,无论生活、工作或学习,目标都不要定得过高,这样就容易达到目标,避免挫折的发生。

必须明白和做到:努力的目的是完成自己的既定目标,而不是为了打败别人;而每次取得的成功体验都是对自己的一种激励,是十分有利于自己恢复自信心的。

3. 坦然面对挫折,加强心理平衡

自卑的人心理防御机制多数是不健全的,自我评价认知系统多数比较偏低。因此,我们在遭受挫折与失败的时候,不要怨天尤人,也不要轻视自我,要客观地分析环境与自身条件,这样才可以找到心理平衡,才可以发现人生处处是机会。人始终应该找机会不断提高自己的抗压能力,更加坚强、更加坚定地生活,使内心更加强大;应该锻炼自己在挫折来临之际懂得乐观和豁达的真谛,让自己更从容、更大气。

4. 广泛社会交往，增强生活勇气

自卑的人多数比较孤僻、内向、不合群，常把自己孤立起来，很少与周围人交往，由于缺少心理沟通，其心理活动易走向片面。自卑者应多参加社交活动，感受他人的喜、怒、哀、乐，丰富生活经验；通过交往抒发被压抑的情感，增强生活的勇气，走出自卑的泥潭；通过交往增进相互间的友谊、情感，使自己的心情变得开朗，自信心得到恢复。

二、士官生常见的嫉妒心理

（一）嫉妒心理的含义

嫉妒是一种极想排除或破坏别人的优越地位的心理倾向，它是一种含有憎恨成分的激烈感情。嫉妒心理是一种当别人比自己更为优秀时不祝福别人，或者别人积极进取时自己却气恼、怨恨、采取疏远态度，甚至贬低、中伤对方；或者当别人遇到困难时不为对方担心，反而幸灾乐祸，这就是嫉妒心理。事实上，生活在社会中的每一个人都程度不同地存在着嫉妒心理。从某种意义上讲，嫉妒是推动竞争的一种原动力。每一个生活在社会中的正常人都重视别人对自己的评价，在意自己在团体中所处的地位。但过分地争强好胜、排斥他人，就显得心胸狭窄了。

（二）士官生嫉妒心理产生的原因

1. 个人强烈的欲望

人都有一种积极向上、追求美好的强烈欲望。当这种欲望得到满足和实现的时候，人往往会产生一种占有欲和排他性；当这种欲望未能实现或别人比自己先实现这种欲望时，有些人便会产生一种因为自己未实现而憎恨别人的激烈情感。

2. 盲目的攀比

嫉妒总是来自自我与他人的比较中，如果没有比较，尤其是攀比，就没有嫉妒。因为是同事、同行、同龄、同性、同时参加工作且在同一环境中，你上我也得上。而先上的人往往被嫉妒，未上或后上者往往不服气，这种攀比心理转化为了嫉妒。

3. 个性因素

如果一个人生性好强，做任何事情都喜欢争第一，喜欢"出风头"，那么其一旦遭遇失败就很有可能对比自己强的人产生严重的嫉妒心理。还有一些嫉妒心理更严重的人，他们不能够容忍别人在大家心目中的好形象，也不能够容忍别人在其他人面前"出尽风头"，这会激起他们强烈的嫉妒心理，他们甚至会想方设法对这个"爱出风头"的人进行打击报复。

（三）士官生矫正嫉妒心理的方法

1. 认清嫉妒的危害

嫉妒的危害体现在两个方面：一是打击别人，二是伤害自己、贻误自己。遭到别人嫉

妒的人自然是痛苦的，嫉妒别人的人一方面影响了自己的身心健康，另一方面由于整日沉溺于对别人的嫉妒之中，没有充沛的精力去思考如何提高自己，从而延误了自己的前途，一举多害。认清这些是走出嫉妒误区的第一步。

2. 正确认知

客观公正地评价别人，也要客观公正地评价自己。别人取得了成绩并不等于自己的失败。"人贵有自知之明。"强烈的进取心是人们成功的巨大动力，但冠军只有一个，尺有所短，寸有所长，一个人不可能事事都走在他人前面，争强好胜并不一定能超越别人。一个人只要客观地认识自己的优势和劣势，现实地衡量自己的才能，为自己找到一个恰当的位置，就可以避免嫉妒心理的产生。

3. 树立正确的竞争意识

现代社会是一个竞争激烈的社会，竞争意识是优秀士官生不可缺少的素质之一。如果缺乏竞争意识，就不可避免地变得平庸，甚至逃脱不了被淘汰的命运。但在竞争的同时，也存在着合作关系，竞争中有合作，合作中有竞争。以公平、合理为基础的竞争是向上的动力，对手之间可以互相取之所长、共同进步，所以，士官生还必须建立正确的竞争意识。

4. 将心比心

将心比心是老百姓常说的一句俗语，在心理学上叫"感情移入"。当嫉妒之火燃烧时不妨设身处地地为对方着想，扪心自问，"假如我是对方又该如何呢"。运用心理移位法可以让自己体验对方的情感，有利于自己理解别人，有利于抑制不良心理状态的蔓延，这是避免嫉妒心理的行之有效的办法之一。

5. 提高自己

嫉妒的起因就是看不惯别人比自己强。如果能集中精力，不断地学习、探索，使自己的知识、技能和身心素质不断得到提高，那么就可以减少嫉妒的诱因。而且，丰富多彩的课余生活将自己的闲暇时间填得满满的，自然也就减少了"无事生非"的机会，这是克服嫉妒心理最根本的方法之一。

6. 克服自私心理

嫉妒是个人心理结构中"我"的位置过于膨胀的具体表现。总怕别人比自己强，对自己不利。因此要根除嫉妒心理，首先要根除这种心态的"营养基"——自私。只有驱除私心杂念，拓宽自己的心胸，才能正确地看待别人，悦纳自己，即我们经常说的"心底无私天地宽"。

7. 完善个性因素

嫉妒心理强的人往往心胸狭窄、多疑多虑、自卑内向、心理失衡、个性心理素质不良。我们应努力完善自己的个性因素，提高自己的心理素质，以健康的心态面对生活。

三、士官生常见的浮躁心理

（一）浮躁心理的含义

浮躁指轻浮，做事无恒心、见异思迁，不安分守己，总想投机取巧，成天无所事事，脾气大。浮躁是一种病态心理的表现，其特点表现在以下几个方面。①心神不宁。面对急剧变化的社会，不知所为，心中无底，恐慌得很，对前途毫无信心。②焦躁不安。在情绪上表现出一种急躁心态，急功近利。在与他人的攀比之中更显出一种焦虑不安的心情。③盲动冒险。由于不安，所以用情绪取代理智，这使得其行动具有盲目性、性情浮躁。

（二）士官生浮躁心理产生的原因

1. 社会方面

主要是社会变革对原有结构、制度的冲击较大。伴随着社会转型期的社会利益与结构的大调整，每个人都面临着一个在社会结构中重新定位的问题。于是，心神不宁、焦躁不安、迫不及待就不可避免地成为一种社会心态。

2. 个人主观方面

个人间的攀比是产生浮躁心理的直接原因。"人比人，气死人。"因为攀比，所以对社会生存环境不适应，对自己的生存状态不满意，于是过火的欲望油然而生，因而使人们显得异常脆弱、敏感、冒险，稍有"诱惑"就会盲从。

浮躁是一种冲动性、情绪性、盲动性相交织的病态社会心理，它与艰苦创业、脚踏实地、励精图治、公平竞争是相对立的。浮躁使人失去对自我的准确定位，使人随波逐流、盲目行动，对组织、国家及整个社会的正常运作极为有害，必须予以纠正。

（三）士官生矫正浮躁心理的方法

①在攀比时要知己知彼，"有比较才有鉴别"。比较是人获得自我认识的重要方式，然而比较要得法，即"知己知彼"，知己又知彼才能知道彼此之间是否具有可比性。例如，相比的两人能力、知识、技能、投入是否一样，否则就无法去比，因而得出的结论就可能是不客观的。明白了这个道理，人的心理失衡问题就会大大减少，也就不会产生那些心神不宁、无所适从的感觉。

②要有务实精神，务实就是"实事求是，不自以为是"的精神，是开拓的基础。没有务实精神，开拓就只能是花拳绣腿，这个道理是人人都应懂的。

③遇事善于思考，考虑问题应从现实出发，不能跟着感觉走，看问题时要站得高、看得远，切实做一个实在的人。要克服浮躁，脚踏实地，有容乃大，戒骄戒躁，不紧不慢。

四、士官生常见的虚荣心理

（一）虚荣心理的含义

虚荣心是一种被扭曲了的自尊心，是一种性格缺陷，是人们为了取得荣誉和引起普遍注意而表现出来的一种不正常的社会情感。虚荣心是以不适应的虚假方式来保护自己自尊心的一种心理状态。

在虚荣心的驱使下，有的人往往只追求面子上的好看，不顾现实的条件，最后造成严重的后果。在强烈的虚荣心的驱使下，人有时会产生可怕的动机，带来非常严重的后果。

（二）士官生虚荣心理产生的原因

产生虚荣心的主要原因有两个。

①缺乏真理的思维方式，不能正确地对待自己和他人。
②受到了家庭和周围人的影响，父母和周围人的虚荣心会直接和间接地影响到我们。

虚荣心主要表现在以下六个方面。

①把自己的名誉看得比生命还重要。
②取悦他人，以获得他人对自己的肯定。
③过分重视他人对自己的评价。
④对挫折的敏感性高，承受能力低。
⑤为了满足虚荣心而编织谎言。
⑥虚荣心过强会引起嫉妒、郁闷、多虑、怀疑等不良的心态和形式。

（三）士官生矫正虚荣心理的方法

①以平常心态对待学习、生活和工作，以获取平和感与幸福感。
②以谦虚和真诚心对待朋友和他人，以获取荣幸感和自在感。
③要敢于暴露自己的不足，不足暴露出来后，要以改正的心态去面对，从而获取一种安全感和快乐感。
④追求真实的我，我们应该尊重自己的人格、行为和品德，我们绝对不能做被别人看不起的卑鄙的事情，我们要用真才实学来充实自己，用真诚待人来完善自己，用学作真人来展示自己，用美好品德来尊重自己。

五、士官生常见的懒惰心理

（一）懒惰心理的含义

懒惰是一种心理上的厌倦情绪。懒惰是很奇怪的东西，它使你以为那是安逸，是休息，是福气；但实际上它所给你的是无聊，是倦怠，是消沉；它会湮灭你对前途的希望，割断你和别人之间的友情，使你心胸日渐狭窄，对人生也越来越怀疑。它的表现形式多种多样，包括极端的懒散状态和轻微的犹豫不决。

生气、羞怯、嫉妒、嫌恶等都会引起懒惰，使人无法按照自己的愿望进行活动。士官生当中有些人的懒惰突出表现在日常学习和日常生活方面。

（二）士官生懒惰心理产生的原因

1. 依赖性强

有些独生子女有严重的依赖性，什么事情都要靠父母或其他人，没有主见、缺乏独立性，他们在家靠父母、在学校依靠老师、在社会上依靠其他人。这种依赖性就是导致懒惰的主要原因。

2. 缺乏上进心

上进心是前进的动力。缺乏上进心的士官生做事容易满足，"对自己要求不高"，得过且过的思想严重，做事不求真、不求质量、不求效率，常抱着"应付"的态度和"混过去就行"的不负责任的态度。这种缺乏上进心的表现必然导致懒惰现象的产生。

3. 家庭关系的影响

从客观上说，家长的过分溺爱也是造成士官生懒惰心理产生的原因。父母对士官生的过分娇纵、大包大揽只会使士官生从小养成"衣来伸手、饭来张口"的不劳而获的坏习惯。另外，有的家长本身就缺乏时间观念，没有勤劳的习惯和雷厉风行、果断利落的作风。"身教重于言教"，这样的家庭严重影响了子女良好健康习惯的形成和良好行为的发展，促使了懒惰现象的发生。

（三）士官生矫正懒惰心理的方法

懒惰是成功的绊脚石，在充满困难与挫折的人生道路上，懒惰的人习惯于等、靠、要，从来不想去求知、发明、拼搏、创造，最终只能是一事无成。只有勤奋、刻苦、好学、上进，朝着预定目标孜孜以求才会达到光辉的顶点，为此，我们要努力克服懒惰的习惯。

①要养成每天清早按时起床和外出锻炼的习惯，改掉恋床不起的恶习。

②树立劳动最光荣的观念。在家里主动干一些力所能及的事情，帮助父母打扫卫生、洗自己的衣物。在学校认真完成值日不依靠别人，积极参加学校组织的各种劳动、远足活动，从而锻炼意志、磨炼耐力。

③制订学习计划。各科作业都严格按老师规定的时间保质、保量地完成，逐步养成按时完成作业的习惯，改掉"明日复明日"的思想。

④寻找榜样。找一个学习勤奋、做事勤劳的士官生作为自己的榜样，并请这位士官生多帮助和监督自己。

第三节　士官生积极人格的培养

积极人格是积极心理学研究的一部分。积极人格理论倡导一种积极向上的取向，培养个体的乐观、韧性和爱等心理品质，帮助个体更好地应对挫折，激发个体更多的积极行为。虽然积极人格受遗传因素的影响，但后天环境培养更为重要。士官生的人格发展仍处于塑造期，培养士官生的积极人格可以帮助他们更好地应对困难和挑战，促进他们的全面发展。

一、士官生积极人格——忠诚

（一）忠诚的含义

忠诚就是对人或事、价值或原则矢志不渝、尽心竭力的思想觉悟和道德品格，表现为强烈的归属感、崇高的使命感和高度的责任感。忠诚代表着诚信、守信和服从。士官生的忠诚是一种职业信仰，是一种尽心尽力、全力以赴承担责任的道德品质。加强以忠诚意识为核心的价值观建设，是社会主义核心价值观建设的重要内容，是加强对士官生社会主义核心价值培育和建设的重要举措。

（二）士官生忠诚意识的培养方式

1. 树立坚定的理想信念

全面建成小康社会、全面深化改革、全面推进依法治国，实现"国家富强、民族振兴、人民幸福的中国梦"是全党和全国各族人民的共同愿望。梦想承载着希望和未来，"有梦想、有机会、有奋斗，一切美好的东西都能够创造出来"。"中国梦"一经提出就成为时代的最强音，它汇聚起了中华儿女变革中国、富强中国的磅礴力量。"中国梦"归根到底是人民的梦，要依靠人民来实现。士官生在实现"中国梦"的征程中，应以更加饱满的热情和更加积极的态度坚定理想信念、听党指挥、服从组织管理。

2. 锤炼顽强战斗意志和作风

在日常学习、训练和生活中，士官生应在思想作风上严格要求自己，培养在困难面前勇往直前的顽强精神，在风险面前勇于担当的强烈责任感，生死面前不怕牺牲的战斗精神。

3. 学习和践行社会主义核心价值观和军人核心价值观

应将之贯彻到日常训练和生活的具体环节中，贯彻到思想政治建设、战斗精神培育、作风纪律养成和保障能力提高等各个方面，使之真正渗入士官生的内心世界。

4. 培育自觉的伦理意识

综合多种教育方法，全面树立士官生的忠诚意识。士官生应多了解军史，深刻理解我军宗旨，深刻领悟忠诚的重要意义与价值，认识到忠诚是士官生立身做人的根本。

二、士官生积极人格——奉献

（一）奉献的含义

奉献："奉"即"捧"，意思是"给、献给"；"献"原意为"献祭"，指"把实物或意见等恭敬庄严地送给集体或尊敬的人"。"奉""献"两个字和起来是指"恭敬地交付、呈献"。

奉献精神是社会责任感的集中表现。奉献是一种态度，是一种行动，也是一种信念。"赠人玫瑰，手有余香。"一句问候、一个微笑、一个赞许，抑或是一个举手之劳都会让人感到温暖甚至欣喜。奉献，方便了别人，提升了自己；奉献，激励了他人，也鼓舞了自己。奉献是源自内心的小小的感恩心，是对社会和人民的感恩。常怀奉献之心的人真正懂得人生的快乐，心拥奉献之念的人真正懂得人生的真谛，而奉献精神更是一种力量。

（二）士官生奉献精神的培养方式

1. 深化思想政治教育

社会实践活动、志愿服务活动等为士官生思想政治教育提供了多种渠道，为士官生的理想信念教育、爱国主义教育提供了很好的载体，对士官生树立正确的世界观、人生观、价值观产生了很好的影响。

2. 提高奉献意识

士官生身兼富民兴国的历史使命，因此，士官生接受奉献精神教育对其形成正确的人生观和价值观具有重要的作用。士官生要形成奉献意识，践行奉献精神，传承奉献传统。士官生在提高专业技能的同时还要培养自己全方位的能力，从主观层面将自己培养成为符合社会发展要求的具备全面素质的人才，并能够自觉屏蔽社会不良现象的影响和侵蚀，自觉参加社会实践，将奉献意识实践到每一件小事当中去。

3. 积极参加校园文化建设

通过组织开展有关艰苦奋斗、无私奉献精神的宣传教育活动，使士官生能够自觉培养奉献意识，能够客观正确和理性地认识自己将来的就职方向和工作性质。通过网络、校内广播等不同渠道宣传士官生奉献精神。通过社会实践、志愿服务的方式为实现自己的理想和目标不懈努力。通过海报以及黑板报等形式在校园里大力弘扬全心为民、无私奉献的精神，努力营造良好的校园环境，培养士官生全心全意为人民服务的责任意识、公平正义的信念以及奉献精神，使士官生的奉献精神得以形成和发扬。

4. 学习先进典型

士官生中的先进典型来自士官生群体当中，对当代士官生具有切实的教育意义。通过树立一批自强不息、无私奉献的先进典型，组成事迹宣讲团，在全校范围内巡回演讲，发挥辐射示范作用，营造人人学先进、人人赶先进、人人争先进的良好氛围。这种朋辈教育的方式能够使士官生产生心理上的亲近感、真实感，变被动学习为主动接受教育，更可能使其产生对先进事迹的反思和效仿，形成良好的认知心理习惯，从而使思想政治教育目标得以实现。

三、士官生积极人格——坚毅

（一）坚毅的含义

坚毅指坚定而又有毅力，其近义词有坚定、坚决、坚贞、顽强、刚强、刚毅、刚劲等。

（二）士官生坚毅品格的培养方式

1. 培养个体自信心

一个人的自信心乃是其坚毅精神的源泉之一。在学龄初期，通常儿童对自己的力量缺少信心，往往表现为胆小怕事，做什么事总是畏畏缩缩，这是因为小时候什么都由大人包办的缘故。如果大人们一直包办下去，以后我们就会缺少自信心。因此，不断学习新的知识、技能或技巧，就能不断地增强自信心，对生活和学习充满向往和好奇，并敢于面对挑战和困难。坚毅精神往往就是在自信心的基础上发展起来的。

2. 建立个体自尊心

自尊心是对于每个人都非常重要的品质，也就是尊重自己的人格，自己维护自己的尊严，在任何情况下都应该体现出对自己的尊重。自尊心不是傲慢，也不是自负，它是对自我价值的感性评价。根据马斯洛的需求层次理论，自尊心是人类的基本需求，是一种源动力，没有这种源动力的驱使，人类便会停止不前，失去自我价值。所以，建立士官生的自尊心是培养其坚毅精神不可忽视的重要措施。

3. 学会自立

士官生行为不自立的常见原因之一是不能独立生活和学习。一些被视为掌上明珠的独生子女在家娇生惯养，甚至连穿衣、吃饭、洗脸都依靠父母。因此我们要学会自立，学会独立完成一些力所能及的任务，多参加实践，养成独立生活和学习的习惯。一旦能自立，能力就会跟着提高，在困难和挫折面前才能表现出应有的坚毅精神。

4. 利用集体的影响力

研究表明，士官生的态度和道德行为在很大程度上是由他们所处的集体的行为准则和风气决定的。社会心理学家称这种现象为从众现象。士官生所处的集体有正式的班集体和由学校或班级组织的各种小组。实践证明，良好的班集体对士官生坚毅品质的形成至关重要。一些士官生在家时行为往往很不自持，可一旦进入纪律严明的学校和班级，就会变得很守规矩，这便是集体影响力的作用。如果一个班集体班风好、学风浓、风气正，那么士官生就会受到集体的感染。因此，我们要为共同创建一个良好的班集体而努力，培养集体荣誉感，推动自理、自律精神的养成。

5. 培养个体意志力

高校军事训练实践性较强，具有紧张、激烈的对抗性，我们可以给士官生施加适当的生理负荷，这就要求士官生必须具备积极进取的精神和克服困难的坚定意志。例如，在具体的军事训练中，士官生很容易会出现疲劳、疼痛、惧怕等反应，面对胜利是骄傲还是谦虚，面对失败是气馁还是坚持，这些选择在体育训练中都会经常考验士官生的心理，而这个时候也正是军事训练发挥其关键作用，引导士官生勇敢顽强、坚持不懈的时候。士官生心理承受严峻考验时的品质灌输往往更能使其长久受益，培养士官生谦虚谨慎、沉着果敢、坚忍顽强的意志品质可以使士官生长久保持积极向上的心理状态。

四、士官生积极人格——感恩

（一）感恩的含义

感恩指乐于把得到好处的感激呈现出来且回馈给他人，对别人所给的帮助表示感激。感恩是一种处世哲学，也是生活中的大智慧。一个智慧的人不应该为自己没有的东西斤斤计较，也不应该一味索取和使自己的私欲膨胀。学会感恩，为自己已有的而感恩，感谢生活给予你的一切。这样你才会树立一种积极的人生观，才会拥有一种健康的心态。

（二）士官生感恩品格的培养方式

1. 参加感恩教育活动

感恩教育不仅具有控制、激励、调适、凝聚、导向、塑造、教育等功能，还能使士官生形成良好的行为习惯、工作态度及正确的思维模式。因此士官生应参加形式多样的感恩教育活动，这些活动在无形中影响着士官生心理个性发展的方向并在很大程度上影响着士官生的价值观、人生观、世界观。高校应举办各类以感恩教育为主要内容的主题班会、征文赛、知识竞赛、校园年度最感恩模仿等一系列具有高度教育意义的活动，让当代士官生在活动中理解什么是真、什么是善、什么是美，从而形成正确的认识，养成感恩意识，塑造起高尚的品质。

2. 树立感恩意识

知恩、感恩是中华民族的传统美德，是人类共有的价值标准和行为准则。士官生应懂得感恩，感党之恩——忠诚于党，感人民之恩——热爱人民，感祖国之恩——报效祖国，这些都是更高层次的感恩。此外，应该把感恩精神贯穿到士官生的生活中，让士官生在内心深处体会到感恩不仅仅是一个口号和一句话，它还是一种力量和行动。士官生应积极参加实践活动，从小事开始，在家为父母分担家务，向父母传达子女的关爱之心；还应参加各种社会公益实践活动，踊跃参加各类志愿服务活动，在服务和奉献中树立自己的感恩意识。

3. 承担感恩责任

家庭是孩子的第一所学校，父母是孩子最初的启蒙教师，父母在生活中为子女付出的点点滴滴，子女都应该心存感激，父母有养育子女的义务，而子女也有感恩、孝敬父母的义务，子女要纠正感恩就只是"物质回报"的观念，应该明白父母上了年纪以后精神上的需求会更多一些，哪怕是一个电话，一个问候也是对父母的安慰。同时，感恩也需要士官生勇于担当，用感恩之心报效国家、履行使命。

五、士官生积极人格——宽容

（一）宽容的含义

宽容的意思：宽大有气量，不计较或追究。宽容是人的美德，包容是人的天性。宽容是诚信待人的一种原则。人人有了宽容，你才会学到包容；人人有了包容，你才能懂得宽容。

（二）士官生宽容品格的培养方式

1. 学会换位思考

换位是指当双方产生矛盾时，能够站在对方的角度思考问题，思考对方为何会如此行事、如此说话。如果你能够真正地做到这一点的话，那么你就能够理解对方，就能够减少很多不必要的矛盾。

2. 学会包容他人

"金无足赤，人无完人"，每个人都会有缺点和不足。士官生在和朋友相处时，完全没有必要对对方求全责备。

3. 多与同伴交往

宽容之心是在交往活动中培养起来的。士官生只有与人交往，才会发现每个人都有这样或那样的缺点，都要犯或大或小的错误，而只有学会容忍别人的缺点和错误，才能与人正常交往、友好相处。也只有通过交往，士官生才能体会到宽容的意义，体会到宽容带来的快乐。比如，称赞别人的优点，庆贺同伴的成功，帮助有困难的士官生，采纳别人的合理建议，等等。这些都能使士官生得到友谊，分享别人的成功，并使自己获得进步。

4. 学会"纳新"和应变

宽容不仅体现在对人的态度上，也体现在对物、对事的态度上。在日常生活中，士官生要让自己见识多种事物，培养自己乐意接受新事物的能力，要能够接受事物所发生的意想不到的变化，要善于知变和应变。了解各种奇观、奇迹，观察生活中日新月异的变化，独辟蹊径地解决问题。士官生一旦习惯于"纳新"和"应变"，对世间的万事万物也就具备了宽容之心。

六、士官生积极人格——谦虚

（一）谦虚的含义

谦虚指虚心，即不夸大自己的能力或价值；不虚夸，不自负。谦虚还指当一个人自信地做出决定或采取行动之前，能够主动向他人请教或征求他人意见的习惯。谦虚指不自满，肯接受批评，并虚心向人请教。有真才实学的人往往虚怀若谷，谦虚谨慎；而不学无术、一知半解的人却常常骄傲自大，自以为是，好为人师。谦虚是一种美德，是进取和成功的必要前提。

（二）士官生谦虚品格的培养方式

1. 深刻地认识自己，了解自己的优缺点

知道自己哪些地方突出，哪些地方不足，并且理性地发扬这些突出，包容这些不足，这是一个谦虚、优秀的人必须要做到的。你都不了解你，谁会去了解你，进而谁又会去喜欢你？缺点让你明白自己会输在哪里，让你在失落时奋发图强，让你明白自己要做出哪些改变，让你明白在骄傲的时候要怎样给自己泼一把冷水；优点让你明白"我并不是毫无用处"，在你感觉自己卑微时为你燃起一把自信的焰火，在你紧张时会成为你强有力的后盾。

2. 照顾周围人的感受

当你取得成绩时，有些人就会羡慕、嫉妒，每个人都知道在看到你成绩时要为你高兴，可是人性的虚荣心还是会悄悄地作祟。在这个时候，你要学会谦虚低调，让别人好受点。你可以多赞扬他（她）的优点，说说自己的缺点。他（她）肯定知道你这么做是在安慰他，可是他（她）依然会感激你对他（她）的设身处地的着想。当然，这些短处必须要是实实在在的，比如你长得很漂亮，硬是要说你长得丑什么的，就未免太牵强附会了。聪明的人会低调做人、高调做事。

3. 学会心理暗示

骄傲时对自己说："虽然我这方面不错，但是那方面着实有点差呀……人不能只看到自己优秀的一面啊！"失败时对自己说："虽然我这方面表现不好，但是那方面可是顶呱呱的啊！人不能因为自己的一点小缺点而无地自容、一蹶不振啊！"这样的心理暗示对激励自我不断进步是有好处的。时不时问自己一句："取得了暂时性的胜利后，以后的路又应该怎么走呢？"人一旦觉得自己很了不起了，就很难再进步了。我们现在面临的竞争已经不是一个学校或一个单位内的竞争，这种竞争是国际化的，不要再做"井底之蛙"了，你现在仅仅是一个平凡的人，想要更好，只有努力。暂且避开现在的事，想一想将来，把你的思绪转到另一个地方。

4. 认识到过于谦虚就是骄傲

有一点是需要我们注意的，那就是不要过度谦虚！因为想要变得谦虚，硬是要把自己说得"卑微到尘埃里"，甚至是编造不符合别人接受范围之内的"事实"，只会让对方觉得你非常虚伪，这就与你的初衷背道而驰了。切记，不要这样做！

心理科普

积极人格的特征优势

积极人格有助于个体采取更有效的应对策略，这里具体探讨了24种积极人格特质。积极心理学家认为培养这些特质的最佳方法是，增强个体的积极情绪体验。随着积极心理学的发展，人格特质的研究范围也越来越广。这24种人格优势如下：

创造力（原创性、独创性）：思索新颖而有价值的方法。

好奇心（兴趣、寻找新事物、开放式体验）：对持续的体验和其内在因缘产生兴趣；进行探索和发现。

头脑开明（判断力、批判性思维）：通过全方位测验来思考事物；公平权衡所有的根据。

爱学习：掌握新的技能和知识，不管是出于自愿还是形式要求。

洞察力（智慧）：能为他人提出明智的建议；能着眼于对己、对人有意义的世界。

勇敢（勇气）：不畏威胁、挑战、困顿或苦痛；依觉悟而行，不论其是否被普遍认同。

持久（有毅力、刻苦发奋）：做事有始有终；坚持行为方向，不管障碍险阻如何。

正直（可靠、诚实）：自我表现诚恳；对自己的感觉和行为负责。

有活力（热情、积极、有魄力、有精力）：使生活充满激情和能量。

爱：珍爱与他人的亲密关系，尤其是那些其中相互分享、相互关照的。

善良（慷慨、关怀、关照、同情、无私的爱、美好的事物）：为他人帮忙、做好事。

社会智商（情绪智商、个人智商）：了解他人以及自己的目的和感觉。

美国学者戈尔曼说："生活的意义主要是依赖我们的幸福感和成就感。而高质量的人际关系是幸福感和成就感的主要源泉之一。"

情商主要是指人在情绪、情感、意志、耐受挫折等方面的品质。

心理学家认为情商高的人具有如下的特点：社交能力强，外向而愉快，不易陷入恐惧或伤感中，对事业较投入，为人正直，富有同情心，情感生活较丰富但不逾矩，无论是独处还是与其他人在一起，他们都能怡然自得。

公民权（社会责任、忠诚、团队协作）：作为集体或团队中的一员好好工作；对集体忠诚。

公正：能够平等对待所有人；不以个人感觉来评判他人。

领导能力：能促进集体的团结，使个人在其中作为成员能完成事情并且同时维持良好的集体关系。

宽恕和仁慈：宽恕做错事的人；接纳他人的短处；给予他人第二次机会；不报复他人。

子贡问孔子："有一言可以终身行之乎？"孔子曰："其恕乎，己所不欲，勿施于人。"在孔子看来，"恕"是一个人终身所必须拥有的最基本、最实用、最有效、也是最高尚的品德和修养。

"恕"是以自己的仁爱之心去推度别人的心，从而正确地处理人际关系和谅解别人的不周或不妥之处。

谦虚和谦逊：以成绩说话；不自大。

谨慎：忠诚于自己的选择；不冒不当的风险；不说也不做会事后后悔的事。

自律（自控）：管理自己的感觉和行为；守纪律；控制自己的欲望和情绪。

欣赏美丽和卓越（敬畏、赞叹、上进）：欣赏美丽、卓越以及在生活的不同领域的娴熟表现。

感恩：知道并感谢发生的好事情；多多表达谢意。

希望（乐观，为未来打算，为未来定向）：对将来有很好的展望，并努力实现它。

幽默（爱玩）：喜欢笑，喜欢逗乐；给他人带来欢笑；看到事物的光明面。

精神信仰（虔诚、守信、有追求）：有对更高追求、生活意义以及宇宙意义的信仰。

心理测验

心理测验须知：

1. 本测验适用对象为16岁以上人群。

2. 人格特质可以预测个体的行为倾向，即描述个体做出某种行为的可能性。但是，人格测评工具只是了解自己的参考，而不能用于心理问题的诊断。具体心理问题的诊断请遵从心理咨询师的评估。

健康人格小测试

健康人格有时可从小动作中表现出来，请你做一做下面的小测试。

题 目	选项
1. 当你站立时，为了舒服，总爱把胳膊放在椅背上吗？	是 否
2. 你有咬手指和指甲的习惯吗？	是 否
3. 当你与人交谈和倾听别人谈话时，你总是不停用手指击打桌面吗？	是 否
4. 当你站立时，你喜欢双臂抱肩吗？	是 否
5. 开会时，你总是不断改变姿势，以求坐得更舒服些吗？	是 否
6. 当你谈话时：①你感到抑扬顿挫，眉飞色舞，手舞足蹈吗？ ②你感到有些紧张吗？ ③你把手自然下垂，偶尔有点手势，是吗？	① ② ③
7. 聚会时，不论你想不想吸烟，你总爱点上一支，是吗？	是 否
8. 参加宴会时，你总是把眼睛盯在一盘或附近几样菜上，是吗？	是 否
9. 看到别人把大拇指藏在手心，拳头紧握时，你害怕吗？	是 否

评分：第6题回答①得2分，②得1分，③得0分。其余8题，答"是"得1分，"不是"得0分。

分析：

0~3分：人格健康，不论在什么情况下都能沉着、坚定、稳重，你的举止表明你是一个沉着老练、遇事不慌、自信自强、分寸得当、自制力强的人。这种自我控制能力是健康人格的重要特点。

4~7分：人格健康状况欠佳。表面上看，你很平静，但常失去平衡。高兴时，信口开河、夸夸其谈；不高兴时，冷眼相看、袖手旁观，情绪变化大。对你来说，至关重要的是学会自我控制，从而达到人格结构的稳定和健全。

8~10分：人格健康问题严重。你很不沉着，如果不学会自我控制，坚定信心，你在哪里都无法安定，都不舒服，也许你自己还不以为然，可在别人看来你却很刺眼。关键问题是达到内心的平衡、和谐和安定，同时注意与周围环境相适应。

心理团辅

个人发展盾形图——了解自己

1. 活动目的：对自己有一个更清晰的认识，从而了解自己在个人发展方面的真正需求。
2. 活动程序：
（1）给每位学员一张《个人发展盾形图》。
（2）让每位学员把答案以图画的形式画在相应的格中。
（3）12分钟之后当大家都画完了，就安排大家进入小组，而后在小组中进行交流。
3. 分享讨论
（1）有没有士官生认为这个练习能帮助你增强对自己的认识？
（2）与小组成员讨论的过程中，在哪些方面受到启发？
4.《个人发展盾形图》操作指导：
以图画的形式在盾形图中做相应的回答。
第一部分：描述你作为一名领导者的最大优势是什么？
第二部分：描述你打算从哪些方面着手提高你的领导水平？
第三部分：描述是什么动力推动你迈向成功的？
第四部分：你打算向哪一位著名的领导人学习？
第五部分：画一幅能够说明你的重要价值的图画。
第六部分：画一幅能够说明你如何对压力做出反应的图画。
第七部分：描绘出你个人的十年发展前景。

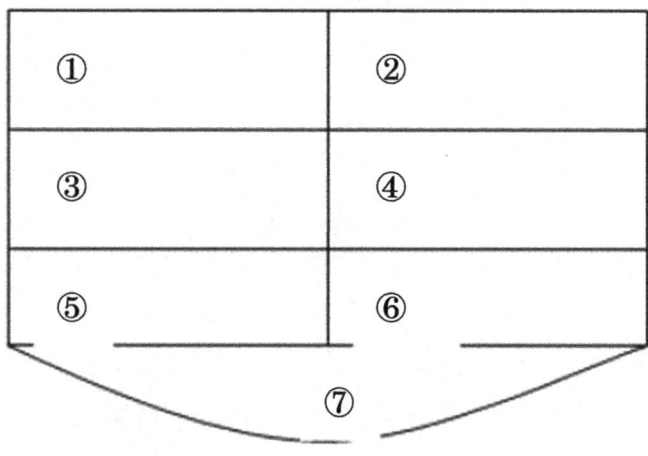

图 5-1

图 5-1 个人发展规划图

第六章 士官生的人际交往

案例导读

某士官生是独生女，漂亮聪明，学习优秀，堂、表兄弟姐妹中数她最出色，父母爷姥万千宠爱，家庭经济条件好，很早就有了自己独立的卧室。到学校后，四人一间宿舍，她感到委屈和不适应，经常抱怨寝室士官生，还耍小姐脾气，指使别人干这干那，好像这是理所当然的。于是，其他三位士官生开始疏远她，她感到十分孤单，却又不知道别人为什么远离她。

比起中学生，士官生人际交往更为复杂、更为广泛，独立性更强，也更具社会性。进入学校后，士官生开始独立地步入准社会群体的交际圈，他们开始尝试独立的人际交往，并试图发展这方面的能力。而且，交往能力越来越成为士官生心目中衡量个人能力的一项重要标准。然而，并不是每个士官生都能处理好人际关系的。在这一过程中，有些人会产生各种问题。认知、情绪及人格因素都影响着人际关系的建立。士官生要想建立良好的人际关系，就要学会平等、尊重、真诚、宽容、谦逊地对待他人，在积极的人际交往实践中不断提高自己。

第一节 人际交往的内涵

交往是人的一种本能行为，任何人都需要与其他人进行交往以获得心理上的满足。士官生正处于个性成熟期，正常的人际交往对于其了解和丰富自我，促进身心健康是很重要的。一个人与人交往越多，生活经验越丰富，接触的方面越广泛，对自己的了解和评价就越客观、全面。同时，人只有置身于活动中，在不断与人交往中，才会动脑思考，才能解决问题，从而锻炼和提高记忆力、思维力，甚至有所创造。

一、人际交往的概念

在心理学上，人际关系是指人与人在交往过程中，彼此间相互影响而形成的一种心理距离。人际关系反映了交往双方寻求满足其社会需要的心理状态。人际关系的亲疏、友善与敌对取决于人们心理需要满足的程度。如果交往双方的社会心理需要都能获得满足，那么人与人之间就能保持一种亲近的、信赖的、友好的关系。如果因某种原因一方对另一方表示不友好、不尊重，使另一方产生焦虑不安的情感，就会增大彼此间的心理距离，使原来的亲密关系变成疏远关系，甚至有可能发展为敌对关系。

（一）人际交往与人际关系

人际关系发展和变化是人际交往的结果，人际关系一般是一种状态，人际交往是一个过程。社会学将人际关系定义为人们在生产或生活活动过程中所建立的一种社会关系。心理学将人际关系定义为人与人在交往中建立的直接的心理上的联系。人际关系通常指人与人交往关系的总称，也被称为人际交往，包括亲属关系、朋友关系、学友（士官生）关系、师生关系、雇佣关系、战友关系、同事关系及领导与被领导关系等。

1. 两者的区别

人际关系指人与人之间通过一定方式进行接触，在心理或行为上产生的相互影响的过程，一般是从静态角度看的一种状态。人际交往指在社会生活中人与人之间的直接交往关系，它是在人们物质交往和精神交往的过程中产生和发展起来的关系，一般是从动态角度看的一个过程。

2. 两者的联系

一方面两者互相依赖，人际交往是人际关系实现的前提和基础，人际关系是人际交往的起点和依据；另一方面，两者又互相影响。人际关系发展和变化是人际交往的结果，交往状况与人际关系发展程度成正比，人际关系程度又影响和制约人际交往的深度，决定交往的内容和性质。

（二）人际交往理论

心理学家特别是社会心理学家提出了不同的人际交往理论，对人际交往中的结构和过程进行了分析。

1. 社会交换理论

社会学家霍曼斯采用经济学的概念来解释人的社会行为，提出了社会交换理论。霍曼斯认为人和动物都有寻求奖赏、快乐并尽少付出代价的倾向。在社会互动过程中，人的社会行为实际上就是一种商品交换。人们所付出的行为肯定是为了获得某种收获，或者逃避某种惩罚，希望能够以最小的代价来获得最大的收益。人的行为服从社会交换规律，某一特定行为获得的奖赏越多，他就越会表现这种行为，而某一行为付出的代价很大，获得的收益又不大的话，个体就不会继续从事这种行为。上述这些行为就是社会交换。

霍曼斯指出，社会交换不仅是物质的交换，而且还包括赞许、荣誉、地位、声望等非物质的交换，以及心理财富的交换。个体在进行社会交换时，付出的是代价，得到的是报偿，利润就是报偿与代价的差值。个体在社会交往中如果给予别人的多，他就会试图从双方的交往中多得到回报，以达到平衡。如果他付出了很多但得到的却很少，他就会产生不公平感，就会终止这种社会交往。相反，如果一个人在社会交往中总是付出的少，得到的却多，他就会希望这种社会交往继续保持，但同时也会产生内疚感。只有当个体感到自己的付出与收益达到平衡时，或者自己在与他人进行社会交往时自己的报偿与代价之比相对于对方的报偿与代价之比是同等的时候，个体才会产生满足感，并希望双方的社会交往继续保持下去。人们所知觉到的一段关系的正性或负性程度取决于以下3个方面。

一是自己在关系中所得到的收益。

二是自己在关系中所花费的成本。

三是对自己应得到什么样的关系和能够与他人建立一个更好的关系的可能程度。

当然，个体在进行社会交往时对报偿和代价的认识并不是固定不变的，也不一定是根据物质的绝对价值来估计的，这完全是一个与心理效价有关的问题。所以，当个体对自己的报偿与代价之比的认识大于他人的报偿与代价之比时，也许会被别人误解或不认可。这就是为什么在人们的社会交往过程中，有时会出现在有些人看来根本不值得去做的事情却被当事人当作很有趣的事情的情形，而有些时候在别人看来是值得做的事情却被另一些人所不齿。可见，社会交换过程中包含着深层的心理估价的问题。

2. 公平理论

公平理论的支持者强调，人们并非简单地以最小代价换取最大利益；他们还要考虑关系中的公平性，即与人际关系中的同伴相比，两者贡献的成本和得到的收益基本是相同的。根据公平理论，过度受益和过度受损的关系双方对这种状态都应该感到不安，且双方都会有在关系中重建公平的动机。公平理论认为，人际交往过程中双方体验到的贡献成本和得到的收益基本相同时，人际关系是很愉快的。

3. 自我表露理论

社会交换过程也包含着情感的交流，而情感交流是与自我表露分不开的。自我表露就是我们常说的"敞开心扉"，即把有关自我的信息、自己内心的思想和情感暴露给对方。良好的人际关系是在交往双方的自我表露逐渐增加的过程中发展起来的。

自我表露可以增加他人对你的好感。自我表露本身具有很强的象征性，它给对方一个强有力的信号：你对他（她）相当信任，愿意有进一步的交往。而且，对他人的自我表露可以引发他人做自我表露，由此可以增进彼此的理解与信任。美国心理学家布里格认为，自我表露的益处包括：一是使他们知道彼此的相似点与不同点在何处，能使双方了解相似与不同的程度；二是准确地向他人表露自我是健康人格的体现；三是自我表露增强了自我觉察的能力；四是帮助个体发现这不是他们唯一存在的问题；五是自我表露可以从他人那里获得反馈并减少不必要的行为。

当然，自我表露也必须注意分寸，过分的表露会让人不舒服。一般来说，表露的范围和深度是随着关系的发展而逐步递进的，不同的关系对象在不同的发展阶段，自我表露的广度和深度明显不同。在非常亲密的朋友关系中，自我表露往往十分深入，甚至达到无话不说的地步。但是需要注意的是，无论关系多么亲密，人们都可能存在不愿意暴露的领域，这就是所谓的"隐私"问题。前几年，隐私曾经成为中国社会的一个热门话题，不少人对它还有一些误解与偏见，在这里需要加以澄清。在人际交往中，个人往往将部分隐私袒露给自己信任的亲友。除了隐私需要，人还有沟通的需求，需要向"知己"说一些知心话。亲密关系本身也要求人们坦诚相待。但是，这并不意味着关系亲密的人之间就不应该有任何隐私。只有隐私需求和沟通需求之间保持适度的平衡，亲密关系才能正常发展。

二、人际交往的功能

人是社会的产物，人不能独立地活在世界上，人与人之间需要进行交往。人际交往是我们生存的根本，同时也是我们发展的途径。

1. 个体生存的必要手段

人类自下而上是群体力量的结果。人际协调功能：人际交往是人类在改造自然的过程中通力协作的产物，作为一个现代人，要想取得事业的成功，就要学会与人合作，要能组织、协调各种力量，调动各方面的智慧。

2. 个体发展的重要途径

例如，婴儿期照料者对个体性格心理发展的影响，良好的依恋关系有助于个体结识更多的朋友，建立和谐的人际关系。人际交往圈的扩大为寻找志同道合的朋友提供了更多的机会，这也会为你创造更多的有利条件。

3. 个人知识、能力和经验获得的主要途径

逐步学到社会生活所必需的知识、技能和伦理道德规范等，逐步摆脱以自我为中心的倾向，意识到集体和社会的存在，意识到自我在社会中的地位和责任，学会与人平等相处和竞争，养成遵守法律和道德规范的习惯，从而为自立于社会，取得社会认可，成为一个成熟的、社会化的人打下坚实的基础。

4. 个体自我意识发展和事业成功的重要保障

成功者是有良好合作及与人相处的能力者。榜样的力量能促使人成长。自我意识的发展是通过交往实现的，个体在与他人的交往中会产生改变自我的兴趣、动机、能力、意志和行为。人在从他人对自己的态度和评价中认识自我形象，自我意识的发展也在不断交往中趋于客观、成熟和完善。

5. 个体自我认知的有效方式

通过他人反应评价态度及与他人比较，人会越来越了解自己以及自己的角色地位。自我表现功能：良好的人际交往有利于自己在更大的范围内表现自己。我们都希望别人了解自己，理解、信任自己。要使这一美好的愿望成为现实，就必须与人交往，这样才可能让人了解你的能力、才干、特长和学识，以及你的为人、品格和性格，才可能有更多的人赏

识你，从而使你获得更多发展的机会。只有扩大交际范围，在更大的范围内表现自己，别人才可以了解你的为人、性格、才能和学识。人际交往给自己提供了自我表现的可能性，也为人的才能的发挥、抱负的实现提供了可能性。

6. 身心保健功能

人们在交往中不仅能获得信息交流，而且能实现心理上的沟通和情感上的交流。比如，在交流过程中，如果双方对某一问题或某一观点都有相同的认知，双方就会产生情感上的共鸣，越说越投机，彼此成为力量汲取和情感宣泄的对象。当你心中充满忧伤、感到孤独时，与别人的交往诉说会使你失衡的心理恢复平衡，使你获得归属感，使你的忧愁、恐惧、困惑通过与朋友、士官生的交流而得以解除，使你的心理压力得以减轻。而心理压力的预防、消除又有助于身体的健康。士官生作为社会成员有着强烈的合群需要，并通过相互交往来诉说个人的喜、怒、哀、乐，从而引起彼此之间的情感共鸣，使彼此在心理上产生一种归属感和安全感。在生活中我们不难发现，那些交际范围较大的人往往在精神上很丰富，身心也更健康些；反之，那些不合群的、孤僻的人往往有更多的烦恼和难以排遣的忧愁，同时也就会有更多的身心健康问题。

三、人际交往的层次

人际关系很重要。有人说：十岁拼智力；二十岁拼学历；三十岁拼资历；四十岁以上要拼人际力。在众星云集的好莱坞有个潜规则：一个人能否成功不在于你知道什么，而在于你认识谁。美国斯坦福大学指出：一人赚的钱，12.5%来自专业知识，87.5%来自人脉关系。不管这些说法对不对、是否有些夸张，但可以肯定：人际交往是人生中很重要的能力，也是很重要的人生态度。

人际关系最基本的目的是结人情、有人缘。人与人的交往可分为三个层次。

第一个层次的交往是表面化的交往，表现为一般性的礼貌、客气等。

第二个层次的交往是利益交往。双方为了各自的利益或共同的利益在一起打交道，这种交往会对一个人的生存和发展产生重要影响，且比较现实，直接涉及人际交往中的核心问题——利益问题。

第三个层次的交往则是精神交往。这种交往是关于道德、信仰、原则、情感、友谊等方面的交往，是一种高层次的交往。也可以把这三种交往称为混合型关系、工具型关系和情感型关系。

人际交往中的利益交往无可厚非，因为它符合人的基本天性。英国政治家霍布斯就曾说过，人的一生所追求的无非是财富、权力和名声。尽管他说得也不尽然，但他反映了一个基本事实和大多数人的心性。只要符合人的本性或大多数人的心性，我们就要设身处地地认同他们。试想，如果大家都甘于平庸、淡泊名利，那么这既不符合人性，也谈不上发展。但人际交往中有点功利，并不是提倡自私，而是要人们在头脑中多一根弦，从小处说要能保护好自己的正当利益，从大处讲，是要不断壮大自己的实力，以积极的态度去参与社会交往。

仅就利益关系来说，你和什么样的人结交，就可以窥见你的心态和走向。一般来讲，假如你交的都是大于你的人物，即能力比你强、比你优秀、比你成功的人物，那你肯定是要向上走的。所以，想要成功，就必须不断地"洗牌"并更新朋友圈，每一轮更新，你的事业能力就会提高一个档次。与那些实力、能力比自己强的人结交则有利于自己的成功。但目的性太强的交往容易被人看透或利用。对方也会用交换的方式去跟你交往，若没换到他想要的东西，他也不会付出你想要的东西。而且，这种利益结合体的关系聚得快，散得也快，会不断地洗牌更新。刚才还好得一塌糊涂，转眼间，就可以翻脸到分崩离析。并且，这种关系的交往费心思、要心机、要周旋、要算计，既阴又累。所以，人们更需要精神上的交往。

三个层次的交往都不可少，都要面对，并且都要做好。但人们更需要精神上的交往。哲学家洛克说过："人最低层次的自由，是能向别人说说知心话。"精神上的人际交往就包括迷人的相互欣赏、自由驰骋的空间和相互说说知心话，当然也包括实际的思想乃至物质上的相互帮助。培根曾论证过友谊的几大功用，说它具有"调剂感情、沟通思想、接受忠告、驾驭和增进理智等各种实用价值"。精神交往不像利益交往可用价值来衡量，比如，情感是一种精神交往，而能以价值衡量的情感都是没有价值的。精神上的交往与利益交往相比会更加持久——以金交往，金耗则忘；以利交往，利尽则散；以势交往，势去则倾；以权交往，权失则弃；以情交往，情逝人伤；唯心交往，静行致远。精神上的交往是至简至真的，它不是双方有意识的吸附与黏合，而是彼此间无意识的渗透与融人。有意识的吸附与黏合常常怀有目的性和功利欲，或含蓄，或浓烈，总之，看起来有些心怀鬼胎；而无意识的渗透与融人则不然，云淡风轻的，风倏忽间来，云恬淡着去，无欲无求，是心灵最真挚的握手，是情感最纯净的需求。

精神交往不仅是高层次的交往，也包含着基础性的交往。同情、情感、善良、回报就是一种基础性交往。如果一个人连基础交往也不能维持，那就等于落在了正常人际交往的标准线之下。

不管什么样的交往，要记住这样三个原则：情感的交流以真心实意为本心；语言的沟通以体谅、包容为雅量；人我的相处以不违情理为自然。

第二节　士官生常见的人际交往误区

随着中国兵役制度的改革，目前部队中士官生所占的比例越来越高，他们已经成为基层部队中一个特殊的群体。士官生人际交往必然受到社会环境的制约，随着社会形势的发展而发展。新形势下，士官生的人际交往出现了一些新的特点，这些新情况和新特点必然对士官生的思想成长和塑造产生深刻的影响。因此，应提高士官生的人际交往能力，使其建立良好的人际关系，使广大士官生的人际交往朝着健康有益的方向发展。

一、对"自我"的认知误区

（一）自卑

在交往中，士官生的自卑表现为内心脆弱、缺乏自信，不敢主动与人交往，害怕失败，害怕别人看不起自己。自卑者的浅层感受是别人看不起自己，深层体验是自己看不起自己。自卑的原因有两种，有些人是因为自己具有某种缺点，如个子矮小、容貌丑陋或其他的生理缺陷，这类人过于注重自己的形象，总是觉得自己长相难看。这种消极的自我暗示使他们非常注意别人的看法，对别人的目光、表情、手势都十分敏感，最后拒绝与人交往；另一种则并不一定是能力低下，而是因为凡事期望太高，不切实际。在交往中总是想使自己的形象理想完美，特别害怕丢脸、受挫或被人拒绝与耻笑。自卑者常常觉得自己不得志，不如别人，不愿意与别人交往，特别不愿意与比自己强的人交往，严重的甚至会发展到自我封闭，完全阻隔个人与社会的正常交往，冷漠狭隘、人格扭曲，最后导致异常和变态。

（二）自恋

自恋的人最典型的表现是自高自大，过分夸大自己的才能，希望得到别人的关注。由于对自己评价过高，因而常常看不起别人，在旁人眼中，显得孤傲和清高。在交往中，他们往往轻狂傲慢、自吹自擂，对他人的态度居高临下，缺乏尊重。这类人只关心自己的需要，不相信别人，与人交谈时，不注意对方的反应，不关心对方的感受，也不考虑对方需要。自恋的人大多数表现为自我重视、夸大、缺乏同情心、对别人的评价过分敏感。当他们受到别人的批评时，其反应通常是愤怒、羞愧或感到耻辱，所以一听到别人的赞美之词就沾沾自喜，反之，就暴跳如雷。他们有相当强烈的嫉妒心，对别人的才智十分嫉妒，有一种"我不好也不让你好"的心理。他们渴望持久的关注与赞美，认为自己应该享受别人不能得到的特权。由于自恋者很少能设身处地理解和关心别人的情感和需要，缺乏同情心，所以其人际关系很糟糕，容易产生孤独、抑郁的心理。由于他们对自己抱有不切实际的高目标和高期望，因此经常会在各种事情上遭遇失败。

（三）自我中心

交往是人与人之间的活动，它必须是在对双方都有利的条件下进行的，这样交往双方的友谊才可能持久和稳固，在交往中不能只想自己获得好处，而不考虑对方的利益。一些士官生在与人发生冲突时总是习惯于埋怨对方，这种以自我为中心的思维方式阻碍了朋友之间的正常交往。以自我为中心的交往主要表现为，强调别人对自己应该承认、理解、接受和尊重，不能平等地理解和尊重别人。注重交往中自己的目的的实现，倾向于满足追求的目的的实现，忽视别人的利益和要求。这种以自我为中心的交往方式在士官生中是比较普遍的。士官生的自我意识的觉醒使得他们往往具有很强的自主判断、自主评价的倾向，并且也有很强的自我色彩，这样的青年士官生指责他人、抨击社会，同时容易以主观的印象去判断他人，这给他们的交往活动带来了困难，甚至使他们无法摆脱交往中的困难，最终导致变态的人格。

二、对"他人"的认知误区

客观地认识交往的对象是交往正常发展的必要前提。在交往中，对方的外貌特征、个性特点、兴趣爱好、思想品质、能力倾向等都会影响双方的交往。除了这一系列外显的特征以外，对对方的文化修养、发展背景等的把握，甚至彼此对对方的评价、喜爱程度、交往在双方心目中的地位等都是对交往影响很大的方面。

然而，在实际的交往过程中，影响双方彼此了解的因素相当复杂，这使得交往双方的深刻了解产生众多的困难。要全面、深刻地获得对交往对象的认识，并非一朝一夕所能完成的事情，即使假以时日，也还是要受个人能力、周围环境和当时历史背景的限制，难以准确、恰到好处地了解别人。由于以上种种原因，士官生在认识他人的时候会发生偏差、甚至产生深刻的误解，交往活动常常会因此受到阻碍。这就要求我们了解，在对他人的认知过程中，哪些因素会影响我们很好地认识交往的对象。

（一）首因效应

关于首因效应，心理学家做过一个实验：准备两段文字，一段描述的是吉姆外向、开朗活泼、勇敢好强的性格；一段描述的是吉姆内向、闭锁沉静、与世无争的性格。然后让两组被试者分别阅读这两段材料，一组把吉姆外向的描写放在前面，一组把对吉姆内向的描写放在前面，结果证明：第一组有70%的人认为吉姆是外向的，第二组只有18%的人认为吉姆是外向的。这就是首因效应。

首因效应，在人际交往中非常重要，第一印象好，在以后的交往中就总是会从积极的方面去理解和观察对方，反之，第一印象不好，就会产生偏见，总是从消极的方面去看对方。这一效应告诉我们，初次交往除了要尽可能给对方留下好的印象外，同时也要提高自己的认识能力，尽可能准确地判断对方。更重要的是，了解别人时应当尽可能克服"首因效应"的消极影响，客观公正地评价别人。

（二）晕轮效应

有一个大家十分熟悉的故事讲的就是"晕轮效应"。一个樵夫丢了斧子，他怀疑是邻人偷了，于是，他看邻人的一举一动都像是偷了斧子的人。后来，他上山打柴时找到了丢失的斧子，以后再看到邻人时，邻居的一举一动都不像是偷了斧子的人。晕轮效应是指对某个人的整体印象直接影响到对此人的具体特征的认识和评价的一种心理现象。在人际交往中，它常常强有力地影响着我们对人的知觉和判断。当我们看到某人身上的某一方面的优点时，就容易推而广之，觉得他各方面都很突出，处处可爱，这是积极的晕轮效应。相反，当我们看到某个人身上的个别缺点时，又很容易把他看得一无是处，这是消极的晕轮效应。晕轮效应最大的问题在于以偏概全，以个别特征代替整体特征，显然，这很不利于人们正确客观地认识他人，受晕轮效应的影响，人们甚至会主观地歪曲一个人的形象，对交往对象做出不正确的评价，进而危及正常的人际交往活动。

（三）刻板印象

最早研究这一现象的心理学家是吉尔巴特，他发现，当时人们对英国人的普遍印象是绅士风度、聪明、因循守旧、爱传统和保守；对黑人的看法是爱好音乐、无忧无虑、迷信无知、懒惰；对日本人的看法是聪明、勤劳、爱莫能助、有进取心、机灵、狡猾。人际认知时，人们并不是把认知对象作为一个个体去认识的，而总是把他当作是某一类人中的一员，认为他肯定也具有这一类人的共同特点。这种笼统地把人划归为某些具有典型的特点的群体的心理倾向即为"刻板印象"。形成"刻板印象"以后，我们会按某些典型的特点来对交往对象进行分类，然后，把这一类型的人的所有特点都归属到他的身上，并形成对他的刻板印象的看法。事实上，一种类型的人所具有的特点并不一定会在该类型所有的人身上出现，对某人的刻板印象并不见得与他本人的真实情况相符。所以说，刻板印象往往相当顽固，会使我们忽视交往对象的实际表现，会造成偏见、成见，影响交往的顺利进行。

（四）从众效应

从众效应是指在群体作用下，个人调整与改变自己以求与他人保持一致的心理。从众心理在交往中非常普遍，当士官生处于一个群体当中时，很容易受大多数人意见的影响。例如，如果多数人认为某个人是个好人，士官生就会比较放心地与之交往。由此可见，从众心理的实质是群体效应，是个体以群体评价代替自己的评价，并以此改变自己观念的现象。从众效应在交往中有积极的一面，比如，如果把一后进士官生放入一先进群体中，那么后进生就可能在大家的影响下向先进士官生的行列迈进。但是，从众效应在交往活动中也有消极作用，因为群体对个体的评价有时并非以一种客观、公正的标准和手段进行，而社会学的研究成果发现，个体把自己放入群体中进行比较时，最常见的一种心理就是"我不愿意与团体中其他人迥然不同"，这样，一种群体性的偏差就会产生，交往中的问题也就随之而来。

（五）定势作用

定势作用就是以对人的一般印象去代替他目前的现实情况。在人际交往中，我们常常会形成各种对人的印象，这种印象逐渐固定成为一种稳固不变的观念时，我们就产生了定势。定势往往很难改变，而人际交往中，以定势去判断别人就会出现误差。一时的印象绝对不足以用来断定某人的真实情况，定势作用使我们把印象中的"好人"看得白玉无瑕，把印象中的"坏人"又常看成一无是处，这样，我们对人的认识就出现了错误，这种错误有时甚至会使我们在人际交往中出现重大的失误。

（六）投射作用

投射作用是指认知过程中，人们假定对方与自己有相同之处，把自己的特征归于他人身上的心理倾向。心理学实验证明，当人们被要求评价一位陌生人的思想、品质或某些特征时，他最大可能做出的评价就是与自己一样，由己推人、由内及外，把自己的特征强加到别人身上。

科普知识

人际交往中的三种角色心态

人与人之间的沟通可以分为三种不同的心态，即家长心态、成人心态和孩童心态。有这样一个例子。三个人合伙做生意，最后赔了，甲说："都怨你们，没有真本事，和你们合作真是倒霉！"乙说："我觉得这次赔本有几个原因，一是我们三人想法不一，劲没往一处使。二是工作上也存在一些客观阻力。"丙说："都是我不好，我没干好工作，请你们原谅，我一定会改正，大家还是接着干吧。"这段对话中，甲用长辈的口吻指责两位同事，显然是一种家长心态；乙非常冷静，像一个稳重、明理的成人，属于成人心态；丙却像个小孩子，像做了错事一般，一个劲地求大家原谅，正处于孩童心态。

其实，我们每个人的自我当中都存在着这三种角色心态。当我们处于家长心态时，心里便有"必须做什么""应该做什么"的意念。家长心态又大体分为两种：一种表现为对人刻薄，喜欢挑别人的缺点，另一种为容易对人表露情绪。一个人的家长心态属于哪种形式，是从父辈那里获得的。小时候父母怎样对我们，长大了我们就拥有什么样的家长心态。处于成人心态时，我们显得冷静、理智和客观，既不挑剔别人，也不会冲动任性，我们很有主见，做事有计划，临阵不慌。而处于孩童心态时，我们则表现得感情用事，做事不考虑后果，而且情绪不稳定，容易受影响。

几乎每个人在与人交往过程中都有过这三种心态，只是比重不一而已。在生活中，我们经常会遇到一些固定角色者。长期处于家长心态的人很喜欢批评别人，或者提出建议并强迫你接受，要不就是喜欢干涉别人的生活，把你当作小孩一样照顾。当然能长期与之相处的只能是那些"终身孩童"们。"终身孩童"是那些长期处于孩童心理的人，就算活到五六十岁，他们的言谈举止和思想行为等各方面都俨然像一个小孩子。他们一般没什么主见，凡事依赖别人的时候多，常常还不肯承担责任，做事容易冲动，生活上需要别人照顾和呵护。在与人交往时，他们喜欢引人注意、赢得赞许。而长期处于成人心态的人喜欢纯逻辑思维，他们做事非常理智，很少讲感情，常被人称为"冷血"人。他们在生活中极少幽默，其时间被安排得满满当当，与他们相处也是件非常乏味的事。

从以上分析中我们不难看出，单独发展自我的任何一种角色心态都会使自己的性格发展不平衡，这会直接影响到我们的人际关系的和谐性。

那么，该怎样调整自己，使自我中三种心态保持平衡呢？

我们必须了解自己在人际交流中的三种角色心态的应用比重。这需要你记录你在一周之内与人交往中的角色心态，然后集中起来考察，这样三种心态的比重便非常明朗了。了解了三种心态的比重后，便可以在与人交往中有意识地降低比重最高的那种心态，提高另外两种心态了。

如果你发现自己经常用家长心态与人交往，就应该注意客观地观察，学会聆听，少批评、挑剔别人，采纳别人的正确建议。让你的生活多一点随意和感性，你一定会更加快乐。

如果你是个非常理性的人，你最好把自己的成人心态放低一点。你可以试着让自己放松放松，允许自己的感情适当地得到宣泄。建议你经常看一些喜剧或笑话，让自己像孩子一样乐一乐。

假如你经常处于孩童心态，那么你遇事最好能冷静分析，避免感情用事；最好问问自己"我想怎么做"，而不必顾及别人的喜好，以免失去自我；最好多锻炼自己，对他人负责，而不是过多地依赖别人。

在人际交往中，我们每个人都应该注意自己正处在什么心态，在不同场合以最为恰当的角色心态与人交往。相信，你会拥有许多的朋友，成为一个很受欢迎的人。

第三节　士官生良好人际交往能力的培养

人际交往是社会生活中人与人之间的互动式活动，是人际关系的构成要件和个体获取知识、信息不可或缺的途径，它贯穿于社会生活的所有领域。很难想象，个体离开了与他人的社会交往，其生活将会怎样。可以说，现实社会中的每一个体都生活在一张错综复杂的人际关系网络之中，其成长与发展都依存于人际关系这一张大网。因此，良好人际交往能力的培养显得尤为重要。

一、士官生良好人际关系的重要意义

人际关系的状态往往是个体社会适应能力、心理健康水平的综合体现。对于正处在学习、成长阶段的士官生来说，人际交往是其生活的基本内容之一。士官生、室友、老乡、师生、个人与班级以至学校之间等错综复杂的社会交往构成了士官生人际交往的网络系统。培养士官生良好的人际交往能力，不仅是其生活的需要，而且能够使其更好地适应社会的需要。一个没有良好人际交往能力的士官生就像在大海里抛锚的一只船，永远不能在波澜壮阔的大海里航行。

（一）和谐的人际氛围是士官生顺利完成学业的前提

社会不是抽象的，而是由具体的人及其相互之间的关系构成的。对于士官生来说，如

果能够与周围的士官生、教师融洽相处，那么就能为自己减少烦恼，使自己身心愉快，集中精力学习，顺利完成学业，进而创造一个良好的学习和生活环境。

（二）良好的人际关系与沟通能力是士官生未来事业成功的前提条件

影响一个人在事业上取得成功的要素有很多，其中良好的人际交往是不可忽视的前提条件。因为人际交往是士官生增长才学、开启心智，适应社会、准确定位，认识自我、完善自身，协调关系、攻克难关的有效途径，而这些又是士官生走向成功不可缺少的因素。今后，士官生要融入部队和社会。在市场经济条件下，社会竞争日益激烈，如果士官生不具备人际交往能力，将来就无法在社会上站稳脚跟。

（三）良好的人际交往与沟通能力有助于士官生未来家庭生活幸福美满

只有善于与他人交往，才能对他人有所了解，有了解才能有沟通，才能处理好各种关系。在不久的将来，士官生都会拥有自己的小家庭，从某种意义上说，家庭生活是否幸福美满也取决于自身的人际交往和沟通能力。

二、良好人际关系的建立

人际交往是人类活动的基本形式，也是当代士官生成长的重要过程。士官生都希望有丰富的人际交往经验，拥有令人感到友善和温暖的人际关系。然而，置身于纷繁复杂的人际交往中，一些士官生迷茫不解、无所适从，甚至感到苦恼。这些问题如果得不到及时解决，就会对士官生的生活、学习乃至身心健康产生影响。士官生要想获得和谐的人际关系，在一个温暖、和谐和友善的集体中生活和健康成长，就需要了解并遵循人际交往的基本原则。因此，探讨士官生人际交往的原则和技巧，将会对士官生成功地进行人际交往提供有益的帮助。

（一）掌握人际交往原则

1. 尊重原则

尊重包括两个方面：自尊和尊重他人。自尊就是在各种场合都要尊重自己，维护自己的尊严，不要自暴自弃。尊重他人就是要尊重别人的生活习惯、兴趣爱好、人格和价值。只有尊重别人才能得到别人的尊重。

生活中每个人都有自己的人格尊严，并期望在各种场合得到他人的尊重，生活的实践告诉人们，只有尊重别人的人才能获得别人的尊重。所以士官生首先必须学会尊重别人，包括尊重别人的人格、权利和劳动成果。古人说："敬人者，人恒敬之。"俄国大作家屠格涅夫有一天走在街上，一个年迈体弱的乞丐向他伸出发抖的双手，大作家找遍所有的衣袋，分文没有，感到惶恐不安，只好上前握住老乞丐那双脏手，深情地说道："对不起，兄弟，我什么也没有，兄弟！"哪知，大作家这一声"兄弟"却超过了钱币的作用，立刻使老乞丐为之动容，老乞丐泪眼蒙蒙地说："哪儿的话，我已经很感谢了，这也是恩惠啊！"
这个故事说明，无论什么人，无论其地位高低，他们渴求得到尊重的心情是一样的。所以士官生在人际交往中一定要学会尊重别人。

2. 真诚原则

只有诚以待人、不要心机，才能与他人产生情感的共鸣，才能收获真正的友谊。没有人会喜欢虚情假意的人，不真诚的人最终都会败下阵来。

真诚待人通常被认为是人际交往中最有价值、最重要的原则。士官生在交往中一定要恪守诚信的原则，做到真诚坦率，一是一，二是二，表里一致，言行一致，说老实话，办老实事，做老实人。古人说："以诚感人者，人亦诚而应。"其中道理值得士官生铭记。

3. 宽容原则

在人际交往中难免会产生一些不愉快的事情，甚至会产生一些矛盾冲突。这时候我们就要学会宽容别人，不斤斤计较，正所谓退一步海阔天空。人不犯我，我不犯人。人若犯我，礼让三分。在交往中不要因为一些小事而陷入人际纠纷，这样我们会浪费很多时间，同时也会变得自私自利，变得渺小。

有一副对联是这样的："大腹能忍忍尽人间难忍之事，慈颜常笑笑尽天下可笑之人。"这副对联固然有其消极意义，但在人际交往中却也有借鉴意义。人际交往中难免会遇到一些不愉快的人和事，对此，我们总不能豁出去拼了或因噎废食干脆从此就不与人交往了。从长远来看，我们还是要学会宽容，学会克制和忍耐。苏轼说得好："匹夫见辱，拔剑而起，挺身而斗，此不足为大勇也。天下有大勇者，卒然临之而不惊，无故加之而不怒，此其所扶持者甚大，而其志甚远也。"士官生在人际交往中心胸一定要宽，姿态要高，气量要大，遇事要权衡利弊，切不可斤斤计较、苛求他人、固执己见，要尽量团结那些与自己意见不同的人，营造宽松的交际环境。

4. 互利合作原则

互利是指双方在满足对方需要的同时，又能得到对方的报答。人际交往是一个双向选择、双向互动的过程。只有你来我往，交往才能长久。在交往的过程中，双方应互相关心、互相爱护，既要考虑彼此共同的利益，又要深化感情。

5. 理解原则

理解是成功的人际交往的必要前提。理解就是我们能真正地了解对方的处境、心情、好恶、需要等，并能设身处地地关心对方。俗话说："千金易得，知己难求，人海茫茫，知音可贵啊！"善解人意的人更受人欢迎。

人们常说："金玉易得，知己难寻。"知己即能够理解和关心自己的人。理解是人际沟通、人际交往的前提。理解也不等于知道和了解。就人际交往而言，你不仅要了解他人的处境、心理、特性、好恶、需求等，还要根据彼此的情况主动调整或约束自己的行为，尽量给他人以关心、帮助和方便，多为他人着想，处处体恤别人，自己不爱听的话别送给别人，自己反感的行为别强加于他人。"己欲立而立人，己欲退而达人，己所不欲勿施于人"说的就是这个道理。士官生在交往中一定要耳聪目明，理解和关心他人，深信别人也不会亏待你。

6. 平等原则

这是一条最基本的原则。与人交往时应做到一视同仁，不要嫌贫爱富，不能因为家庭背景、地位、职权等方面的差异而对人另眼相看。平等待人就是不盛气凌人，不过分嚣张。平等待人就是要学会将心比心，学会换位思考。只有平等待人，才能得到别人的平等对待。

在社会中，人际交往的双方可能年龄悬殊、分工不同、经历各异，因此他们交往的原则和方式也相对复杂。但就士官生而言，其年龄、经历、文化水平等都大体相似，不论是来自城市还是来自农村，也不论家庭出身如何，他们都无尊卑贵贱之别，士官生之间的人际交往应该是平等的。无论何时何地、无论年级高低，每个士官生都要自觉做到平等待人，绝不能自视特殊，居高临下、傲视他人；否则就会脱离集体，成为孤家寡人，产生孤独感。调查表明：那些优越感很强、喜欢显示个人特长或优越的家庭背景的士官生多数人际关系较差，即使能力很强也无法发挥，因为不坚持平等原则的人往往不被他人所接纳。

（二）学习人际交往的技巧

人人都希望自己能有良好的人际关系，都希望拥有更多的朋友。人际交往是人与人之间的心理互动过程。只要我们注意观察、体验，调整自己的认知结构，形成积极的、正确的人际交往观念，掌握一定的人际交往技巧和规律，就能够提高我们的人际交往能力。

1. 消除戒备，敞开心扉

有的士官生虽然很想和他人建立良好的人际关系，但是对交往存在错误的认知，比如，"先同别人打招呼显得自己低人一等"。又如，"如果我先同他人打招呼，他人不理我怎么办？"还有的士官生将"害人之心不可有，防人之心不可无"这句话想得过于夸张，把人与人之间的关系视为"尔虞我诈"的关系，害怕在交往中遭到他人的算计。因此，在交往中处处小心谨慎，缺乏主动、热情。其实，要赢得别人的友谊，自己首先要向对方主动发出友善的信息，要接纳他们，喜爱他们，所谓"爱人者，人恒爱之；敬人者，人恒敬之"。尽管士官生中有个别人只想占便宜而不愿意吃亏，但是多数士官生的交往动机是纯正的，交往行为是符合道德规范的。士官生不要因为害怕自己在交往中遭到个别人的算计而把自己的心封闭起来。

2. 真诚地肯定对方

人类普遍存在着自尊的需要，美国哲学家詹姆斯说："人类本质里最殷切的需求是渴望被肯定。"人类对肯定的渴望绝不亚于对食物和睡眠的需要。人们在交往中总是倾向于选择能肯定自己的人。处于青春期的士官生，自尊心极强，因而在交往中首先就必须肯定对方，尊重对方，努力去发现对方的优点和长处，并真诚地、慷慨地赞美他人，这样方能成功地打开交往的大门。

3. 礼尚往来，学会回报

在人际交往中，若对方感受到了你的真诚与热情，显然你也会得到对方肯定评价的回报。社会学家霍曼斯提出，人与人之间的交往本质上是一个社会交换过程。但是这种交换与市场上买卖关系中发生的交换不完全一样。生活中常常可以发现，互相帮助的人与人之间，交往总是比较密切，关系也总是比较亲密、持久的。但是，人际交往中"回报"的内容是多方面的：有物质的，也有精神的；有直接的，也有间接的。但应注意的是，人际交往中的回报并不存在一般等价物，在很多时候也不是同步、等量的。士官生要注意给别人提供帮助时不要以别人相应的回报为条件，而应懂得对别人的帮助适时予以回报。

4. 重视建立良好的第一印象

初入校门的士官生，在和一些不熟悉的人交往时，首先要注意给对方留下良好的第一印象。美国学者伦纳德·曾宁博士在他所著的《接触：头四分钟》一书中指出，结交新认识的人时，头四分钟至关重要。为了给对方留下一个好的第一印象，他认为结交新朋友时起码要高度集中精神于头四分钟，而不应一面与对方交谈，一面东张西望，或另有所思，或匆匆改变话题，这些都会引起对方的不悦。可见，要建立良好的人际关系，就必须建立良好的第一印象。

5. 学会幽默

幽默使世界充满微笑，是男人的风度、女人的魅力，是美德与智慧的捷径、知识和能力的展现。幽默风趣的话常使人产生喜悦和满足之感，令人久久难忘。士官生要学会幽默，需先注意培养自己敏锐的观察力、丰富的想象力、灵活的应变能力和获得广博知识的能力。平时生活中与人交谈时，若对方保持沉默，巧用幽默便可打破僵局，使交谈气氛缓和，消除紧张；人与人的相处中出现矛盾时，幽默能起到润滑剂的作用，可使人们的相处变得更顺利、更自然。士官生之间的矛盾往往是由于彼此没有注意到对方对自己行为的感受和反应而引起的，幽默则可以化解很多的矛盾。

6. 学会表达，善于聆听

语言交流是人际交往中最直接、最普遍的一种方式。其中，口头交谈对良好人际关系的建立最为关键。乐于交谈、善于表达、称呼得当、注意聆听，这些都使人们在良好的心理氛围下顺利交往。因此，士官生要学会正确运用语言艺术。一是准确表达。用清楚、简练、幽默、生动、通俗、流利的语言表达自己的思想和观点。在表达时切忌不理会对方的意见和反馈，只顾喋喋不休地发表自己的意见。同时要避免急于巴结对方，避免语气措辞太肉麻，这会让人难以忍受，也要避免质问对方，让对方觉得自己像被审问的罪犯一样。交谈的话题内容和形式应适合对方的知识范围、经验，合乎对方的心理需要和兴趣。二是善于聆听。在交谈中要注意聆听。最好的方式是能站在对方的立场上，投入到对方的情感中，集中精力了解对方谈话的内容，同时还应通过适当的提问、点头、对视等方法来表明自己对其谈话内容的兴趣，切忌在聆听中频频打岔或表现出不耐烦的情绪。

心理科普

营造幸福和谐的家庭关系

家庭和谐是社会和谐的基础。家庭是社会的细胞，是生活的主要环境，每个人从生下来到生命终止都离不开家庭生活这个主要环境。只有千千万万个家庭细胞和谐了，才能实现全社会的和谐。要创造和谐的家庭生活环境，每个人都应当依靠自己的智慧来苦心经营，真正用心来建设。

中国有句古话叫"家和万事兴"，说的就是只有家庭和睦家庭才能兴旺发达的道理。目前，我国正在努力构建和谐社会，然而家庭作为社会的基本单元，没有家庭的和谐哪来社会的和谐？而和谐家庭构建是以每一个家庭成员的幸福、快乐、充分发展，并营造一个相对自由的空间为前提条件的，这就需要处理好以下10大关系问题。

1. 构建家庭成员间的和谐关系

其核心是相互承担责任。每个人应善良、有责任、努力付出，做子女的从关心家庭的每个成员开始，从孝敬自己的老人开始，做父母的从能够自我批评、检点开始，从帮助邻居开始，从给予其他有困难的人或多或少的帮助开始，从看到有人需要帮助时伸一伸手开始，于是这个家庭和谐的基本因素就会开始积累，于是这个家庭的门风就会逐渐形成，于是愉悦的氛围便由此传延开来，于是每个人都能为大家、为别人做出贡献，于是"人人为我，我为人人"的社会风气就会逐渐形成，于是大家便会互相关爱，互相承担责任。

2. 构建和谐的夫妻关系

夫妻关系和谐是整个家庭和谐的基础，如何处理至关重要，至少应把握以下几点：夫妻在家庭生活当中平等相处；正确看待对方的缺点，能够包容对方，只要知道彼此还在一个轨道上，家庭内就无绝对的对错；夫妻间互敬互爱，互敬就是尊重对方的人格，互爱就是相互间为着对方的幸福去做所能做的一切；夫妻之间要相互理解。

3. 建立与孩子的和谐关系

家长和子女的关系就像兄妹、兄弟、朋友一样。要让孩子体验责任感，给孩子以充分的尊重，让其成为家庭里的平等成员。做父母的应处处做孩子的楷模，因为父母的一个眼神、一个表情、举手投足、言谈举止都将给孩子留下终生的烙印。但爱孩子决不等于娇惯孩子，否则其一旦养成不良品格，不但会毁灭这两代人，同时也毁灭了这个家庭。

4. 建立与老人的和谐关系

孝敬老人是每个家庭必须遵守的生活原则。这还不仅仅是出于伦理、出于自然的一种亲情所需，这同时也是为每个人自己的晚年进行规划的要求。因为每个父母如何对待自己的老人，他的儿女也会像他对待自己老人那样来对待他。你想让孩子对你好吗？那么，你首先要对老人好，对自己的父母包括对对方的父母好，否则你的儿女就不可能对你好，这种行为胜过所有的说教。中国历史上有24孝的故事，如《搜神记》中的卧冰求鲤的民间传说故事，现代人应该在传统孝道的基础之上以现代的价值观念对其进行升华。

5. 营造和谐文明的两性关系

如今，因为性的问题而毁掉家庭、毁掉子女、毁掉自己的情况时有发生。如果由于婚外情而抛弃家庭、抛弃爱人、放弃工作，那就是品格出了问题，那就成了毒素了，就会危害每一个家庭成员，就成了大事。这里的核心问题是，作为家庭主要成员要各自负起自己的家庭责任，而每个人的责任感不是空洞的，首先是从对生活、对自己开始的，然后是从对他人，尤其是对家庭成员开始的。所以，每个人都要守望自己的责任，即使面临再大的诱惑也不能忘了家。

6. 确立一种勤俭、积善、奋斗的家庭精神

"积善人家必有余庆"，善即品格，优良品格可以使一个家庭战胜许多困难。同样，面对生活重压，不奋发向上、不图强，就会使家的脊梁塌下来。每一个家庭都应努力奋斗，使自己的孩子保持阳光、爽朗、快乐、朝气蓬勃、充满希望。所以，如果我劳作，我辛苦，即使我每天的工作是辛苦的，但我是自食其力的，是有尊严的，我的品格是高尚的，孩子是我用辛苦劳动挣来的钱抚养大的，我有基本的自尊，那么孩子就自然会养成奋斗拼搏的品格。

7. 重视家庭教育问题

现在，有些独生子女眼里只有自己、没有他人，加上有些家庭主观上就娇惯孩子，认为这就是对孩子的爱，孩子想要什么就给什么，不让孩子劳动、付出，认为这就是孩子的幸福、快乐，岂不知这样的家庭教育必然是失败的。不仅如此，每个家庭就好比一砖一瓦，一个民族就好比一座大厦，如果一砖一瓦纷纷解体、散了、锈蚀了、无法承重了，那么这个大厦最后不就轰然倒塌了吗？所以，家庭教育不仅关系到一个家庭能否稳定的问题，而且关系到我们整个民族能否得以延续的问题。

8. 妥善处理金钱问题

金钱可以改变人们的生活，使人们生活更舒适，但金钱也给某些家庭带来了无尽的烦恼。君不见，有些家庭在不富裕的时候过日子还行，平平和和，挺稳定；有了钱以后，反而夫妻反目、父子成仇，弄得一塌糊涂。这里主要是一个财富观问题。所以，作为创富者，有幸创造财富后就应该为这些财富承担责任，合理使用这些财富，把它用到正地，如投资家庭教育、投资家族企业、投资增值项目等，而不是去挥霍、糟蹋这些财富。当你把创造财富的过程转化为创造精神财富的过程时，你才会体会到创富的幸福和崇高。历数那些当今最能创造财富的人，哪一个不是品格优秀、高尚的人？如果这些人小富即安，不能战胜自己、不能把创造财富当作崇高的事业，而是一味地去挥霍，仅仅是为个人消费而去创造财富，那么他们可能会创造那么多的财富吗？对于那些拥有财富的家庭来说，如果家庭品格不良，如果花钱不当，财富就会成为一种罪孽，最后是家不家，业不业，妻不妻，子不子，导致家破人亡。

9. 处理好家庭的对外交际关系

在现代社会，和谐的家庭不能独立于社会而存在。没有任何一个家庭能游离于社会而独立存在，因为家庭的任何成员都必须与其他社会成员互相依存而存在，这种依存是其自身存在的基本条件，也是自身获得幸福的一个源泉。一个自私的家庭，一个只有自己、没有邻里、没有街坊、没有亲属、没有同事、没有朋友、没有社会的家庭是很难拥有幸福的，这个家庭在拒绝社会时就意味着将被社会所抛弃，一个家庭在多大程度上包容了社会、奉献了社会，就在多大程度上拥有了社会，社会就在多大程度上为这个家庭承担责任。

10. 做合格的社会公民

家庭品格是一个家庭得以维系的主要精神财富，也是一个家庭能够获得成功的宝贵的无形资产，每个家庭成员应首先从自身的品格建设开始，做一个正直的、善良的、合格的公民，在家庭中扮演好自己应该扮演的角色，跟子女是朋友、知己，跟父母是知己、兄长、姐妹，要与左邻右舍建立一种和谐的关系，这样和谐社会的构建就有了最为现实的基础。总之，那些善良、正直、进取、踏实做事、相互尽责任、相互尽义务的家庭才能够过上和谐、幸福的新生活，而它同时也是市场经济条件下促进新型和谐家庭构建的一个基本条件。

心理测验

心理测验须知：

1.本测验适用对象为16岁以上人群。

2.本测验旨在测试你的人际状况如何，答案无好坏之分，结果仅供参考，不能用于心理问题的诊断。具体心理问题的诊断请遵从心理咨询师的评估。

人际关系自测表

心理测验题目：

1.朋友买了一件昂贵的衣服，他穿起来效果一般但又无法退换，这时，他想听听你的看法，你会怎么回答呢？

说实在的，真不合适——转2题

换个角度来说，你穿起来还是挺好看的——转3题

衣服挺漂亮的——转4题

2.你在生活中会使用口头禅吗，比如说，"太没意思""好无聊""真无趣"之类的话？

基本没有——转3题

很少会有——转4题

最近常说——转5题

3.你能够记住多少人的生日？（包括自己的）

只能记住1个人——转5题

能记住1～3个人——转4题

能记住 3 个人以上——转 4 题

4. 当你和关系一般的人聊天时，下面哪种场景最与你相符？

与他聊的还算投入，暂时把其他事情搁置——答案为 B

不时地看着手机，心里想着其他事情——答案为 D

不能确定，要看具体的人——转 5 题

5. 你答应别人的事情常常会以没有结果而告终吗？

不会，答应就要做到——答案为 D

会的，答应与做到是两码事——答案为 C

偶尔会有——答案为 A

解释：

A. 人际关系★★☆☆

与身边人相处时你似乎不够圆滑，总因为讲太多实话而让别人不高兴，但是没办法，你的性格决定你说话时不会拐弯抹角。很多时候，你面对稍微有些困难的事情时总是拿不定主意，所以，你常常采取折中的方法或简单粗暴的方式。

B. 人际关系★★★★★

在生活中，你擅长表达、懂得关注别人，也知道与人交往过程中如何充分尊重一个人。朋友认为，与你相处是一件非常轻松而快乐的事情，所以，你有自己的知心朋友，你们在一起会相处得很愉快，你和朋友之间也能够相互帮助、共同提高。

C. 人际关系★★☆☆

在别人眼里，你可能是一个缺乏生活情调的人，你没有自己的兴趣爱好，总是感觉很茫然，这种悲观的情绪常常会影响你的实际生活。随着时间的推移，你感觉周边的人没有几个是值得信任的，所以你变得越发敏感，更加关注自己的内心世界，变得较为孤僻。

D. 人际关系★★★★☆

你做人讲究诚信二字，在朋友的心目中常常一字千金，他们信任你，你也很够义气；虽然你的耐性略有不足，但是你为人坦荡，也能获得他人的理解。朋友与你相处越久，就会对你了解越深入，也会发觉你这个人值得交往。

心理团辅

人体拷贝

1. 活动目的：

（1）要求士官生仔细观察、准确理解、清晰表达需要"拷贝"的信息，使其明白在人际交往过程中信息传递有时候会出现偏差及传递不及时等状况。

（2）让士官生体验彼此信任、融洽沟通、团体合作带来的成功与快乐。

2. 活动时间：15分钟

3. 活动道具：三份写好的数字（0～9）、水果、动物的便签，每一类型10个。

4. 活动过程：

（1）成员分组（分四组，每组4个人），要求每组选出1个组长。

（2）游戏分为三轮，依次为数字类、水果类、成语类。第一轮：每组一路纵队站好，主持人将写有一个数字的纸条让每组的第一个人看一眼，然后请他通过肢体语言把信息传给后面一个人，其他人背对表演者，依次"拷贝"传递；最后一位士官生跑到主持人处，写出"拷贝"的数字。

（3）各组全部"拷贝"完毕，由主持人宣布各组的"拷贝"结果。按同样的规则进行第二轮和第三轮。

（4）小组合作集体造型，完成一组4位数表演。

（5）分享：

A. 不仅锻炼和提高了我们肢体表达的能力，也开发了我们的思维。一个数字在不同的人心中有不同的表达方式，猜数字的过程也是一个学习的过程。

B. 只有多方面、多角度地观察和考虑问题，才能把事情做得更好。

5. 注意事项：

（1）在"拷贝"信息时，只允许两个人之间用肢体传达，其他人不能偷看。

（2）要强调不准发出声音，否则游戏就没有意义了。要求只在两个人之间传递信息，已传递完信息的和还未传递信息的士官生都要背对这两个正在传递信息的士官生。

第七章 士官生学习心理

案例导读

某专业士官生在填报高考志愿前想要报考自己喜欢的机械制造专业,但是由于父母常年从事土木工程相关工作,在父母的要求下,其被迫改报土木工程专业,自大一入学以来,该生学习非常散漫,没有正确的学习态度,非常排斥专业课老师,也不愿意与其他士官生接触、不主动参加学校组织的各项活动,经常旷课甚至不参加期末考试,几度产生过辍学的念头,教师在与家长沟通后也没有起到相应的效果,这种情况一直持续到大二。

本案例中的士官生由于不喜欢本专业,所以出现了厌学、逃课的状况。对所学专业不感兴趣、学习没有目标、学习没有动力是大学学习中常见的问题。我们要正确引导士官生明确士官生教育的本质。从高中升入大学意味着我们从一种学习环境进入了另一种学习环境。士官生在闲暇时间的诱惑有所增加、生活上要自理、管理上要自治,这种新的学习模式与小学、中学的学习方法和习惯有比较大的冲突。这就直接导致了许多士官生在进入大学校园后,不能适应这种学习和生活方式,在学习中出现了一系列的问题。

第一节 士官生的学习

经过高中阶段的学习后,怀揣梦想的高中生终于步入了大学校园,一种全新的学习生活即将从这里开始。大学的学习不仅仅指学习者要善于选择学习内容、学习途径、学习方式,也指学习者要使自身的学习活动符合自己的个性,设计趋向于目标的步骤,选择科学的学习方法,自如地开展学习,及时反馈问题,并进行自我调控。

一、认识学习

(一)学习的含义

广义的学习是指人和动物在生存发展过程中获得行为经验的过程。按照巴甫洛夫的学说,凡能建立条件反射的有机体都有学习的行为。例如,小孩伸手去摸开水壶时会感到烫手,这个孩子在体验到疼痛的滋味以后就再也不会赤手摸开水壶了。孩子由于有了疼痛的经验，就改变了不小心触摸开水壶的行为，这一条件反射的建立在心理学上称为学习。可见，从运动技能的获得到人类对文化知识、技术技能的掌握，再到思想和意识观念的形成等都是学习的过程与结果。

从某种意义上说，学习是动物和人共有的心理行为现象。动物的学习是动物个体对外界自然环境的适应性行为改变的结果，是行为经验的直接积累，是受生物学规律支配的。而人类的学习是相当复杂的，与动物的学习有着本质区别，除了具有同动物所共有的个体行为经验的直接积累以外，还具有以语言为媒介的学习，以及掌握社会和他人的知识经验的学习，等等。

认知心理学认为，学习是经验与知识的积累过程，也是对外部事物前后关系的把握和理解，以及改善系统行为的性能过程。

人类的学习是人类获得长期积累的知识和经验的特殊认知过程，这一过程必然伴随着学习主体的一系列心理活动。总的来说，学习过程中主要有两方面的心理因素在起作用。

一方面是智力因素，包括观察力、记忆力、想象力、思维能力等，其中以思维能力为核心，它们共同构成了一个认知系统，直接影响学习的效率并使学习活动得以顺利完成。另一方面是非智力因素，包括学习动机、学习兴趣、学习态度等，其中学习动机是非智力因素的核心问题，对学习起着始动、定向、引起、维持、调节和强化的作用。

狭义的学习是指通过阅读、听讲、研究、观察、理解、探索、实验、实践等手段获得知识或技能的过程，是一种使个体可以得到持续变化（知识和技能，方法与过程，情感与价值的改善和升华）的行为方式。士官生的学习属于狭义的学习。它是在教育目标的指引下，在教师的组织和引导下，掌握一定的系统知识和技能的过程，其以形成一定的世界观和道德品质为主要任务，是一种特殊的学习过程。其主要特点如下。

①学习是在教师的指导下，有目的、有计划、有组织进行的。
②学习内容以系统的知识为主，是间接经验的学习。
③学习过程是一个主动积极的过程，包含一系列复杂的心理活动。

（二）学习与学会

尽管我们可以在前面有关"学习"的简要论述中得到一些对当前的学习活动的认识，但这还是不够的，还不足以使我们对"学习"有更深的把握和追求，特别是在把握什么是学会这方面。学会是学习的目的，是我们对学习的追求。知道什么是学习与学会是至关重要的。

1. 人的学习成果以行为或行为潜能的改变为标志

学习是人获得新的行为经验的过程。例如，小学生在没有学过四则运算法则以前，不能正确解答包含加、减、乘、除运算的复杂算术题，而学了四则运算法则以后就能解答了，这说明学生的行为发生了变化。如果听课以后什么也不会，行为没有发生任何改变，那么这样的学习就不是有效的学习行为，也可以说是"假"的学习行为。

学习总会引起行为上的改变，这种改变标志着我们确实"学会"了。行为上的改变有时是外显的、外在的，有时是隐性的、潜在的。例如，让小学生学习30个汉字，半小时后进行测试，结果发现小学生正确掌握了20个汉字，这是外显的行为改变。但是，这并不意味着小学生对其他10个汉字完全没有进行学习，他们可能对汉字的学习没有达到立刻正确回答的程度。在以后的学习中，当小学生再次学习这10个汉字时，他们就会学得更快、更好，这说明他们的行为已经发生了外显的变化。

2. 学习引起的行为改变是相对持久的

无论是外显的行为变化还是潜在的行为变化，只有那些行为改变持续时间的较长的学习才能称为学习。这样的理解体现了我们对行为及其改变的一种追求，"学习"将深刻地影响人今后的行为方式，使人的行为反应变得更有"主观"意义。事实上，在学习过程中，总是有一些改变会持续一段时间（如记忆某些东西），有些时间短一点，我们要不断重复、强化，使之变得相对长一些：几分钟、两三个小时、几天、几个月或更长。需要指出的是，在我们的学习行为中，如果连很短的时间记忆或改变都不存在，那么就不是学习行为或是无效的学习行为，这在现实中是经常有的事情。有的士官生看似在学习（行为），可是却什么都没看到，注意力总是不集中，结果什么都没"学会"，这根本不是学习，也可以说不是有效的学习。

3. 学习是经验的传递、接受与积累

经验有两个含义，即直接经验与间接经验。直接经验是学习者通过亲身实践获得的感悟和体验。间接经验是对前人直接经验的总结和提炼。间接经验只有通过直接经验才能更好地被学习者所掌握，并内化为个体经验体系的一部分。

士官生的学习绝大部分是间接经验的学习，而前人的间接经验往往以文字、图像、声音等形式被保存和传播。那么，如何使这些以文字、图像、声音等形式保存下来的间接经验变成我们经验、经历的一部分呢？这是学习行为的一个难点。

在实际的学习过程中，一些士官生追求背与记忆的方法，以为只要记住就可以完成学习任务了。他们往往把学习的最终目标理解为记忆，这是一种误解。我们会发现，记住了也不"会"，原因是我们不知道"记住的"是什么事儿。我们需要了解文字、图像、声音等信息背后的实际（客观实际）情况，这样才能使间接经验转化成我们经验的一部分，我们也可以把这一过程理解为概念建立的过程。

二、士官生学习的特点

（一）自主性

在大学阶段，学习虽然也有一定的强制性，但较中小学要好得多。首先，大多数士官生的所学专业是由其自主选择的，是他们所感兴趣的。其次，士官生除了要学习基础知识外，还要掌握各种专门知识，成为某学科的专门人才。这就要求士官生必须善于自觉地、主动地学习。同时，士官生还可以根据自己的兴趣和爱好，选择某些选修课，独立地阅读各种书籍，制订学习计划，采用适合自己的有效学习方法，这体现出了学生学习的较大自主性。

（二）专业性

大学学习的专业性十分明显。士官生的学习实际上是专业学习，从入学开始就有了职业定向，经过几年的学习，士官生将逐步成为基础知识扎实、专业知识结构合理、能力强、创造性高、品行高尚的德智体全面发展的高级专门人才。

（三）多样性

士官生的学习形式多种多样。在大学，虽然课堂教学还是主要形式，但士官生可以依靠多种渠道来获得知识，同时大学的实践性教学活动占有很大的比重。因此，士官生要通过自学、讨论、听学术讲座、参加第二课堂等活动来获取知识，加强实验、实习、社会实践和科研等实践性活动，这些都是大学生增长知识和才干的重要途径。

（四）探索性

士官生的学习具有明显的探索和研究的性质。大学的教学内容由确定结论的论述逐步转向介绍各派理论观点和最新学术发展动向知识方面。人文学科的内容变化更大，知识更新更快。这就要求士官生的学习观念从正确再现教学内容向汇集百家之长、形成个人见解的方向转变。这些都带有明显的探索性质。

第二节　士官生常见的学习心理问题

随着学习生活由基础教育向高等教育转变，发展方向由升学为主向就业为主转变，部分士官生在学习方式和学习意志等方面必然会面临新的情况、产生新的问题。每个人都会遇到不同的学习心理问题，而这正是"成长的烦恼"之一。如何面对和解决这些问题才是真正的问题。士官生只有解决好学习心理问题，才能不断提高学习效率，成为具有创新精神和实践能力的高素质人才。

一、学习方法问题及调适

（一）学习方法问题的表现

士官生特别是大一新生面临着适应自主式学习的问题。一些士官生不能顺利地渡过这一阶段，走了不少弯路，找不到适合自己的学习方法，学习效果不理想，主要表现在以下几个方面。

1. 没有树立新的学习观念

大学教育方式和教学模式的改变要求士官生必须改变原有的学习观念。这种改变包括教和学两个方面的改变。一方面，在大学里，教师的教不再面面俱到，而是抓住理论的要点进行教学，讨论的话题也不仅仅局限于教材，常常是海阔天空的。另一方面，对于士官生来讲，除了要理解课堂上的学习内容外，还要大量阅读相关方面的书籍和文献资料，并且对学习材料的掌握有更加明显的精略之分，不能平均用力，因为大学里面的学习材料要比中学时多得多。许多大一新生在拿到一年的教材后往往都有"不知道怎么学，怎么才能学完这么多内容"的困惑。

2. 学习的具体方法不得当

大学学习除了教学模式的改变之外，还具有很强的专业性和自主性，这使得一些士官生没有找到行之有效的学习方法，表现在以下几方面。

（1）没有学会自学

士官生在校期间主要以自学为主，但有一部分士官生不知道如何自学，常常把"自习"当成"自学"，把自己独立地复习课堂知识的过程当成自学的过程，忽略了对知识的拓展和深化。换句话说，就是不知道自己除了课堂和教材之外还该学些什么？怎么学？

（2）不会分配学习时间

这里所说的学习时间分配是指在具体学习某个学习材料时的时间分配，它表现在两个方面。一方面是根据学习内容的难易程度来分配时间。一般来讲，对于比较复杂难懂的内容，士官生应该集中地用较短的时间去学习，这样可以保证学习者在一定时间内集中注意力，有利于理解并掌握那些抽象难懂的材料，不容易引起学习者的疲劳，有利于其提高学习效率。反之，则用较长的时间并分成几个阶段来学习。另一方面是指对同一个材料的学习时间分配要恰当，既不能太多也不能太少。心理学研究表明，过度学习即对材料已经基本掌握后的学习，对内容的保持率起着很重要的作用。过度学习越多，保持率越高。但有一点也要注意，过度学习超过50%之后，对内容的记忆效果则有下降的趋势。

（3）不会迁移

大学里专业学习的一大特色就是理论和实践的结合，这就要求士官生具有很强的迁移能力。迁移是指先前的学习或训练的内容对后来的类似学习或训练内容的影响。一部分士官生在学习的过程中缺乏正迁移的能力，无法将新学习的材料与原有的知识联系起来，然后逐渐扩展到新知识的范围，形成正迁移。他们不能将所学的知识融为一个系统，其举一反三、触类旁通的能力不强，无法真正掌握学习内容，面临着学习上的困难。

（4）抓不住学习重点

社会竞争日益激烈，士官生都希望自己能学到更多的谋生本领，希望在竞争中多一种优势。可这又导致一部分士官生陷入了学习抓不住重点的困难之中。他们常常感到要学习的东西太多，什么都想学，但又抓不住重点；刚学会这个，又想学那个，甚者这个没有学会，又去学那个了。除了学习专业知识外，他们普遍注重学习专业技能，常常到校外的辅导班去学习更多实用性的知识或技能，这加重了他们的学习负担。有的士官生过分看重社会上的各种"证书"，甚至为了"考证"不惜牺牲专业知识的学习时间，最终反而使自己的专业课考试亮起了"红灯"。由于在学习中抓不住重点，因此，他们在学习过程中常常主次不分。虽然自己疲于奔命，但学习效果却不理想，甚至给自己带来了沉重的心理压力。

（二）学习方法问题的调适

1. 树立正确的学习观

有什么样的思想，就有什么样的行为。学习观是对"为什么学""学什么""怎么学"等问题的系统认识。升入大学后，士官生在学习上会出现很多问题，如动力、态度、学习意志、学习方法等问题，所有这些问题的深层次原因都是学习观的问题。因此，要有正确的学习方法，首先就要有明确的学习观。

当代士官生应该树立的学习观念包括以下几个方面的内容。

①大潜力、高目标的学习观念。心理学研究表明，人的潜力是无穷的，普通人只用了全部潜力的极小部分。因此，没有不聪明的士官生，只有没有把潜力挖掘出来的士官生。只要树立起"我能行"的观念，相信自己潜力无穷，一切都将成为可能。心理学研究也表明，一个人的成就与一个人的志向和期望水平成正比。志向和期望水平太低，必定会降低一个人的进取心和成功欲，从而阻碍一个人好成绩的取得；志向水平高的人更有可能取得好成绩。

②自主学习的观念。自主学习建立在自我了解的基础之上，在对自己的水平进行评估、优劣进行比较后，士官生应根据学习的目标进行自我选择，按照自身的具体状况安排学习过程。

③科学学习的观念。学习是要讲科学的，学会学习也是一门学问。

④创新学习的观念。创新既是士官生学习的特点，也是士官生学习的目的。士官生的创新学习具有能动性、独立性、超前性和参与性的特征。此外，勤奋学习、实践中学习、全面学习等观念对士官生而言也非常重要。

2. 掌握行之有效的学习方法

学习方法不是千篇一律的，每个人的具体情况不一样，具体的学习方法也不一样。对士官生来讲，行之有效的学习方法有以下几种。

①抓住重点，主次分明。人的精力是有限的，要想将有限的精力投入到无限的学习中去，就必须抓住重点、主次分明。要做到主次分明就要处理好学习专业理论知识和拓宽知识面之间的关系、课堂内容和课外阅读之间的关系、理论学习和"考证"之间的关系等。

②合理安排学习时间。评判士官生学习好坏的标准不仅仅是成绩，还有社会实践和操行评定等内容。大学几年里要做的事情实在是太多了，如果不能好好分配学习时间，要想获得优异的成绩几乎是不可能的。从大处来讲，时间安排指理论学习和社会活动、社会实

践之间的时间分配，虽然三者对于士官生成才缺一不可，但从士官生的角度来讲，理论学习应该是耗时较多的，社会活动和社会实践次之。从小处来讲，时间安排指课程学习和知识拓展之间的时间分配，不同课程之间的时间分配，以及具体的学习日程的安排。这是关于学习的具体时间规划，是学习落到实处的保证。

③培养良好的学习习惯。教育家叶圣陶老先生曾经指出："简单地说，教育就是要养成习惯。"同样，在我国古代也早就有了"少年若天性，习惯成自然"的说法。其实一切教育都可归结为养成良好习惯的过程。习惯是一种顽强而巨大的力量，它可以影响人的一生，因此，人从幼年起就应该通过教育培养一种良好的习惯。良好的学习习惯包括：制订学习计划、利用空闲时间、杜绝浪费现象、牢牢抓住今天。

④掌握必要的学习技巧。学习是不能投机取巧的，掌握一定的学习技巧往往会产生事半功倍的效果。比如，利用正迁移原理，将知识系统化，学会举一反三、触类旁通；遵循记忆规律及时复习、使用意义记忆法等；再比如，要科学用脑就必须讲究用脑卫生，因为人的大脑虽然只占人体重的 1/50，但它却要消耗人体所需氧气的 1/4，而人大脑中的血液流量就占了心脏整个排血量的 1/5，因此，大脑是容易疲劳的，有"兴奋状态"和"抑制状态"之分。当大脑在"兴奋状态"的时候，我们就要努力学习，当其在"抑制状态"的时候，我们就要好好休息，不然就只能事倍功半。

科普知识

PQ4R 学习方法

由托马斯和罗宾逊提出的 PQ4R 方法是一种能有效帮助士官生理解和记忆的学习方法：P 代表预览，Q 代表设问，4R 代表阅读、反思、背诵和回顾。PQ4R 方法可使士官生集中注意力，有意义地组织信息、使用其他有效的策略，如设问、精细加工、过一段时间后复习等。PQ4R 技术的具体使用步骤如下。

浏览：快速浏览材料，对材料的基本主题和副主题有一个初步的了解。注意标题和小标题，找出你要读和学习的信息。

设问：阅读时自己问自己一些问题。根据标题用"谁""什么""为什么""怎样"等疑问词提问。

阅读：阅读材料，不要泛泛地做笔记，并试图回答自己提出的问题。

反思：通过以下途径，试图理解信息并使信息有意义。①把信息和你已知的事物联系起来；②把课本中的副标题和主要概念及原理联系起来；③试图消除对呈现的信息的分心；④试图用这些材料去解决联想到的类似问题。

背诵：通过大声陈述和一问一答的方式来反复练习以便记住这些信息。你可以使用标题、划了线的词和对要点所做的笔记来提问。

回顾：积极地复习材料，自己问自己一些问题，只有当你答不出来时，你才需要重新阅读材料。

二、学习意志问题及调适

有些士官生有学习的欲望和动机,也了解学习的方法,但就是无法坚持下去,好不容易制定好学习计划,没几天就放在一边了,这是因为他们的学习意志薄弱。学习意志是指学习者自觉地制订学习目标,调控自己的学习行为,克服学习困难,并最终实现预定学习目标的心理过程。

(一)学习意志问题的表现

1. 学习自制力不强

学习自制力是指学习过程中自我克制、自我约束的能力。学习自制力缺乏的主要表现如下:随心所欲、做事拖沓、懒散;情况一旦发生变化,学习行动就乱了方寸,难以像往常一样坚持下去;当事情进展不顺利时,试图退而求其次或绕道而行;等等。

2. 学习自觉性不高

学习的自觉性是指士官生能独立地、自发地完成学习任务。学习自觉性不高的表现如下:没有自己独立学习的习惯,行为容易受到他人的影响和干扰,学习主要依靠他人的启发、引导和督促才能完成。

3. 缺乏学习的坚定性

学习的坚定性是指学习者能够坚持学习计划,排除一切障碍,有一种不达目的绝不罢休的劲头。缺乏学习坚定性的表现有知难就退、不能持之以恒或经常转移目标等。

4. 缺乏果断性

果断性是指士官生能够及时地做出理智的选择和正确的决定并执行,缺乏果断性的表现为在学习过程中遇到干扰或诱惑时,难以迅速排除或坚决抵制,结果会耽误时间,浪费精力,影响学习计划的完成。

(二)克服学习意志问题的方法

1. 目标导向法

士官生要明确生活目,树立生活理想,找到努力的方向。这样才能克服重重困难,顺利实现目标。但是必须注意设立的目标需恰当,不能太难,目标太难达不到就会打击信心,但也不能太易,太易则失去了意义。士官生也可以向榜样学习,通过对榜样的目标导向法的认识和学习来培养自己的意志力。士官生容易受到榜样的影响,所以榜样的作用是明显的。

2. 监督训练法

这种训练法通过班主任和同学的民主监督来达到培养士官生自制力的目的。每个人都会受到外界的诱惑,一些士官生在一开始能够抵制诱惑,也设立了目标,但是一旦真正实施起来往往不能坚持。比如，有的士官生容易受到网络或一些不良书刊的影响，不能很好地在预定的轨道上坚持下去，所以老师和同学要对其进行监督，以帮助他们克服自制力不强这一弱点。

另外，除了告诫自己不要懒惰以及要多抵制外界的诱惑外，还可以让自己多参加集体活动，在活动中树立集体荣誉感，并借此来约束自己的行为，这样也可以锻炼自己的自制力。

3. 挫折训练法

挫折训练法是指通过以苦锻志来达到培养士官生意志力的目的。没有困难，就没有意志，只有经历不断的挫折考验，不断地增强耐挫力，我们的意志力才会提高。挫折是人生中不可避免的，有的人跌倒了能爬起来，有的人稍遇挫折便一蹶不振。这就关系到一个耐挫力的问题。士官生可以从学习和生活上的小事入手，通过战胜挫折来培养自己坚强的意志力。学习中，遇到问题时不要马上向老师求助，应自己开动脑筋，养成独立思考的习惯。这会使我们养成一种耐挫力，使我们的意志品质得到不断的完善。

4. 情感激励法

情感跟意志有着十分密切的联系，当人的某种情感对人的活动起到推动或支持作用时，这种积极的情感便会成为意志行动的动力。中国男子游泳运动员孙杨自2003年进入国家队后，大师兄吴鹏就成为孙杨仰慕的对象。2007年墨尔本游泳世锦赛是孙杨参加的第一次世界大赛。最让孙杨震撼的是，吴鹏竟然敢于向菲尔普斯叫板，并且收获银牌，从此孙杨萌生了要当世界冠军的雄心壮志。师兄的成功激励了他，最终他凭借个人努力实现了冠军梦。这就是情感激励法的作用，它激发了意志的力量，促使孙杨发挥出了身体的潜能。同样，如果能够在士官生中恰当地运用情感激励的方法，就能很好地激发个体意志的力量。

5. 习惯锻炼法

习惯是一种经常化、自动化的行为方式。好习惯的培养和坏习惯的克服都需要意志力的参与。也就是说，习惯可以磨炼意志。首先，好习惯的养成离不开意志的努力。习惯的养成不仅靠一些无意识的重复，有些还需要我们有意识地去培养。比如说早起跑步，坚持锻炼，不仅要坚持每天早起，不睡懒觉，而且不论严寒酷暑，我们都要一如既往、风雨无阻。其次，从坏习惯的克服上说，战胜任何坏习惯都是意志和人类惰性较量的过程，这是对人类意志的考验。若我们要养成一个新的习惯，就必须首先克服旧的习惯，这需要我们付出更大的努力。所以说，不管是好习惯的培养还是坏习惯的克服，我们都需要不断地完善自我，不断地提升我们的意志力。

克服学习意志问题就要从小事做起，努力控制自己，不达目的不罢休。在学习生活中，要注重自我检查、自我约束、自我监督、自我调节和自我鼓励。例如：制订合理详尽的学习计划；通过自我鼓励和民主监督来严格执行；通过与身边好友进行比较来促使自己奋力追赶，努力赶上或者超过他们；通过各种考试来促进自己对学习的坚持和努力；等等。

意志的培养不是一蹴而就的，常常要经过不断努力才能达到。要坚定自己一定能行的信念，并通过内在的努力和外在的监督使优秀的品格坚持下去，从而培养自己坚强的意志。

三、考试心理问题及调适

考试是每个士官生都必须要面对的事情，每个人都希望在考场上发挥出最佳水平，考出好成绩。但现实的情况是，有些士官生考试的结果与自己付出的努力不匹配，甚至因为过度焦虑而功败垂成。

（一）考试心理问题的表现

1. 考试焦虑

考试焦虑通常是指考试过程中，由于担心自己考试失败有损自尊而产生的一种忧虑的情绪反应。适度的考试焦虑有助于调动士官生的心理能量和生理能量，使之全力以赴、注意力更集中、记忆力更强、思维更敏捷，对考前的复习具有积极的促进作用。过度的考试焦虑则会造成高度忧虑和紧张，产生负面影响。过度考试焦虑主要表现为考前紧张恐惧、心烦意乱、喜怒无常、失眠、记忆力减退、注意力不集中、学习效率下降等。

2. 应试怯场

应试怯场是过度的考试焦虑在应试时的反应。它是指士官生在应试过程中因情绪激动、过度紧张、恐慌而造成思维和操作困难的一种心理现象。其主要表现有心跳加快、呼吸急促、满脸通红、头昏、恶心、思维迟钝、晕倒等。造成应试怯场的生理原因主要有考前复习阶段睡眠过少、过度疲劳或生病造成的疾病等；心理原因主要有压力过大，缺乏信心，准备不充分等。另外，考试气氛过于紧张，考题太难等也会造成应试时的怯场心理。

（二）考试心理问题的应对方法

1. 正确认识考试

考试是衡量学习效果的手段之一，它能在一定程度上反映一个人的学习能力和知识水平，重要的考试能在一定程度上影响人的发展。但它不能全部反映一个人的学习能力和知识水平，更不能决定一个人的前途和命运。

考试焦虑的主要原因是担心自己考不好，所以改变这种自我破坏的思考方法可能是最好的解决方法。如果把考试焦虑中困扰自己的想法或烦恼列一个清单，然后就可以针对清单中的每一个问题，学习运用冷静和理智的回答来消除自己的担忧。例如，考生可能会想："如果我在这次考试中考砸了，所有的士官生都认为我是个笨蛋。"通过对认识的重新建构，这位士官生可以这样想："如果我准备充分并能控制我的情绪，我一定会通过这次考试。即使我不能通过考试，这也不是世界末日，我的朋友仍然会喜欢我，而且我在下次考试中还有机会。"不论考试有多难，那些善于应付考试的人总是采取一种现实的态度，他们既尽力而为，同时也不抱幻想。所以应把考试放在一个合理的位置，"战略上重视它，战术上轻视它"。

2. 考前认真复习

有些考试焦虑的士官生是因为没有很好地复习功课，着手太晚。因此，应对考试焦虑直接的方法，就是在考试前努力复习。另一个方法是在考期到来之前进行全面的复习，把知识掌握牢固。准备充分的士官生一般考分高，焦虑少，不过度紧张。一些士官生在学习中缺乏技巧，对他们来说，提高学习技巧是克服考试焦虑的一个有效方法。

要取得优异的考试成绩，除了平时勤奋学习之外，还要进行有计划的复习。考试前认真总结复习，熟悉考试要求，做到"胸有成竹"，考试时自然就不会出现异常现象。

3. 注意身体健康，学会放松

考前复习和应试阶段要充分保证有足够的睡眠时间，适当增加营养，进行适度的体育锻炼，做到劳逸结合，保证有充沛的精力、清醒的头脑、健康的身体和良好的情绪。

放松是降低考试焦虑的一个方法。如果能从别人那里得到情感上的支持，那么参加考试时的焦虑程度就会降低。因此，不妨在考试之前和老师谈一谈有关问题，与朋友或同宿舍的室友一起准备考试，这些都会对考试有所帮助。

4. 掌握应试技巧

掌握和运用应试技巧能有效地消除考试焦虑和应试怯场的情形。比如：考试前做到心中有数，使自己放松下来；做题时先易后难；考试时不要把注意力放在答案正确与否上。

5. 考前演练

考前演练和模拟是降低考试焦虑的一种好方法。在演练前，先想象自己一头雾水、考试超时或感到恐慌，然后镇定地计划自己如何应付每一种场面，如何把注意力集中在任务上，如何一次只集中解决一个问题，等等。

6. 寻求专业人员的帮助

考前如果感到难以克服考试焦虑，或者已经出现了过度焦虑或怯场的情况，这时就需要寻求专业的心理老师或心理咨询师的帮助了。

四、网络成瘾及预防戒除

（一）网络成瘾的概述

"网络成瘾"即"互联网成瘾综合征"，它是一种现代新型的心理疾病。国外有学者将其定义为强迫性的过度使用网络和剥夺上网行为之后出现的焦躁情绪和行为。最早提出"网络成瘾"概念的是美国纽约市的心理医生依凡·金伯格，这一概念提出之后迅速引起了美国临床心理学家的广泛关注。网络成瘾的患者通常会没有理由、无节制地花费大量时间和精力在互联网上持续聊天、浏览网页和玩游戏，以致影响了生活质量、降低了工作效率、损害了身体健康，并在生活中出现了心理障碍、人格障碍。

(二)网络成瘾的主要特征

1. 强烈的依恋性

一些士官生在网络上交友或玩游戏时,经常扮演与自己实际身份和性格特点相差悬殊甚至完全相反的虚拟角色,还同时拥有多个分别代表着不同身份和性格特点的网名。在这种情况下,他们经常面临着虚拟生活和现实生活之间多重角色差异引起的角色冲突问题。部分士官生的心理和行为被上网这一活动所支配,上网也演变为其主要的心理需要,上网时间和精力所占比例逐渐加大,进而导致了个体生物钟的紊乱。当无法上网时,他们就会产生强烈的上网欲求,甚至产生烦躁和不安的情绪及相应的生理和行为反应,上网后情况则会好转。上网在其生活中占主导地位,其工作和学习动机下降,生活质量下降。

2. 情感淡漠

相比之下,一些士官生对网友比较热情,对自己的亲人却比较冷漠,他们情绪低落时不愿向家人和朋友表露,常常把情绪隐藏起来,转而在网上倾吐和宣泄。另外由于家人对其上网进行限制,因此他们常与家人发生冲突。

3. 人际交往范围变窄

一些士官生往往追求较高的社会认可度,但在现实生活中的交往却遇到了相对较多的困难,从而产生了严重的社交焦虑症状。网上社交的游刃有余与现实生活的不断受挫折这两者之间的反差势必导致更多的重复上网行为。一些士官生将自己的人际交往转入虚拟的网络空间,其现实的人际关系逐渐恶化,对周围的人和环境往往采取逃避或对抗的态度。另外,他们的语言表达能力也不断下降,出现了人际交往障碍。

4. 意志力薄弱

一些士官生虽能意识到过度上网所带来的危害,企图缩短上网时间,但总以失败告终。经过一段时间的强制戒除之后,他们就会变得焦躁不安,不可抑制地想上网,最后成瘾行为反复发作,并且表现出更为强烈的倾向。

(三)士官生网络成瘾的危害

第一,腐蚀灵魂。色情和暴力文化对人们的心理冲击是非常大的。一些暴力游戏,色情电影、图片及文字等消极信息有时会出现在一些网页上,这些不健康的内容造成部分士官生过分放纵,法律及道德观念淡薄,人生观、价值观扭曲,继而迷失方向。美国的调查资料显示,由于一些媒体大肆渲染色情和暴力场面,因此美国社会暴力犯罪不断,人们的安全感和道德意识也大大降低。

第二,荒废学业。士官生本应以学知识为主要任务,然而一些士官生迷上游戏和聊天后,便整天想着电脑里的事,不能集中精力听课,不能按时完成作业,或者干脆不上课、不做作业,只对网络"一网情深",其学习成绩不断下滑,有些甚至无法顺利完成学业。

第三,激化矛盾。有的士官生把网络当成现实世界,与网友谈恋爱,有的因此争风吃醋,继而引发一些恶性事件或被骗上当等事端。有的士官生为了能上网,不惜用掉自己的学费、生活费,到处借钱,陷入"经济危机"中。有的为了能上网,丧失了人格和自尊,欺骗父母。有的因此走上了违纪违法的道路。

第四,疏远情感。网络对士官生的人际交往产生了巨大影响。网络打破了人际交往的时空限制。互联网信息中心的一份调查显示,青年上网聊天占了他们上网时间的90%以上。一个人上网的时间越长,在现实中与人打交道的机会就会越少,这样人—机—人的交流就会逐渐取代人—人面对面的交往,人际情感是需要人与人的社会交往来维持的。网上交流时人们的音容笑貌以数字化方式在屏幕上传播,缺乏现实情感的真实体验,必然导致个体对现实情感的疏远,使亲朋好友的感情逐渐淡化。如果长时间与电脑打交道便减少了与外界接触的机会,这样个体便会对网络产生无形的眷恋和过多的依赖。这造成了"网上是社交高手,网下是孤家寡人""人机热,人际冷"的情况。这样也就造成了人际情感的逐渐萎缩,从而也使人际信任产生危机。

第五,影响健康。有研究证明,长时间上网会使大脑中一种叫多巴胺的化学物质水平升高,这种类似于肾上腺素的物质短时间内会使人高度兴奋但时间长了就会使人变得颓废、消沉。一份调查资料显示:长时间无节制地上网会导致青光眼、肺病变、中枢神经失调,它使人情绪低落、睡眠出现障碍、生物钟紊乱、食欲下降、体重减轻、精力不足、自我评价降低、思维迟缓、不愿意参加社会活动、不愿与人交往、性格孤僻,最终使人神经衰弱并患上严重的精神疾病。

(四)士官生网络成瘾的预防与戒除

信息时代的到来给人们带来了前所未有的便利和享受,它以其无所不包的信息源使整个世界变得似乎都可以触摸,把人们带入了一个丰富的信息海洋。然而,就在我们尽情享受网络的同时,也有一些人尤其是青少年上网成瘾,为自己和社会带来了负面影响和危害。

那么,怎样预防和戒除网瘾呢?下面从自我心理调适的角度介绍几种方法。

1. 正视危害

沉迷于上网,尤其是沉迷于黄色网站,危害极大。它会使人迷失于虚拟世界,变得自我封闭,与现实世界产生隔阂,会严重影响我们的学习,甚至使我们中断学业。久而久之,它还会影响个体正常的认知、情感和心理定位,导致人格的偏离,甚至造成意想不到的可怕后果。有的因上网成瘾,神情恍惚,人格扭曲,无心读书,中途辍学;有的因无钱上网而违法犯罪;有的连续几天几夜泡在"网吧",不思食寝,过度疲劳,最终猝死在"网吧"。对于上网没有成瘾的人来说,如果每天12个小时坐在电脑面前,那么也很可能会缩短自己的寿命。

2. 请人监督

对于戒除"网瘾"来说,寻求别人的支持和帮助非常必要,最好的办法是找到一个能够帮助你克服这个问题的人。这种支持可来自同学、老师、朋友和家庭,可先向他们讲明自己戒除网瘾的计划，请他们监督；当"网瘾"发作时，请他们及时提示，并帮助自己克服。平时要多与学习好的士官生在一起，与他们一起上课、一起自习、一起交流，在他们的带动和帮助下，你更容易抑制网瘾，把精力集中到学习上。当你取得一点小成功时，比如已经按计划实行一周，不妨对自己进行奖励或暗示，学会为自己加油。

3. 科学安排

预防或戒除网瘾，很重要的在于自己能科学合理地安排上网时间和内容，尤其要与自己约法三章。一是控制上网时间。每周2～3次，每次上网的时间一般不超过2小时，且连续操作1小时后应休息15分钟。尤其是夜晚上网时间不能过长，就寝前一定要提前回到宿舍，按时睡觉。二是限制上网内容。每次上网前，一定先明确上网的任务和目标，把要完成的具体任务和内容写在纸上，按需点击，不迷恋网上游戏，坚决不浏览黄色网站。三是准时下网。上网之前，根据任务量限定上网时间，时间一到，马上下网，不找任何借口，不原谅自己，不宽容自己。

4. 预防为主

对于大部分人来说，一旦患上网络成瘾症，要戒除会很困难。因此，预防是治疗网络成瘾症的最好良方。一是提前打好"预防疫苗"。社会、学校和家长都要通过各种宣传途径使士官生在看到上网好处的同时，也看到其可能带来的危害；采取各种有效的方法，坚决杜绝浏览黄色网站，不玩或少玩网络游戏。二是丰富日常生活。平时积极参加社会、学校等方面举办的各种有益活动，注意培养自己良好的兴趣、爱好；多与家长、老师和其他士官生交流沟通，获得精神上的慰藉与成长。三是及时遏制上网有瘾的苗头。当你出现上网有瘾的苗头时，立即采取有效措施，及时控制自我，决不宽容自己，以防止网络成瘾症的发生。

5. 以新代旧

在戒除某种习惯时，这种习惯仍有很大的诱惑力，这是正常的心理现象。有的心理学家把这种情况比喻为冲浪者所面对的阵阵波浪。这种有诱惑力的"波浪"虽然会出现，但在3～10分钟内就会自行消退。在"波浪"来时，可事先思考如何运用"冲浪技巧"。在戒掉"网瘾"的一段时间内，个人的情感需要并未结束。此时，需要用一种新行为、新习惯来替代老习惯所产生的满足感。上网成瘾或者是正在戒网瘾的青少年要注意培养新的爱好和习惯，要多参加一些自己喜欢的活动，多做一些自己感兴趣的事情，用自己的新行为和新习惯来代替上网习惯，冲破网瘾诱惑的阵阵波浪。

6. 寻求帮助

当你自己无法解决网络成瘾问题时，一定要积极主动地寻求专业人员的帮助。一是可以向心理咨询师进行咨询，心理咨询师会帮助你走出网络成瘾的困惑。二是可以参加团体心理训练，这是戒除网瘾的一种很有效的方法。团体训练是多种咨询理论的综合利用，通过丰富多彩的群体互动活动，对你产生感染、促进和推动作用，帮助你改变认知、改变心态，获得心理上的提升，同时学会制定自我管理的行为契约，根据目标行为完成与否进行正强化或负强化。这种相互监督的契约是对各自上网态度与行为的承诺，由于这一承诺是在群体中做出的，那么遵守它的动机与压力就强多了。因此，参加团体心理训练对于预防或戒除网瘾会有显著的效果。

第三节 士官生终身学习与潜能开发

当今世界正在发生飞速变化，新情况、新问题层出不穷，知识更新的速度已经大大加快。想要适应不断变化发展的世界，就必须把学习从单纯的接受一次教育转变为一种生活方式，努力做到活到老、学到老，终身学习将会是21世纪人的通行证。因此，新时代人人都需要树立起终身学习的理念，而读书是学习的一种最常见的方式。

一、士官生终身学习的养成

（一）终身学习的概念

终身学习是指每个社会成员为适应社会发展和实现个体发展的需要，将学习贯穿于人一生的持续的学习过程，即我们常说的"活到老学到老"或"学无止境"的思想。在特殊的社会、教育和生活背景下，终身学习理念得以产生，它具有终身性、全民性、广泛性等热点。终身教育和终身学习理念被提出后，各国都普遍重视并积极探索。终身学习启示我们应树立终身教育思想，使士官生学会学习，更重要的是使士官生养成主动的、不断探索的、自我更新的、学以致用的和优化知识的良好习惯。

（二）提倡终身学习的原因

1. 学习是我们工作和生活的需要

有研究指出，在离开校园后的两到三年内，在学校学习的知识就会被淘汰一半以上，甚至更高。由于新知识入选到课本中需要一定的时间，且课本的更新有一定的周期性，因此我们踏出校门的时候，就有一部分知识已经落伍了。想要胜任当前的工作，想要过更好的生活，我们就要通过学习获得新的知识和技能。

随着科技的日新月异，我们进入了知识爆炸的时代。短时间内不学习也许看不出什么差别，但是两到三个月不学习，我们就会和别人产生一定的差距，更不要说两到三年的时间了。换句话说，为了更好地工作和生活，我们不得不学习。

2. 学习是个人自我发展和提高的基石

进入部队一段时间之后，士官生对自己的认识更加清楚了，他们渐渐总结出了自己的优势和劣势。如何把自己的强项发挥到极致，如何避免知识和能力上的不足带来的劣势，并通过及时的学习和实践来提高个人的水平，不断扩大自己的视野和格局，这是值得我们思考的。知识和能力并非天生的，而是我们通过努力学习获得的。每个人都希望自己可以得到充分的发展，而发展和提高的前提是学习。

此外，从功利的角度来看，学习会为我们带来一些正面的影响，如学历的提升、文凭的获得、专业认证的通过等。有时我们已万事俱备，但就因为缺了一张文凭或证书而失去了进一步发展的机会，这会使我们遗憾。

3. 学习本身是最有乐趣的事情

除了上述原因以外，学习本身的乐趣是最大的原因。学习带给我们的愉悦感受常常超过任何感官的体验。

在《真实的幸福》一书中，作者提到幸福有两种。一种是愉悦，单纯地来自感官，是即时的，如吃了一顿美食、看了一场精彩的表演、满身风雪到家后洗了一个热水澡等，这些虽然会给我们带来愉悦的感受，但却是暂时的，持续的时间不会太长。另一种是满足，指的是经过千辛万苦获得了突破，通过努力使自己得到了提高。这种成就感带来的满足感将持续相当长的一段时间，并且这种感受的深刻程度是感官的愉悦无法比拟的。

有时，我们会全心全意去做一件事情，完全沉浸于其中而不受干扰，此时产生的满足感不是即时的愉悦。事实上，当我们完全沉浸于某样东西中时，我们可能是没有意识也没有感觉的。作者列出了达到"满足"的境界需要的几个条件——具有挑战性且需要技术，注意力集中，目标明确，有反馈，深深的投入，控制感，忘我，时间停止。学习满足其中绝大部分的条件。

真正能体验到学习乐趣的人是非常享受这种快乐的，而且会不断地追寻和突破。不少哲学家和科学家，生活非常朴实，也不追求任何的享受。他们沉浸在学习和钻研的海洋中，这种学习带给他们的满足感是其他任何形式的快乐所不能比拟的。

对于普通人来说，这种要求似乎太高了一点，然而我们也可以尝试着从学习中得到乐趣。只要能体会到学习本身的快乐，学习就不再是一种负担和煎熬，而是一种享受和乐趣。从这个意义上来说，学习是人生最大的快乐，是人类的基本需要。

（三）终生学习的途径

1. 课堂学习

课堂学习包括最常见的学历进修，如读硕士研究生、博士、MBA、工程硕士等。这种学习的好处是，有老师的指导以及最终的文凭，比较容易坚持；课程设计往往是系统性的，各种课程相互关联，可以使自己产生全局系统的认识，可通过考试和作业加深和巩固；在课堂上，我们可以一起探讨，不仅从课堂中学，还能从别的士官生那里学习。

培训是另一种形式的课堂学习。有的培训针对行业知识，有的针对软技能，如沟通、谈判、领导力等。培训的特点是针对性强、实用性强，效果好的培训往往立竿见影，对于个人能力的提升很有帮助。

第三种常见的课堂学习是各种行业会议，其特点是与工作的关联性比较强，可以学以致用，可以与不少业内人士交流，他们相互之间有共同语言，可以了解行业的进展和知识，相互间的交流往往使彼此产生更多的共鸣和思想火花。

2. 自学

首先推荐的是网络课程。现在各大名校都有网上课程，且是免费的，搜索一下就可以找到。很多国外名校的课程也有人做了汉化和翻译，学习起来语言肯定不会成为问题。网易公开课、可汗课堂、TED等都是优质的网络学习资源。相对来说，TED比较零散，很多名校课程诸如哈佛、牛津、剑桥、耶鲁、斯坦福等的课程都是系统性的，跟碎片化的学习完全不同，学完一整套后收获会非常大。

其次是从书本上学。书本是我们学习的最好工具，只是现在多媒体越来越发达，不少人开始渐渐脱离了书本。仔细阅读书，尤其是经典图书，我们会获益良多。当阅读经典的时候，我们会发现很多我们百思不得其解的问题前人已经思考过了，并且给出了精辟的解答，而有些人依然在钻牛角尖，这是原因是他们不读书，或者读的书太少。静下心来好好读书，从书本上学习，这是我们自学的一个最重要的途径。

3. 向别人学习

首先，可以向本行业的有经验的前辈或比自己强的人学习。这种方法的好处是，在同一个行业中，相互之间比较了解，背景也一样，容易沟通；行业讨论中大家比较有共鸣，做的工作类似，学习起来会比较快。看再多的书，学再多的知识，有的时候都比不上真真切切地看到一个能作为自己楷模的人影响深远。有时只有亲眼看见别人的眼界、思维和胸襟，才会信服，才能明白自己的不足。很多时候遇到某个人后，生命轨迹就会从此改变。

其次，可以向其他行业的人学习。虽然行业不同，但抛开具体操作，在某些能力方面彼此是相通的。当做到一定高度的时候，行业就不再是壁垒，越往上，越是战略、格局、领导力方面的事情，越是接近。向别的行业学习的好处是，我们可以换一个视角看问题，了解世界的多样性，跳出自己思维的局限，让眼界更开阔。不同行业之间的学习会使我们领悟更深，从更高的层次看待和思考问题。

关于学习的名言有很多，如"吾生也有涯，而知也无涯""路漫漫其修远兮，吾将上下而求索""学而时习之，不亦乐乎""学海无涯苦作舟"。如果觉得学习是一件很苦的事情，需要动用意志力来逼自己去做，终究是难以长久的。只有真正体会到学习的乐趣，沉浸于其中而感觉不到时间的流逝，通过学习不断地得提高自己，才能把终身学习变成一种积极的生活方式。

（四）提高士官生学习的积极性

大学学习阶段是士官生进入部队前的最后一个较为系统的学习阶段，将来他们要把先进的思想、文化、精神带入部队，在部队里将通过学习知识、运用知识来建设我们的国家。因此，提高其学习积极性对其学习活动会产生巨大的推动作用。

1. 士官生学习积极性不高的原因分析

一部分士官生对学习不感兴趣，缺乏主动学习的热情。比如：在理论课教学中，有的士官生有厌学现象，课堂气氛比较沉闷；在实践课教学过程中，有的士官生发言不积极、行为散漫。从表面上看，是士官生对学习不重视，实质上是士官生缺乏求知欲，没有学习的积极性。究其原因，主要有以下几点。

一是士官生文化基础薄弱。有些士官生由于入校前文化基础差，学习吃力，跟不上教学进度，所以不愿学习。这极大地挫伤了士官生的学习积极性，也给正常教学带来了较大困难。

二是有些教师的教学方法不恰当。有的教师在上课过程中灵活性、针对性不强，上课艺术性不强；有的教师上课灌输多、启发少，互动性差，讲课不能吸引士官生的注意；有的教师照本宣科地读教材，讲得多、练得少。这些导致士官生提不起学习兴趣，不愿学习。

三是部分士官生学习方法不当，学习效果不明显，没有学习成就感，进而逐渐失去了学习兴趣。一些士官生没有课前预习、自学的习惯，学习的主动性差，学习效果差，进步不大。

四是教学条件不能完全满足教学需要。士官生的培训是面向部队的教育，因此在教学过程中应侧重的是实践教学。但是教学课时以及装备、场地等教学条件的限制导致实践课程教学环节不足，士官生感到教学内容枯燥乏味，没有学习兴趣。

除此之外，当前我军对士官的录取政策、部队编制、士官的服役年限等现实因素，也在一定程度上影响着士官生在校学习的积极性。

2. 提高士官生学习积极性的对策

实践证明，要取得良好的教学效果，教师在授课过程中就要发挥良好的主导作用，激发士官生的学习主动性，充分调动其学习积极性。士官生在学习过程中要着重解决好以下几个问题。

一是认识学习的重要性。学生可以通过阅读、听讲、思考、研究和实践等途径获得知识或技能。我们只有用知识武装自己的大脑，才有机会找到适合自己的位置和方式，才有可能最大限度地实现自己的人生价值。

二是激发学习兴趣。在课堂中，我们要认真学习教师讲授的知识和传授的技能，思考这些知识和技能能解决什么实际问题，从而激发和培养正确的学习动机。

三是建立良好的师生关系，营造和谐的课堂气氛，消除士官生自身的畏惧心理，拉近其与教师之间的距离，增进他们与教师之间的情感交流，提高他们的学习效率。一方面，士官生要与老师多沟通，让老师了解自己。另一方面，在学习过程中，要主动参与教学活动，获得积极的情感体验，使自己的学习兴趣不断加强。

四是找到适合自己的学习方法。"工欲善其事，必先利其器"说的是我们想做好一件事，很重要的一点就是拥有精锐的工具、掌握恰当的方法，从这句话我们也能发现，掌握好的学习方法的重要性。士官生要结合本专业、本课程的实际情况，找到适合自己的学习方法。这样才能产生事半功倍的效果，从而提高学习的积极性。

二、士官生潜能的开发

联合国教科文组织国际教育发展委员会在《学会生存》一书中指出："人的大脑中还有很大一部分潜能未曾加以开发和利用，而且这种未开发利用的大脑潜能竟高达90%以上。"潜能是人的成长和发展过程的一种隐性功能，人类潜能的开发遵循着"用进废退"的规律，即人们越开发，潜能越能外现；人们越不开发，潜能隐藏越深，让你在看不见、摸不着中悄然逝去。美国心理学家詹姆斯认为，一个健康的人其实只运用了其能力的10%；美国心理学家奥托则认为一个人发挥出来的能力只占其全部能力的4%；苏联学者甚至认为，如果迫使我们的大脑达到一半的工作能力，我们就可以轻而易举地学会40种语言，将一本苏联大百科全书背得滚瓜烂熟，还能学完10所大学的课程。可见，人类蕴藏着丰富的潜能，这些潜能等待着每一个人去开发、去利用。

士官生作为我国社会主义事业建设的接班人和主力军，其机体功能尤其是大脑机能，已基本成熟并逐渐趋于完善，他们不仅具有较高的感知能力和观察能力，还具有强烈的求知欲望和运用潜能的热情，更重要的是，他们正处于人生开发及运用个人潜能的黄金时期。

（一）潜能的内涵

潜能是指人自身潜在的、尚未开发出来的能力，它包括体力潜能和脑力潜能。脑力潜能包括智力潜能和情感潜能。智力潜能是一个人许多能力的总和，包括观察力、注意力、记忆力、想象力、思维力、创造力等。脑力潜能也被称为智力因素。

我们将非智力范畴内的一切心理潜能定义为情感潜能，它与人的动机、兴趣、情感、意志、性格、心理倾向有关。情感潜能也是一种思维活动，它主要受观念、伦理道德、个性、爱好、兴趣等非智力心理因素的影响，与一个人的世界观、人生观、审美意识关系密切。它还包括信心、恒心、毅力、乐观、忍耐、抗挫折、合作等一系列与个人素质有关的反应程度，说得通俗点就是心理素质。

（二）潜能的无限性

科学研究表明，人的大脑中大约有一千亿个神经细胞，它们可储存一千亿条海量信息。大脑通过神经细胞向全身传递信息的速度可达每秒一百米，其带宽超过一百兆。理论上大脑可能存储的信息量相当于藏书1000万册的美国国会图书馆的50倍，其藏书量高达5亿本。如果一天读一本书，那么我们要不间断地读136万年才能把我们的大脑装满。一个人在70年内，假若每天用10小时来学习，尽量接收各种信息，那么其总量也还不到人脑容量的百分之一。如果把人脑比喻成一座冰山的话，那么一般人所使用的资源还不到5%，这只不过是冰山一角；剩下95%的资源被白白闲置了，而这正是大脑的潜能。

因此英国智能专家波诺博说:"全世界最大的荒原不在自然界而在我们的头发之下。"对于任何人来讲,其潜能都具有极其庞大的开发空间。人的能力大小、聪明与否在很大程度上取决于人的神经系统被开发的程度。

(三)潜能没有充分发挥的原因

1. 没有需要

人的某些能力只有在人面临生死存亡的关键时刻才会被激发出来,这就是所谓的急中生智的道理;在日常生活中这些能力往往没有使用的地方,久而久之就成了潜能。

2. 弱势心理(消极心理)的影响

人如果经常性地认为自己在某一方面不行,久而久之就形成了一种弱势心理,这种弱势心理具有强大的心理暗示作用,时间长了,人在某一方面的能力真地就被压制住了,从而转化成了潜能。这种潜能如果没有机缘被激活的话,那就可能从此成为"无能",终生得不到使用。人的弱势心理形成的原因是人在社会化的过程中,由于始终面临着激烈的竞争,因此总会出现在某一方面不尽如人意的地方,这时候人就容易产生弱势心理。如果不能够及时得到排解,往往就会成为弱势心理积淀的开始。为了预防弱势心理的出现,我们应该注意两点:一是当出现挫折感时要及时化解,二是要注意培养自己的强势心理或优势心理。

实践证明:优势心理(积极的心态)可以产生强大的心理暗示作用。如果一个人总是认为自己在某一方面很突出,时间长了,他在某一方面通常就会很突出。积极的心理暗示可以说是调动自身潜能的一个非常有效的方法。

(四)开发潜能的方法

1. 树立远大志向

"非志无以成学。"所谓立志就是激励自己走向一条进取的、迎难而上的、智慧的人生之路。人有了志向,就会对自己严格要求,就会努力克服前进路上的任何困难,这样他的聪明才智就会发挥出来。正如高尔基所说:"我常常重复这样一句话,一个人追求的目标越高,他的才力就发展得越快,对社会就越有益,我确信这也是一个真理。"有些士官生智商很高但缺乏远大志向,因此其现有的才智都没能得到彻底发挥,更谈不上开发潜能了。

2. 提高身心健康水平

健康的身体、充沛的精力、愉快的心情可使人的智力机能很好地发挥作用;反之,人的智力活动就会受到压制,可见身心健康是开发潜能的基础。要提高身体的健康水平,我们就需要对不良的饮食、睡眠习惯进行调整,并且加强锻炼。要提高心理健康水平,我们就需要涵养自己的品格,建立和谐的人际关系。

3. 培养良好的心理品质

心理品质包括道德品质、意志品质、自信心、责任心等。某心理学工作者曾对1850年到1950年间的301位科学家进行研究，他发现这些人不但智力水平高，而且在青少年时期就表现得十分坚强，有独立性，这些人充满自信心，有百折不挠的坚持精神。可见，良好的心理品质有助于人的学习潜能的开发。

4. 对自己施加一定的压力

压力就是动力。"逼出来的"就是人的潜能，是人的创造力，是创新，是发展。日常生活中，人在"逼迫"之下而发挥出超常智能和体能的事例不胜枚举。例如"但使龙城飞将在，不教胡马渡阴山"的汉代"飞将军"李广，以善射闻名。据史书记载，有一天李广外出打猎，惊见草里有一只"虎"，情急之下放了一箭。过去一看，原来是块大石头，而箭头竟然射入石中。接着他又试射了几次，箭都是碰石而落。

人是一个复杂的矛盾体，既有求发展的需要，又有安于现状、得过且过的惰性。现实生活中，有些人能够卧薪尝胆、自我警醒。而有些人需要的却是鞭策和当头棒喝式的推动力，而"逼"就是"最自然"的好办法。这就是人们常说的"压力就是动力"的道理。

心理科普

可以激发的潜能

在非洲中部干旱的大草原上，有一种体形肥胖的巨蜂——非洲蜂。巨蜂的翅膀非常小，脖子也很粗短。用流体力学来分析，它们的身体和翅膀的比例是不符合飞行条件的。从生物学的理论上讲，在能够飞行的物种当中，这种蜂的飞行条件也是最差的，甚至连鸡、鸭都不如。但是这种蜂在非洲大草原上却能够连续飞行250公里。英国科学家戴维斯对此进行了研究。他发现，非洲蜂平时藏在岩石缝隙中或草丛里，只要有食物，它们就不起飞，并一直爬行。可当它们发现这一地区即将面临干旱没有食物的时候，它们就会成群结队地迅速逃离，向着水草丰美的地方飞行。难道这种蜂的飞行与食物有关吗？为此，戴维斯做了一个实验，他在一个四周封闭的大房子里设置了水草丰美的环境，然后将十只非洲蜂放入房中，并保持这种环境半年。戴维斯观察发现，十只非洲蜂半年来竟然没有一只起飞过。半年后，研究人员又把这十只非洲蜂放进了干旱荒芜的环境里，这十只蜂都开始起飞了，可大部分都是刚飞起一会儿便掉了下来，有的则光拍动翅膀，根本就飞不起来，最后只能饿死。

由此，戴维斯得出以下结论：在干旱、恶劣的自然环境中，非洲蜂要想生存，就必须不停地飞翔直至寻找水草丰美的地方。而就是这长年累月的不断飞行造就了非洲蜂超常的飞行本领。生活中，我们都喜欢舒适安逸的环境，然而就是这舒适安逸的环境磨灭了我们的潜能。大草原上的非洲蜂让我们懂得：一个执着、顽强的生命可以激发出让我们无法想象的潜能。

心理测验

心理测验须知：

1. 本测验适用对象是 16 岁以上人群。

2. 本测验仅用于了解自己在学习动力、学习兴趣、学习目标上是否存在困扰，不能用于心理问题的诊断，具体心理问题的诊断请遵从心理咨询师的评估。

士官生学习动力自测量表

这个测验表主要帮助你了解自己在学习动机、学习目标上是否存在困扰。本测验共 20 个题目，请你实事求是地在与自己情况相符的题目上打个"√"号，在与自己情况不相符的题目后面打个"×"号。

1. 如果别人不督促你，你极少主动去学习。
2. 你一读书就觉得疲劳与厌烦，只想睡觉。
3. 你读书时需要很长时间才能提起精神。
4. 除了老师指定的作业外，你不想再多读书。
5. 当有不懂的地方时，你根本不想设法弄懂它。
6. 你常想象这样的情况：自己即使不花太多时间学习，成绩也会超过别人。
7. 你迫切希望自己在短时间内就能大幅度提高自己的学习成绩。
8. 你常为短时间内成绩没能提高而烦恼不已。
9. 为了及时完成某项作业，你宁愿废寝忘食、通宵达旦。
10. 为了及时完成作业，你放弃了许多你感兴趣的活动，如体育锻炼、看电影与郊游等。
11. 你觉得读书没什么意思，想去找个工作做。
12. 你常认为课本上的基础知识没啥好学的，只有看高深的理论、读大师的作品才有意义。
13. 你只在自己喜欢的科目上下功夫，对于自己不喜欢的科目，你会放任自流。
14. 你花在课外读物上的时间比花在教科书上的时间多得多。
15. 你把自己的时间平均分配在各科上。
16. 你给自己定下的学习目标，多数因做不到而不得不放弃。
17. 你几乎毫不费劲地实现了自己的学习目标。
18. 你总是同时为实现几个学习目标而忙得焦头烂额。
19. 为了应对每天的学习任务，你已经感到力不从心。
20. 为了实现一个大目标，你不再给自己制订循序渐进的小目标。

上述 20 个题目可分成四组，他们分别测查你在四个方面的困扰程度：1～5 题测查你的学习动机是否太弱；6～10 题测查你的学习动机是否太强；11～15 题测查你在学习兴趣上是否存在困扰；16～20 题测查你在学习目标上是否存在困扰。假如你对某组（每组 5 题）

中的大多数题目持认同的态度，那么就说明你在相应的学习欲望上存在一些不够正确的认知，或者存在一定程度的困扰。

心理团辅

"不要激怒我"

1. 活动目的：语言和态度是人与人之间沟通时的两大主要方面。面对对抗的时候，有的人说出来的话是火上浇油，有的人说出来的就是灭火器，效果完全不同；下面游戏的目的就是要教会大家避免使用那些隐藏有负面意思的甚至充满敌意的词语。

2. 活动时间：30分钟

3. 参与人数：3人一组，分成偶数组

4. 活动道具：卡片或白纸一沓

5. 活动过程：

（1）将学员分成3人一组，但要保证是偶数组，每两组进行一场游戏。告诉他们：他们正处于一场商务场景当中，如商务谈判、业绩评估等。

（2）给每个小组一张白纸，让他们在3分钟内用头脑风暴的方法列举出尽可能多的能激怒别人的词语，如不行、这是不可能的等，每一个小组要注意不使另外一组事先了解到他们会使用的词语。

（3）让每一个小组写出一个一分钟的剧本，当中要尽可能多地使用那些会激怒人的词语，时间为10分钟。

（4）告诉大家评分标准：①每个激怒性的词语给一分；②每个激怒性词语的激怒程度给1~3分；③如果表演者能使用这些会激怒对方的词语表现出真诚、合作的态度，另外加5分。

（5）让一个小组先开始表演，另一个小组的学员在纸上写下他们所听到的激怒性词汇。

（6）表演结束后让表演的小组确认他们所说的那些激怒性的词汇，必要时要对其做出解释，然后两个小组调过来，重复上述的过程。

（7）第二个小组的表演结束之后，大家一起分别给每一个小组打分，给分数最高的那一组颁发"火上浇油奖"。

（8）分享：

①什么是激怒性的词汇？我们倾向于在什么时候使用这些词汇？

②如果你无意间说的话被人认为是激怒行动的，你会如何反应？你认为哪个更重要，是你自己的看法重要，还是别人对你的看法重要？

③当你无意间说了一些激怒别人的话时，你该如何挽回？是马上道歉吗？

（9）总结：

①很多时候人们往往在不经意之间说出很多伤人的话，即便他们的本意是好的，他们也往往因为这些话被人误解，达不到应有的目的。

②我们在说每一句话之前都应该好好想想这句话传到别人耳朵里会产生什么后果，这样我们就可以避免无意识地说出激怒性的话语。

③实际上，我们得意扬扬的时候往往容易伤害别人，因此我们要保持谦虚谨慎的态度，不要像骄傲的孔雀一样，这往往会让我们的人际关系有所改善，使我们与他人之间的交流更顺畅一些。

第八章　士官生的恋爱与性心理

案例导读

某连二级士官小王，在春节休假时认识了家乡的一名小学女教师，她相貌端庄、性格温和、事业心和能力都挺强，是小王心目中比较理想的恋爱对象。可他所在的部队与恋人相隔千里，一年难得见一面，每月的电话费要花几百元。女方因承受不住这种聚少离多的情感之苦而与小王提出了分手，分手后，小王一直沉浸在失恋的痛苦中，情绪抑郁、心烦意乱，无心学习工作，对生活的所有期待与憧憬也在顷刻之间化为乌有。

像案例中小王一样的失恋者在士官群体中并不少见，健全的人都有恋爱的本能和意识，都有爱情的需要和追求。当这种需要和追求不能通过某个特定的异性得到满足时，个体就会产生失恋的情感体验，感受到深深的痛苦，对周围的事物失去兴趣，情不自禁地反复思索爱的过程和失恋的原因，力图找出明确的答案。但是有的人往往陷入周而复始、难以自拔的境地，思维活动时而极度清晰，时而异常混乱，不同形式的刺激折磨着失恋者的身心，直接影响到其正常的生活、学习和工作效率。

第一节　爱情的内涵及重要性

爱情是人生的重要内容，是人类特有的情感，也是一种特殊的人际关系。它是人正当的权利和需求，是每个青年人在人生道路上迟早会遇到的事情。士官生已进入恋爱的年龄阶段，往往对爱情有着美好的向往和热烈的追求，但由于其涉世未深，因此一旦处理不好恋爱关系，就可能会引发各种心理问题。

一、正确认识爱情

爱情比喜欢更复杂，因而也就更难进行测量和研究。人们渴望爱情，为它而生，因它而困惑。然而仅仅是在最近几年，爱情才成为社会心理学中的一个重要的研究领域。大多数投身于这一领域的研究者都研究了最容易研究的方面——即陌生人之间短暂接触时所做出的反应。起初那些影响我们对他人喜爱与否的变量——接近性、吸引力、相似性、他人是否喜欢自己以及其他一些回报性的特质也会影响到我们长期亲密的关系。约会双方会很快形成对对方的最初印象，这就为他们之间的长期交往提供了基本线索。

（一）爱的产生

①相遇——"信息素"的奇妙作用。有人说："人在某种程度上是用鼻子谈恋爱的。"不知道大家有没有这样的体验：你认识了一个女孩子，其各方面的条件你都觉得很满意，周围的人也都觉得你们很般配，可是你和她在一起就是没有心跳加速、呼吸困难的感觉。这是为什么呢？很可能有一个原因：味道不对。这是"信息素"在起作用。"信息素"是人类从爬行动物阶段继承下来的特质，我们体内有一种"信息素"腺，它分布在腋窝下、生殖器和乳头的周围，它所传递的信息会被对方的一种位于鼻子下方并直接和延髓连接的腺素所感知。它会把你最个人、最独一无二的信息——也就是你自己的"气味"传给对方"最古老"的大脑。

②脸红心跳的感觉——爱情激素（PEA）：你对她一见钟情了，她的眼神、微笑都带给你无限的快乐，仿佛情感记忆的最深处被搅动了，你因此感到颤抖、脸红心跳、茶饭不思、辗转反侧，满脑子都是她的影子。为什么会这样呢？这是肾上腺素的释放在对你的大脑起作用。如果你觉得自己总是充满能量，飘飘然兴奋不已，这就是PEA（又叫苯基乙胺）在起作用。它是掌管情感的大脑边缘系统中心产生的一种物质，可以给你带来快感和兴奋。

③熊熊燃烧的爱情之火——催产素：自然界还为恋爱中的你准备了另外一杯有情感，也更持久的鸡尾酒——多巴胺，它是传递幸福的神经递质，也是效力长久的荷尔蒙，因此我们把它称为"爱情荷尔蒙"。自从有了第一次的亲密接触之后，催产素就开始起作用了，一个爱抚、一声爱的呼唤、一个关于爱的念头或一个眼神都可以启动它。当你感到充满信心的时候，它也会在你体内增多。催产素这种荷尔蒙的增加能够令你在生理和情感上都发生改变，它会始终陪伴着你，督促你不停产生新的计划：发展一段长久的关系（与他/她常相厮守），一起出门旅行，甚至生个孩子。

但是随着时间的推移，神经元对一切都习以为常，多巴胺也随之减少，两个人在一起时的乐趣也似乎变少了，这就是平常所说的"七年之痒"。

（二）爱情三元理论

爱情自古以来就是人类永恒的话题。西方心理学家们对爱情的研究也从未停止过。

心理学家弗洛姆说："爱是我们对所爱者的生命与成长的主动关切，没有这种关切就没有爱。"心理学家约翰把爱情按照态度的不同分为六种，其分别为情欲之爱、游戏之爱、友伴之爱、狂爱、现实之爱、奉献之爱。

斯腾伯格提出了爱情三元论，如图8-1所示。他认为亲密、激情和承诺是爱情最重要的三个要素。亲密是指与伴侣间心灵相近、互相契合、互相归属的感觉，属于爱情的情感成分。激情是指强烈地渴望与伴侣结合的动机，是与性相关的动机驱力，属于爱情的动机成分。承诺则包括短期和长期两种，短期的承诺是指个体决定去爱一个人，长期的承诺是指对两人之间亲密关系所做的持久性承诺，属于爱情的认知成分。

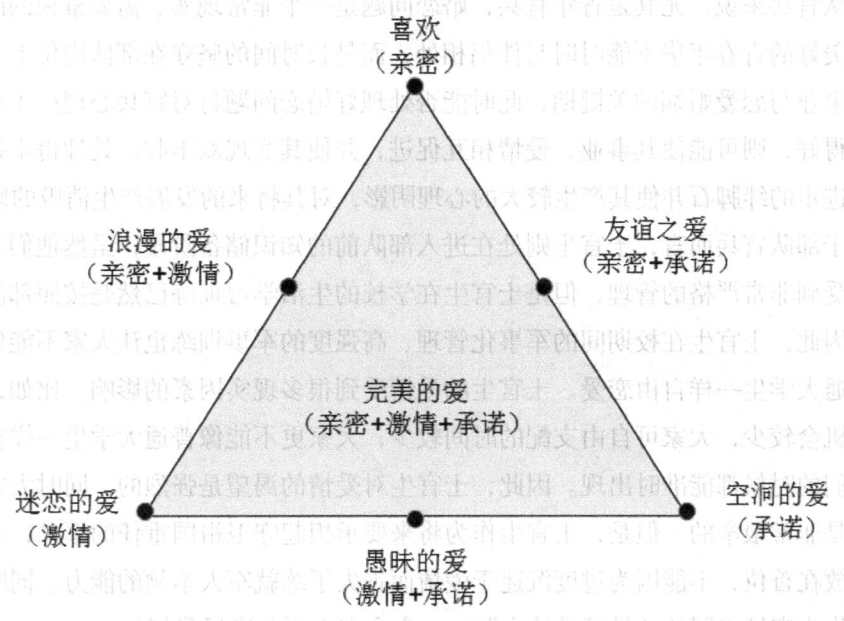

图 8-1

在爱情的三元理论中，只有激情的爱是一种迷恋，只有承诺的爱是一种"空洞的爱"，只有亲密的爱只是喜欢，激情与承诺结合的爱是迷恋之爱，激情与亲密结合的爱是浪漫之爱，承诺与亲密结合的爱是友伴之爱，三个维度结合在一起的爱才是完美之爱。随着认识时间的增加及相处方式的改变，上述的三种成分将有所改变，爱情的三角形会因其中所组成元素的增减而变化，其形状与大小也会跟着改变。三角形的面积代表爱情的质与量，面积越大，三角形越大，爱情就越丰富。斯腾伯格进一步提出：在三种成分下有八种不同的爱情关系组合。

无爱：三种成分俱无。

喜欢：只包括亲密部分。

迷恋的爱：只存在激情成分。

空洞的爱：只有承诺的成分。

浪漫之爱：结合亲密与激情。

友谊之爱：包括亲密和承诺。

愚昧的爱：激情加上承诺。

完美之爱：三种成分同时包含在关系当中。

我国古老的文学典籍《诗经》中有一段关于爱情的脍炙人口的描述："关关雎鸠，在河之洲。窈窕淑女，君子好逑。参差荇菜，左右采之。窈窕淑女，寤寐求之。求之不得，寤寐思服。优哉游哉，辗转反侧。"

（三）士官生的爱情

对部队官兵来说，尤其是青年官兵，婚恋问题是一个非常现实、需要重视的问题。很多官兵在美好的青春年华不能时时与伴侣相处，而是长时间的坚守在部队岗位上。他们正处在成就事业与恋爱婚姻的关键期，此时能否处理好婚恋问题将对官兵心理产生很大的影响。处理得好，则可能使其事业、爱情相互促进，并使其实现双丰收；处理得不好，则可能成为其进步的绊脚石并使其产生较大的心理阴影，对其将来的发展产生消极的影响。

相比于部队官兵而言，士官生则处在进入部队前的知识储备阶段，虽然他们不像部队官兵那样受到非常严格的管理，但是士官生在学校的生活学习训练已然是按照部队的要求开展的，因此，士官生在校期间的军事化管理、高强度的军事训练也让大家不能像其他高校中的普通大学生一样自由恋爱。士官生的爱情受到很多现实因素的影响。比如，大家接触异性的机会较少，大家可自由支配的时间较少，大家更不能像普通大学生一样在恋人每每需要我们的时候都能准时出现。因此，士官生对爱情的渴望是强烈的，同时大家对爱情的守护也是非常艰辛的。但是，士官生作为将来要承担起守卫祖国重任的军人，必须要将国家利益放在首位，不能因为过度沉迷于爱情而丧失了练就军人本领的能力。同时我们也要坚信，作为守护祖国的"最可爱的人"，一定会有人愿意守候我们的。

二、恋爱观的重要性

大学校园是一个特殊的社会环境。共同的集体生活、共同的学习方向使大学生们容易相互接近，爱情的种子在这适合的土壤里萌发、成长是很正常的。特别是士官生正值情窦初开的年龄，爱情意识日趋强烈，产生爱人和博得人爱的渴求更是生理和心理成长的自然过程。但爱情对于每一位士官生来讲毕竟是会对其一生产生重大影响的事情，如果处理不好，那么自己将悔恨终生。因此，在初涉爱河之时，士官生要注意拨开感情的迷雾，多做一些理性的思考。要知道，爱情之花是否灿烂、是否持久取决于我们今天的浇灌和耕耘，取决于我们是否能有一个正确的恋爱观。

要树立正确的恋爱观，就要做到以下几点。

（一）要了解爱情的本质

真正的爱情既不是柏拉图式的"精神之恋"，也不是纯粹的异性间的生理吸引。爱情的本质是给予，是承担责任。俄罗斯教育家苏霍姆林斯基这样教导儿子："要记住，爱情首先意味着对你的爱侣的命运、前途承担责任……爱，首先意味着奉献，把自己的精神力量献给爱侣，为他（她）缔造幸福。"爱情是一种责任，是一种奉献，不是索取和占有。正是这种无私的奉献和给予才使爱情变得高尚、纯洁和美好。

（二）必须树立正确的恋爱动机

恋爱动机是保证恋爱顺利发展的重要基础。一些士官生涉世不深，遇事易冲动，其爱情往往也带有很强的目的性和功利性。在现实生活中，士官生的恋爱动机有若干不正确的倾向。比如，一些士官生由于不适应从中学到大学的环境变化而产生较大的心理落差，为了重新定位、找回原来良好的自我感觉，而去寻觅或接受异性的感情。某士官学院有一名男生，大一期间由于种种原因，成绩由班级上游滑到了下游，为此他感到心情苦闷，为了解除心中的郁闷，他开始在恋爱中游戏人生，结果不仅伤害了对方，在同学中也造成了不良影响。又如，一些士官生由于初次远离家门，缺乏独立生活的经验和生活自理能力，有意或无意地希望得到一种保护、支持，这时他们很容易因对某个异性产生依赖和感激之情而接受对方。某女士官生文静、内向，由于远离家乡而常感寂寞，一位外校男老乡经常来看望她，渐渐地这位女生感到自己离不开他，于是很快坠入爱河。可惜好景不长，随着交往的深入，两人均不能忍受对方暴露的缺点，终以分手收场。一些士官生的恋爱动机甚至是出于攀比、竞争、赶潮流、满足虚荣心等。这些恋爱不是建立在相互了解、志同道合、感情相投的基础上，而且往往缺乏理性的思考和审慎的选择，因而常常经不起考验，容易失败和带来不良的后果。我们必须摒弃这些不正确的恋爱动机，本着对自己、对他人负责的良好心态，真正地把恋爱建立在心灵相通的基础上，去努力寻找和珍惜自己的另一半。

（三）摆正爱情在人生中的位置

爱情在人生发展中占有重要的位置，对人产生了重大的影响。恋爱会丰富男女的生活体验，促使双方在心理上趋于成熟；处于恋爱中的人往往精神愉悦、充满爱心，这种美好的情感使人乐于承担责任；恋爱中的青年男女为获得恋人的爱，总是力图完善自己，爱成了一种改造人的强大的内在动力，它可以改变人的趣味、升华人的品格、开发人的潜能、促进人的新生。

但我们也应看到，爱情尽管是人生的重要组成部分，但它不是人生的全部内容。人生大事，除了爱情外，还有事业，如果把爱情摆到至高无上的位置，把爱情看成人生的唯一追求，那么爱情就会抑制事业的发展，而失去事业基础的爱情是结不出人生的硕果的。英国科学家培根说过："一切真正伟大的人物，没有一个是因爱情而发狂的人。因为伟大的事业抑制了这种软弱的感情。"对于士官生来讲，要处理好恋爱与学业的关系，给爱情一个恰当的位置。

真正的爱情可以促进学业的发展，但爱情不是学业成功的必要条件，爱情与学业的双丰收当然令人向往。但是，当两者发生矛盾时，应将学业放在第一位，不应当为了爱情而放弃学业。作为士官生，在学校期间应该以学业为重，利用自己的青春时光多学知识，为今后进入部队打好基础，为投身未来的事业做好准备，自觉摆正爱情与学业的关系。只有这样，才能使爱情的力量成为促进学习的动力，而学习的成功又会使爱情得到巩固、发展。

此外，还要处理好恋爱与集体的关系。有的士官生恋爱至上，成天卿卿我我，把自己禁锢在两个人的世界中，放弃学习、疏远同学，不参加集体活动。这样下去必然会限制人际交往的范围，影响自身的发展进步，不利于个性的优化和社会适应能力的提高。热爱集体、关心他人的人才会真正给予所爱的人以深沉、坚实的爱。因此，恋爱中的士官生应特别注意处理好个人与集体的关系。

总之，要鼓励士官生树立正确的恋爱观，把学业放在首位，使爱情服从于学业，摆正爱情在人生中的位置，这样爱情之花才能开得艳丽、长久。

第二节 士官生常见的恋爱问题及调适

爱情是美好的东西，但它却是最难通融的东西。爱情能让人产生多么美好的体验，失恋等各种恋爱问题就会让人产生多么强烈的痛苦。

一、异性恐惧心理及调适

生活中有些士官生不能和异性正常交往，见到异性就会面红耳赤，全身紧张冒汗，不敢与异性接触，更不敢与异性交谈，即使与异性交谈也会言语不清、声音颤抖、前言不搭后语。这种情况往往让当事人感到尴尬，体验到自卑感与挫折感。其实，这种情况并不罕见，在刚刚成年的时期比较多见。情况轻微的称为"异性羞怯"或"异性恐惧感"，严重的则称为"异性恐惧症"。

（一）形成原因

1. 与成长经历有关

儿童在童年期如果缺少母亲的关爱或受到虐待就会产生异性恐惧症。父母婚姻不和、母亲离开家庭等这种环境会使当事人逐渐形成错误的异性观和对异性的恐惧心理。有些父母对孩子管教极严，从小就灌输"男女授受不亲"的思想，使当事人将正常的异性交往也视作是不好的行为，从而形成与异性交往的恐惧心理。

2. 缺乏交往实践

在青春期，随着异性意识的发展，青少年开始对异性产生好奇与爱慕之情，并开始了与异性的交往。此时，如果给予正确的引导，那么青少年就可以学会与异性正常交流，即便其之前存在对异性的恐惧感，这种恐惧感也会慢慢消失。但如果此时过多干预甚至是粗暴地干涉，刻意阻挠双方的交流接触，那就会使其失去与异性交往实践的机会，就会使其产生对异性的陌生感、恐惧感甚至是罪恶感。

3. 个性因素

有两种性格的人较易对异性产生恐惧：一种是个性怯懦、内心自卑的人，表现为胆小、懦弱、孤僻、害羞、自卑、内向、沉默寡言，不爱交往并缺少朋友；另一种是性格多疑且思维刻板的人，表现为容易多思多想、对他人极为敏感、优柔寡断、办事呆板、不会变通并过于克己。这两种个性类型都会妨碍正常的人际交往，较易产生对异性的恐惧感。

（二）对异性恐惧心理的调适

要矫正对异性的恐惧，学会与异性正常交往，就需要从以下几个方面着手。

1. 重塑自我形象，建立自信

在人际态度上，对异性恐惧的人大多是敏感者。在与他人的交往中，他们一般都过于关注别人对自己言行的评价。当对方的评价过低或没有评价时，他们的自信心和自尊心就会受到打击，言行就会变得更加刻板、拘谨。因此，改变的第一步就是要让他们重塑自我形象，敢于表露自己的想法、态度和情感。在坚定自己要克服恐惧这一信念的基础之上，通过对自己品行和成绩的肯定来建立起自信，使自己变得更加开朗，敢于和他人交往。

2. 纠正错误认知，建立合理信念

对异性有恐惧心理、不敢与异性交往的原因往往是对其有一些错误的认知。这些错误的认知使自己变得更加焦虑、顾虑重重，从而放弃与躲避。因此，要克服这种恐惧心理，就要纠正这些错误认知，建立合理信念。

对异性的恐惧心理常见的有"碰见她了，不会跟我说话吧……""万一开口说不出话来多尴尬""肯定像上次那样糟糕"等。这种想法一旦出来，随之就会头脑发蒙、浑身紧张、脸红冒汗、结结巴巴或默不作声。为此，在接近异性之前，首先要做到自我放松，不要有所顾虑，深呼吸几次，在心中要坚定自己的信心，相信自己的状态很好、情绪很稳定，与他人交往没有问题。其次，不要把性别角色看得过重，交流时要做到不卑不亢，不要给自己施加太大的压力。在交流开始前，可以多想想自己所取得的成绩或生活中得意的事情，也可以想好自己要讲的第一句话或大体内容，然后慢条斯理地说出来，学会有条理地交流。

3. 增加与异性交流的实践

如果条件允许，可以通过增加与异性交流的实践来真正克服这种恐惧心理。可以给自己布置作业，例如，和异性营业员讨论1分钟的商品，或者向陌生的异性问路，等等。然后要求自己每周必须完成几次。每完成一次都要做一个记录，写下自己的体验并总结经验，找到改进之处并在今后努力实践。用这种方法，开始时可能会被动，但如果能持之以恒，那肯定会有所成效。

二、单相思心理及调适

单相思是指男女之间只有单方面的爱恋思慕。它是指只有一方投入感情，而对方毫无

感觉或不想与之交流的情况（恋爱是双方之间的情感交流）。因此，单相思只算是单方面的倾慕，不是爱情。在单相思中，由于倾慕者大都在表面上默默地表现着，内心里却迫切希望对方能够接受自己，所以倾慕者内心的情感往往十分强烈，但他们在现实中较容易遭受挫折、打击与伤害，从而较易产生挫败感与失落感，进而产生心理问题，这会影响到他们平时的学习、训练与工作。

（一）形成原因

1. 爱情错觉

单相思中的倾慕者容易把男女间正常交往中的友谊及所表现出的关怀误解为爱情中的好感，从而使自己想入非非，过分陶醉于片面的遐想之中，进而造成单相思的局面。

2. 理想模式

每个青年男女心中都有一个理想的"对象"。在现实生活中，士官生一旦遇到一位在容貌、才华、气质、风度等方面都与自己心中的理想模式相吻合的人时就会产生爱慕之情，一旦没有引起对方情感上的共鸣就会陷入单相思的境地。在校士官生由于接触异性的机会较少，容易因情感过敏而产生单相思问题。

3. 不合理信念

单相思中的倾慕者往往喜欢沉迷于幻想之中，较少采取切实有效的行动。他们在幻想中有夸大对方或贬低自我的倾向，往往总是一厢情愿，很少考虑或全然不顾对方的感受，从而给对方造成苦恼或伤害，也使自己产生了挫折感与失败感。

（二）单相思心理的调适

在单相思状态下，人们往往心情烦躁，情绪低落，敏感多疑，注意力下降，学习、训练和工作都会受到影响，严重者甚至可能患上抑郁症。不仅如此，有人甚至会因此对异性不再信任，对爱情失去热情和信心，并因此对异性抱以冷漠、敌视等恶劣态度，从而对今后的婚恋生活造成消极的影响。因此，我们非常有必要对单相思心理予以调适。

1. 纠正与克服爱情错觉

要充分观察所恋对象的言行举止，认真分析对方对自己的态度和行为与对待其他异性的是否有所不同，不要过分自信，也不要主观臆断。如果一时难以辨别或担心判断不够客观，可以将疑问和心事告诉给自己最信任的朋友，让其帮助自己进行客观的分析和判断。一旦自己意识到自己的确产生了错觉，就应该停止单相思，否则对自己对他人都没有好处。

2. 采用适当的方法表述自己的想法和愿望

对自己所恋的对象要以适当的方式勇敢地说出自己的想法和愿望，敢于和对方进行接触和交往。这样一来，一是可以直接而全面地了解对方对自己的态度，避免过多的猜测和幻想；二是可以让对方多了解自己，对自己有进一步的认识；三是将自己的情感意向表述出来本身就是一种心理上的情感宣泄，可以避免情感上的过分压抑。

3. 及时将注意力转移到工作和活动中去

人的情感是受理智约束的，是受现实条件制约的。我们的情感必须从现实条件出发，以双方的共同意愿为基础。如果不顾现实，不考虑对方的意愿，执意追求，不但得不到对方的好感和真正的爱情，还会损害自己的形象，进而影响学习、训练、工作和生活。因此，士官生应该及时将自己的注意力转移到工作和生活上，用情感转移的方法将自己的心理能量投入到自己的事业和感兴趣的活动中去，并从中找到情感的寄托，努力让自己从单相思中摆脱出来。

三、失恋心理及调适

只要恋爱了，就不可避免地会遇到失恋问题。失恋的原因是什么？失恋后又会有什么样的不良行为？该如何矫正这些行为，才能走出失恋的阴影？

（一）失恋的原因

其实，失恋的原因说复杂也复杂，说简单也简单。一般来说，学生失恋主要有以下几个原因。

1. 其中一方认为双方性格不合

这种情况在学生当中是非常常见的，曾经热恋的两个人，一方发现对方在思想、个性方面不适合自己而提出分手，而另一方仍然留恋，放不下这段感情，于是便陷入了失恋的痛苦当中。

2. 其中一方见异思迁

一般是双方恋爱一段时间之后，一方"温度"下降了，见异思迁、移情别恋，离开了对方；而没有心理准备的另一方会承受很大的痛苦。

3. 单相思的后遗症

也就是所谓的落花有意流水无情，当你鼓足勇气跟对方表白的时候，却被对方拒绝。这种情况在大学生恋情里是占有一定比例的。

4. 社会舆论的压力

相爱的双方缺乏勇气和信心，迫于社会的偏见和父母的反对，在外界干涉下只得分开。

5. 恋爱动机不纯

纯洁、健康的恋爱动机是保证恋爱顺利进行的重要基础，有些学生恋爱不是出于爱情本身，而是因为生活单调、寂寞、烦闷、虚荣心等。一段时间之后自然就出现各种各样的问题，这些问题势必导致恋爱关系破裂。

（二）失恋导致的不良心理和行为

爱情是美妙的、幸福的，有时甚至是刻骨铭心的。但是当一段美好的爱情结束的时候，失恋的打击又是那么让人心碎,而由此引发的异常心理反应和行为也是非常剧烈的。士官生主要可能出现以下心理和行为。

1. 自杀

一些士官生失恋后万念俱灰,自以为自己已经看破红尘或者觉得活着没意思,悲观绝望,内心充满着羞辱感,甚至羞于见人,自尊心严重受损,于是走上了轻生之路。有的失恋者的自卑、悲观、厌世、空虚等各种负面情绪十分强烈,为了减轻心理负荷,他们会采取自杀的方法。

2. 报复

这是一种常见的发泄手段,是极度的占有欲受到挫折后唤起的报复心理。一些失恋者因失恋而绝望暴怒,产生报复心理,造成毁灭性的结局。

3. 抑郁

一些士官生失恋后,把痛苦埋在心底,内心充满了虚无感、失意感和失落感,对生活毫无兴趣,对异性产生厌恶感,长期心情抑郁,为人冷漠、孤僻,严重者会产生精神分裂的症状;还有一些人为了寻找精神寄托,借酒消愁,用酒精来麻醉自己;或从此愤世嫉俗,怀疑一切,看什么都不顺眼,爱发牢骚;或从此玩世不恭、得过且过、寻找刺激,以发泄心中的不满。

(三) 失恋心理的调适

恋爱的发展不会总是一帆风顺的,总会因为各种因素的影响而产生一些波折,恋爱的双方在心理上也会发生诸多变化。恋爱中出现挫折以致失恋都是难免的。当恋爱遇到波折甚至失恋时,当事人会有情绪低落、伤心痛苦、寝食不安、提不起精神等表现,这也是正常的反应,而且会随着时间的推移慢慢减轻。但如果让愤怒等不良情绪冲昏了头脑或者长期沉溺于伤心欲绝的状态中,万念俱灰、痛不欲生甚至终日失魂落魄,那就表明当事人产生了一定的心理问题,这时当事人就需要及时地进行调适了。

失恋是指处于恋爱中的男女,由于某种原因双方或一方不愿再保持并中断彼此恋爱关系的行为。部队生活的特殊性使得士官生与恋人相处的时间与机会比较少,他们在感情上的沟通交流并不频繁,而且现代社会婚恋观念的多元化转变也对两人的感情产生了影响,因此有些士官生的感情不太稳定,情感维系减少,他们难以避免地会出现恋爱挫折甚至是失恋的情况。恋爱时越投入、越亢奋,失恋时所出现的情绪反应就越激烈,痛苦感就越强烈。因此,当恋爱受挫或失恋的时候,士官生需要及时进行相应的调适。

1. 要正确认识爱情

爱情是人生中的大事,但不是唯一重要的事情。士官生要搞清楚爱情、事业和生活的关系。爱情不能取代事业,也不是生活的全部目的和内容。作为一名合格的士官生,要把对人生的理想和对事业的抱负放在重要的位置,不能因为爱情而忽视事业,当爱情和事业发生矛盾时要妥善处理。

2. 要冷静分析失恋原因

要弄清楚失恋的原因，是因为误解导致的还是因为对方在有意考验自己，是因为对方移情别恋还是因为其他的客观原因，还要弄清楚这段感情是否值得挽回，等等。由于已经对亲密关系有所适应，当事人在陷入失恋时首先想到的是和对方谈一谈，并试图挽回这段关系。但越是在情绪激动的时候越需要冷静，这时士官生要平复自己的心境，可以找自己的好友诉说，也可以将自己的心情写下来以帮助自己冷静下来。通过分析，能挽回的要针对原因做工作，不能挽回的不论是何种原因，都要秉持"长痛不如短痛"的原则尽早切断关系，在尊重对方的基础上做到自尊、自爱、自信、自强。每个未婚青年都有追求爱情的权利，对方也有接受或拒绝爱的权利。在恋爱中，不论遇到何种情况，士官生都要秉持应有的文明品德，做到失恋不失德。

3. 要学会升华

将失恋导致的悲痛转化为一种前进的动力，争取在事业上有所作为。作为一名和平年代未来的军人，应该做到失恋不失志，做生活中的强者，不在失恋中沉沦，要把精力转移到更有意义的事业上。应以此来激发自己的事业心，把情感、精力投入到能充分实现自身价值的事业中和对生活的热爱上去，努力获取事业上的成功，从而将失恋造成的损失在更高的精神境界中得到补偿。

四、恋爱中的不良行为及调适

在大学生的恋爱中，有些不良的行为与社会要求格格不入，应该给予必要的矫正，如过度亲昵、婚前性行为等。

（一）恋爱中的不良行为

1. 过度亲昵

热恋中的两个人有一些亲昵行为无可厚非，但是有些大学生不考虑时间、场合，与恋人过分亲昵，这不仅不够尊重他人，也是对自己恋人的一种不尊重。恋爱是两个人的事，但在公共场所就要顾及别人的视觉感受。校园是一个公共场所，如果恋人之间的行为过分亲昵，那么他人的第一反应往往是悄悄地走开，但如果这种现象十分严重，那么其他人就会无处可去，这实际上侵犯了他人在公共空间活动的权利，会使别人产生尴尬和厌恶的心理。

2. 婚前性行为

对热恋中的青年来说，当性爱的激情达到火热的境界时，他们就会产生一种情感冲动，并突破理智的防线，发生性行为。然而，婚前性行为是社会文明和校规校纪所不容许的，其也会因此而受到社会、家庭的指责。而且，一旦发生性行为，当事双方都会因此而产生很大的心理压力，这不仅会使当事人的身心痛苦（尤其是对女方），还会影响到以后的恋爱或婚姻。因此，士官生在恋爱过程中，一定要用理智制约情感，切忌为了想抓住对方或出于尝试心理而发生婚前性行为。只有用理智驾驭情感，把握住自己，才能获得真正的爱情。

（二）恋爱中不良行为的调适

1. 恋爱要建立在平等自由的基础上

多数士官生是在相互了解、发展友谊的基础上与对方恋爱的，一般都能够平等相待，不把自己的意愿强加于另一方，能够尊重对方的人格与尊严，尊重对方的行为习惯、兴趣爱好等。但也有少数士官生谈恋爱后，把对方看作是自己的"私有财产"，限制其与其他异性朋友接触。特别是有个别士官生看到自己理想中的恋人被别人吸引而去后就怒火中烧，采取一些极端的做法。这些错误的做法都是不道德的行为，甚至是违法行为。平等、自由地恋爱是公民所享有的权利，这种权利是受法律和道德保护的。士官生在追求恋爱自由的同时也应当尊重别人的选择权，不能勉强对方，不能一厢情愿。只有建立在自由、平等基础上的爱情才是纯真美好的爱情。

2. 爱情应当追求持久永恒

恋爱关系的确立从某种意义上说，就是两个人道德和义务关系的确立，如果两个人在发展这种恋爱关系中彼此和谐一致，没有大的原则分歧，一般不应弃旧图新。如果在恋爱过程中发现另一异性在各方面比自己现在的恋人更适合自己，不要轻易见异思迁，必须做出理性的负责任的思考：如果认定原来的选择是错误的，就应尽快放弃，久拖不决只能对彼此造成更深的伤害；如果认定原来的选择并没有错，现在的感觉只是一时的情感漂移，则应尽快制止。须知，一时的感觉往往是靠不住的，而且脚踏两只船、朝秦暮楚也是不可取的。当然，严格要求恋爱双方从一而终也是不合适的。因为，最初的选择难免有偏颇，如果发现自己选择错了，要敢于及时纠正，也要允许对方纠正，这是对自己也是对他人负责任的一种表现。

3. 对待爱情要有责任意识

士官生在恋爱过程中要懂得尊重对方的名誉和尊严，自尊自爱、互尊互爱。双方都应保持清醒的头脑和判断力，明确在享受爱情美妙体验的同时，还负有对爱情、对对方的责任；切不可因一时情感冲动而做出丧失理智的事情，因为这既是对他人的伤害也是对自己的伤害；要具备一定的判断力，远离那些打着爱情旗号招摇撞骗、玩弄感情的人；对恋爱婚姻要有严肃态度，相互尊重同时敢于承担与恋爱、婚姻相关联的道德责任和义务，这是新时代士官生应当具备的基本素质。

应当明确的是爱情是相互的，只有在你情我愿的基础上才能产生。因此，当一方对另一方产生爱慕之情时，不要光考虑自己的想法，更要考虑对方的感受，当最终知道对方对你没有爱意后应尽快调整心态，不要死缠烂打，或者陷入单相思中。要知道，爱情绝不是占有，而是奉献，你没有道理强行让对方接受你的情感。即使已经相恋的双方也不能要求对方完全服从于自己，美满的爱情是恋爱双方都不作为对方的依附而存在，而是让双方都有发展自己个性的空间。

第三节 士官生的性心理健康

性心理是指在性生理的基础上，与性征、性欲、性行为有关的心理状态与心理过程。处在青年期的士官生在性生理上已经发育成熟，会产生性意识和性要求，并能产生强烈的性冲动。但是，由于学校和军队有严格的纪律，而且性别角色单调，加之很多青年士官生未从正规渠道接受过规范的性教育，因此，在性方面许多青年士官生会有种种疑问与困扰，我们需要对其加以正确的引导。要引导他们学习科学的性知识，培养健康的性心理和性道德，纠正其对性的错误认知，为其得到甜蜜的爱情和幸福的生活打下良好的基础。

一、士官生的性心理发展

促使士官生性意识迅速发展的主要原因莫过于身体的急剧变化和第二性征的出现及继而引起的对性、对异性的关注。通常的性心理发展分为以下几个阶段。

1. 异性疏远期

从青春期开始，男女少年对两性的一系列差别特别敏感，男女界线分明，羞涩、不安与反感常常萦绕在他们心头，他们在彼此交往中已深深地感到了某种"隔阂"的存在。

2. 异性接近期

由于性的渐趋成熟，青春男女由开始对异性的疏远发展为对异性的好奇和接近的渴望。但是这时期对异性的好感仅是一种对性的朦胧的自然表现，他们一方面感到困惑和不安；另一方面又渴望接近异性。青年初期，青年情窦初开，与异性之间的疏远在逐渐缩小，产生了彼此接近的情感需要。男女青年开始关注异性对自己的态度，为博得异性的好感而表现自己。他们常常以欣赏的心情和友好的态度来对待异性的言谈和行为。

3. 异性向往期

这一时期，青年男女往往以各种主动的方式对异性表示好感，并希望得到对方的积极反应。女生会刻意装扮自己，她们总觉得异性注视着自己，其言谈举止显得紧张、腼腆；男生常常有意在异性面前显示自己的风度、才华和能力。这一时期的青年男女，性机能逐渐成熟，但正确的道德观和恋爱观一般尚未形成，如果人为地遏制和反对他们与异性之间的正常交往，他们就容易出现逆反心理，这会使他们对异性产生神秘感和狂热感，过早地产生恋爱意识，进入恋爱角色，卷进恋爱旋涡。这个时期的异性交往有两个重要特点：一是情感隐秘，与异性接触时，他们的感情交流是隐晦的、含蓄的、不显露的，常常以试探的方式进行，缺乏真正的感情交流；二是对象广泛，不是特指的异性，呈现出不确定性。

4. 两性恋爱期

两性恋爱期是指男女性意识发展成熟后出现的异性相爱行为。这一时期的异性交往具有4个特点。一是爱情具有浓烈的、理想的、超越于现实的浪漫色彩。二是有特定的恋爱对象，即男女青年按各自心目中的标准寻找自己特定的恋爱对象，喜欢与自己选择的异性单独在一起，会出现不热衷参加集体活动的"离群"现象。三是感情趋向明朗化，即试图通过约会等方式一诉衷肠，交流内心情感，但表达方式往往出现欲言又止、语无伦次、窘态百出、言不达意等情况。四是产生了占有欲，即对爱恋对象精神性、情绪性的占有欲，不希望自己爱恋的异性和其他与自己同性的同学、朋友接触，产生了"嫉妒心理"。随着年龄的增长，在士官生性心理由对异性的抵触、关心转到爱慕、恋爱的动态变化和发展过程中，其心理上表现出的对异性的渴望和求偶倾向亦随之增长。

心理科普

弗洛伊德的性心理阶段论

按照力比多投射的身体部位，弗洛伊德把性心理发展分为5个阶段。

①口腔期（0～18个月）：性本能通过口腔活动得到满足，如咀嚼、吸或咬东西。若母亲对婴儿的口腔活动不加限制，儿童长大后的性格将倾向于开放、慷慨及乐观；若其口腔需要得到抑制，则儿童未来的性格可能偏向于悲观、依赖和退缩。可见，弗洛伊德认为早期的经验对人格的发展会产生长期的影响。

②肛门期（18～36个月）：随着生理的成熟，婴儿获得了依照自己的意愿大小便的能力。按自己的意志大小便是满足婴儿性本能的最主要的方式。但这一时期也正是对婴儿进行大小便训练的时期，要求婴儿在找到适当的场所之前必须忍住排泄的欲望，这与婴儿的本能产生了冲突。弗洛伊德认为母亲在训练婴儿大小便时的情绪气氛对其未来人格发展影响重大。过分严格的训练可能会使其形成顽固、吝啬的性格；而过于宽松的训练又可能使其形成浪费的习性。

③性器期（3～6岁）：这一时期的儿童开始对自己的性器官产生兴趣。性器官成为全身最敏感的部位，儿童常以抚摸性器官获得快感。弗洛伊德认为这一时期的儿童都会产生想与异性父母有性爱关系的欲望，即所谓恋母情结或恋父情结。在正常发展的情况下，恋母情结或恋父情结会通过儿童对同性父母的认同，如吸取他们的行为、态度和特质进而使其发展出相应的性别角色而获得解决。

④潜伏期（6～11岁）：这个阶段，儿童的性本能是相当隐蔽的，有关性的幻想大部分都潜伏起来，埋藏在无意识当中。性器期时的性创伤已被遗忘，一切危险的冲动和幻想都潜伏起来，儿童不再受到这些干扰。儿童可以自由地将能量消耗在为社会所接受的具体活动中去，如运动、游戏和智力活动等。

⑤生殖期（一般女孩于11岁开始，男孩于13岁开始）：随着生殖系统的逐渐成熟，性荷尔蒙分泌的增多，性本能开始复苏，其目的是经由两性关系实现生育。这一时期的心理能量主要投注在建立友谊、生涯准备、示爱及结婚等活动中，以完成生儿育女的终极目标，使性需求得到满足。

二、士官生的性困扰

性行为是人类的一种本能。进入青春期后，青少年产生性心理活动，这是一种正常的现象，只有当这些性心理活动过于频繁或被个体视为异常时其才有可能对个体造成心理上的困扰。对于性，个体常常会产生两种困扰：一种是"常想到性问题"，还有一种是"对性过于排斥和压抑"。其中，"常想到性问题"是指个体在遇到有吸引力的异性时会想到与对方有关的性意念等。而"对性过于排斥和压抑"是指对性持怀疑、恐惧、抗拒等负面态度，一味压制和性有关的想法，从而刻意逃避性问题，压制自己的性需求。这两种情况都会给当事人带来性困惑，从而影响其精神状态。因此，普及相关的性心理知识，使士官生学会正确对待所出现的性心理问题是十分有必要的。

（一）性意识的困扰

1. 性幻想

性幻想通常表现为在某些特定因素的诱导下，自编、自导、自演与异性交往内容有关的心理活动过程。性幻想是性冲动的发泄形式之一，是青年自慰行为中的一种表现。如果长时间沉溺于性幻想之中且性幻想已经影响到了个体平时的学习、训练、工作和生活，那么他们就容易出现心理问题，这会给他们的身心带来不良后果。

2. 性饥渴

性饥渴是指个体对性有着强烈的渴望和需求，并希望该需求得到满足的状态。士官生正处于求学阶段，学校的纪律和环境决定了这种需求难以得到正常满足，而且狭小的生活空间和单一的同性交往环境使一些士官生产生了性压抑感，并为此痛苦和烦恼。

3. 性焦虑

性焦虑主要指士官生对自己的外貌、体型的焦虑，对自己性别角色的焦虑，对自己性功能的焦虑。在现实生活中，很多男生都希望自己高大魁梧、潇洒英俊、富有风度。一些士官生的日常的生活、学习与训练任务比较繁重，与异性接触的机会较少，对能否找到心仪的对象感到焦虑。

4. 性梦

性梦是进入青春期以后在梦中出现与性内容有关的梦境，一般认为其与性激素达到一定水平和睡眠中性器官受内外刺激及潜意识的性本能活动有关。性梦中会伴有男性遗精、女性性兴奋等的症状。性梦在青年中普遍存在，是缓解性冲动的途径之一。青年士官生应该顺其自然，把主要精力放在学习、训练和工作上，避免过多地接触各种性信息。

（二）性行为的困扰

1. 手淫

手淫是用手或工具刺激生殖器官而获得性快感的一种行为。手淫是青少年和未婚成人最普遍的自慰现象。自青春期开始，个体的性器官逐渐发育成熟，性冲动和性幻想时常发生。当性冲动难以抑制但又没有合法的宣泄途径时，个体就会产生自慰行为。手淫虽不是一种完美的性满足方式，却无害于他人，对自己也是一种自我心理慰藉，在一定程度上具有释放性能量、缓解性紧张、保持身心平衡、避免性犯罪和不轨行为的作用。

很多人认为手淫是有害的，会导致神经衰弱，对身心会造成很大的损害，会对自己今后的发展产生不良影响。事实上，大家不必为此担心，适当的手淫并不会带来任何损害。实际上，个体对手淫的不恰当认识以及由此产生的羞愧、恐惧和焦虑才是出现神经衰弱、影响精神状态的根本原因。适当的、有节制的手淫对身体是无害的，但这并不意味着要提倡手淫。如果手淫过度，则会给身心带来沉重的负担，会对泌尿生殖系统产生不利影响，引发尿道炎、前列腺炎，从而导致身心疲劳，影响正常的工作和生活。因此，对待手淫的正确态度应是顺其自然，既不为追求快乐而刻意为之，也不要因恐惧、焦虑而强行压制。

三、士官生的性心理健康

随着士官生生理发育的逐渐成熟，恋爱与性问题也随之而来。科学地认识性、促进自身性心理健康发展是他们必须要面对的问题。

（一）培养健康的性心理

性心理活动主要体现在性意识、性情感、性观念、性需求及性的自我调节等方面。健康的性心理是指个体在上述诸方面都符合社会文化的道德规范，这有利于个体身心的健康发展。反之就是不健康的性心理。

1. 健康的性意识

健康的性意识是指个体具有正确的性别认同、正确的性对象及正确的性行为意识。正确的性行为需要异性对象的支持，这是健康性意识形成的根本，健康性心理也包含了个体对性和知识的正常渴求。

性意识指性差别、性身份、性别角色和性冲动在心理觉察层次上的反映。性意识的形成和发展与性心理发育的程度密切相关。个体最早的性意识产生于两岁前后婴幼儿对父母性别角色差别的认知阶段。随后通过父母的教养行为和语言，儿童会在3岁前形成自己是男性还是女性即性身份的意识。成年人的性意识主要是指性冲动和性活动时的性体验。

2. 健康的性情感

这是指正常的异性吸引（包括异性的外形美与内在美）；从友情到爱情的转化；情爱

与性爱的结合；等等。健康的性情感应该是在正常的异性间相互吸引的基础上逐步形成和发展起来的。正常的异性吸引是双方了解彼此的最好方式。

3. 健康的性观念

符合科学、合乎自然、合乎道德规范的性观念才是健康的。针对传统的性观念或新观念，我们应以科学的态度进行研究，取其精华、去其糟粕。

4. 健康的性需求

青少年时期性的需求具有冲动性，青少年由于身心尚未完全发育成熟，因此他们在某些方面的自制力并不强。在性方面，自我约束的程度反映出了其性心理的成熟程度。健康的性心理是社会、心理、生理三方面在性问题上的和谐统一，三者中任何一环的偏离都会造成不良的后果。

（二）培养健康的性行为

健康性行为是指性交双方要考虑性行为的后果和社会责任。由于人们对性行为的态度和观念会因时代的变化和文化的更迭而有所改变，因此人的性行为受一定的社会规范和性道德、性行为准则的约束。

1. 忠于单一的性伴侣

健康的性行为应该忠于单一的性伴侣。性伴侣越少，感染性病的概率就越低；性伴侣越多，越容易感染性病。健康的性结合方式是富有情感的一对一的性关系。个体要避免危险的性行为的发生，任何会接触到对方精液、阴道分泌物及唾液的行为都是危险的；要使用安全套，每次性行为都要坚持正确、全程使用安全套。

2. 避免婚前性行为

婚前性关系的不良影响有以下几点。

（1）影响爱情的健康发展

先恋爱后结婚是因为双方需要经过恋爱这个"缓冲带"来相互认识、相互了解、发展感情。过早的性行为会造成双方情感的无序发展。当只关注两性关系中在肉体上逐步缩短彼此的距离时，两人在个性、适应、价值观等更重要层面的沟通就会松弛下来，这会阻碍恋人间的思想交流和情感发展，从而影响爱情的稳定性和完善性。其实人与人之间最重要的是心灵世界的互动，而不仅是感官的刺激。

（2）影响身体健康

目前，由于中国在校士官生基本上是一个未婚群体，士官生发生性关系的做法是不合法的，也是违背道德的。婚前性行为一是容易引起疾病；二是容易造成怀孕；三是怀孕后做人工流产，容易诱发并发症，容易导致各种慢性炎症。所以，婚前性行为对女性身体健康造成的危害尤其大。

（3）影响心理健康

从中华民族的传统道德和法律上来看，性行为只是法定夫妻的权利。因此婚前性行为不受法律保护，属于一种不法行为，也是一种不道德的行为。正因为这样，婚前性行为往往使当事人产生罪恶感，其会因担惊受怕而产生压力感。

（4）影响性健康

婚前性行为通常伴随着恐惧心理，由于害怕被人发现，因而被迫采取"速战速决"的战术，这种做法对男女双方都不利。此外，婚前性行为往往容易导致意外的出现。

（5）容易产生"后放效应"

"后放效应"主要是针对女方而言的。发生婚前性行为的女子如果能与男方结婚并能亲密无间地生活，则随着时间的流逝，其心理会逐渐恢复平衡。但如果被男方抛弃，那么自己的一生都会受到重大影响，其心理也会留下难以磨灭的阴影。

因此，为了获得幸福美满的婚姻生活，士官生必须对婚前性行为的不良后果有足够的认识，加强自律、学会拒绝。士官生尤其是女性应当在生活中坚守必要的原则。

3. 为自己的选择负责

男生的正确做法：①加倍珍惜。你要倍加珍惜，包容对方，与其携手人生。②注意安全。注意卫生，以防生病；做好避孕准备，以防意外怀孕。③周密呵护。一旦避孕失败，要及时采取措施，精心照料女友，保证其有充足的休息时间和充足的营养。④男生要帮助女友调节情绪，以免其压力过大产生抑郁情绪。

女生的正确做法：①别埋怨。如果意外怀孕，切忌埋怨自己的男友，埋怨不仅无济于事还会使双方的心灵受到伤害。②要振作。性毕竟只是我们生活的一个方面，而不是全部。不要因为青春期的性失误而放弃你的整个生活。③可求助。如果意外怀孕后无法排解心中的压力，那么你可以主动寻求心理咨询师的帮助。

心理科普

艾滋病

一、艾滋病相关知识

艾滋病（AIDS）是由人类免疫缺陷病毒（艾滋病病毒，HIV）引起的获得性免疫缺陷综合征。它是一种危害大、病死率高的严重传染病。目前尚无有效疫苗和治愈药物，但已有较好的治疗方法，该方法可以延长患者的生命，改善其生活质量。艾滋病是完全可以预防的。艾滋病本身不是一种病，而是一种无法抵抗其他疾病的状态或综合症状。人不会死于艾滋病，而会死于与艾滋病相关的疾病。

艾滋病病毒存在于感染者和病人体液和组织液中，如血液、精液、阴道分泌液、乳汁、眼泪、唾液、尿液和淋巴细胞等。血液、精液和阴道分泌物中病毒浓度最高；其他体液，如唾液、眼泪中的含量很少。

艾滋病病毒的三条主要传播途径。①血液传播。如共用注射器静脉吸毒、输入含艾滋病病毒的血液及制品等。②母婴传播。母亲会通过胎盘、分娩、哺乳等途径将艾滋病传染给孩子。③性传播。如异性性行为、同性性行为。另外，艾滋病不会通过以下方式传播：①共同工作和劳动，共用办公用品、学习用具和农具等。②一般生活接触，如共同进餐、拥抱、握手、礼节性接吻、游泳；共用马桶、浴盆、衣服、被褥、钞票等。③蚊虫叮咬、咳嗽、打喷嚏等。

二、艾滋病疫情

目前，我国艾滋病疫情虽然保持低流行态势，但HIV感染者／AIDS病人却持续增加，HIV感染者数量明显上升，其全球死亡人数有所增长。性传播为主要传播途径，男男性行为者（MSM）传播增加明显，吸毒传播环比下降。在艾滋病流行地区，青年人是主要的高危人群。感染率逐年增长是青年学生艾滋病流行的主要趋势。以MSM传播为主是青年学生艾滋病流行的重要特征。

2014年在全国31个省、自治区、直辖市中，新报告学生艾滋病感染者人数超过100例的达到13个省份。2015年1～6月新诊断报告的学生艾滋病感染者中，77%为大专院校的学生，98%为男生；从传播途径来看，主要为性接触传播，其中男男性传播占81%，异性性传播占17%。这些数据表明，学生中近年出现的艾滋病感染者人数上升，主要是男男同性性行为造成的。

三、艾滋病感染的危险人群

由于艾滋病从一出现就与同性恋紧密联系，尤其是男同性恋者，所以人们曾将艾滋病等同于同性恋。但大量研究证明，同性恋者并不等于艾滋病，危险的是他们的某些性行为方式，而不是同性恋本身。

性行为方式的不同使得男同性恋者每次性接触感染艾滋病的风险也各异。这为艾滋病、性病的传播创造了条件。

口交是绝大多数男同性恋者用来达到性高潮的性交方式。对于艾滋病病毒来说，在口腔和牙龈有炎症、破损、溃疡、出血等情况下，传播的危险性高。无论口腔健康状况如何，口交感染其他性病的危险性很高，如尖锐湿疣、淋病。而性病使艾滋病病毒传播的危险性提高了2.0～23.5倍，集中在2～5倍之间，原因是性病增加了艾滋病病毒的传播性及易感性。

四、青年学生艾滋病流行的危害

青年学生是国家的未来、民族和家庭的希望，青年学生感染 HIV 后对经济发展、社会稳定、家庭和谐与健康水平等均有重大影响，其相对危害程度更为严重。

（一）对个人的危害

HIV 对个体生理和心理及社会层面的影响很大，个体因此而不能安心学习，甚至失去学习能力，遭受各种各样的歧视，这对个体求学、就业、婚恋和就医等方面带来了严重影响。

①生理上的危害。感染 HIV 后，人体的抵抗力逐步下降，若不积极进行抗病毒治疗则健康状况会迅速恶化，个体在身体上承受着巨大的痛苦，最后会失去年轻的生命。

②心理上的危害。HIV 感染者/AIDS 病人无论是否治疗，除了身体承受巨大痛苦之外，还会出现严重的心理障碍，产生抑郁、绝望、无助的情绪反应。

③社会上的危害。由于对疾病的认识不足，感染者很难得到亲人、朋友的理解，在社会上处于孤立无援的状态。个别 HIV 感染者/AIDS 患者仇视社会，从而采取报复手段，危害社会的安定。

（二）对家庭的危害

主要是给家庭带来严重的经济负担，容易导致家庭不和，造成家庭破裂。

1. 带来严重的经济负担

我国虽然实施免费的艾滋病抗病毒治疗政策，能为其家庭减少一大笔开支，但感染者还是要负担定期体检、机会性感染治疗等高额医疗费用，而这加重了家庭经济负担。

2. 容易导致家庭不和与破裂

感染者的家庭成员不仅要承受艾滋病所带来的歧视，还要担心自己是否会被感染、什么时候被感染，也会背负沉重的心理负担。这容易造成家庭不和，甚至导致家庭破裂。

（三）对社会的危害

青年学生感染 HIV 对社会的危害主要表现在以下方面：人口死亡率增加，人口期望寿命下降；医疗费用增加，医疗服务质量受影响；加重社会的负担，影响经济增长；造成广泛流行，影响社会稳定；等等。

五、个人预防艾滋病的措施

①洁身自爱，不去非法采血站卖血，不涉足色情场所，不要轻率地进出某些娱乐场所；在任何场合都应保持强烈的预防艾滋病意识；不要存在任何侥幸心理；不要因好奇而尝试吸毒；不要进行无保护措施的性行为，可使用安全套。

②生病时要到正规的诊所、医院求治，注意输血安全，不到医疗器械消毒不合格的医

疗单位特别是个人诊所打针、拔牙、做针灸、做手术。不用未消毒的器具穿耳孔、文身、美容。

③不与他人共用剃须刀、牙刷等，尽量避免接触他人体液、血液，对被他人污染过的物品要及时消毒。

心理测验

测验须知：

1. 本测验适用对象为 16 岁以上人群。

2. 本测验选用的是专业的测试问卷，它可以帮助我们了解自己的恋爱观。本测验不能用于心理问题的诊断，具体心理问题的诊断请遵从心理咨询师的评估。

恋爱观测试

健康的恋爱观是美好爱情的保证。请回答下列问题，并将总分值与结果对照。

1. 你对爱情的想法是（　　）

　　A. 具有令人神往的浪漫色彩　　　B. 能满足自己的情欲

　　C. 使人振奋向上　　　　　　　　D. 没想过

2. 你希望恋爱如何开始（　　）

　　A. 在工作或学习中逐渐产生　　　B. 从小青梅竹马

　　C. 一见钟情，卿我难分　　　　　D. 无所谓

3. 你对未来妻子的主要要求是（　　）

　　A. 善于理家　　　　　　　　　　B. 别人都称赞她的美貌

　　C. 听从你的意见　　　　　　　　D. 能在多方面帮助你

4. 你对未来丈夫的要求是（　　）

　　A. 有钱、有地位　　　　　　　　B. 为人正直，有上进心

　　C. 不嗜烟酒，体贴自己　　　　　D. 英俊、有风度

5. 你认为巩固爱情的最好途径是（　　）

　　A. 满足对方的物质要求　　　　　B. 用甜言蜜语讨好对方

　　C. 对对方言听计从　　　　　　　D. 努力使自己变得更美丽

6. 在下列爱情格言中，你最喜欢（　　）

　　A. 生命诚可贵，爱情价更高　　　B. 爱的意义在于互相提高

　　C. 有福同享，有难同当　　　　　D. 为了爱，我什么都愿干

7. 希望恋人和你在兴趣爱好上（　　）

　　A. 完全一致　　　　　　　　　　B. 虽不一致，但能互相联系

　　C 服从自己的兴趣　　　　　　　D. 没想过

8. 你对恋爱中的意外曲折怎样看（　　）

　A. 最好不要出现　　　　　　　　　B. 自认倒霉

　C. 想办法分手　　　　　　　　　　D. 把它作为对爱情的考验

9. 发现恋人的缺点时，你的感受或态度是（　　）

　A. 无所谓　　　　　　　　　　　　B. 嫌弃对方

　C. 内心十分痛苦　　　　　　　　　D. 帮助对方改进

10. 你对家庭的向往是（　　）

　A. 能同爱人天天在一起　　　　　　B. 能使人生有个归宿

　C. 能享受天伦之乐　　　　　　　　D. 能激励对生活的追求

11. 自己有一位异性朋友，你会（　　）

　A. 征得对方同意才继续交往　　　　B. 让对方知道，但不许干涉

　C. 不告诉对方，认为是自己的权利　D. 根据对方态度而决定是否告知

12. 看到另一位比对方更好的异性时，你会（　　）

　A. 讨好对方　　　　　　　　　　　B. 保持友谊，必要时再做说明

　C. 十分冷淡　　　　　　　　　　　D. 听之任之

13. 当你迟迟找不到理想的恋人时，你会（　　）

　A. 反省自己的择偶标准是否符合自己的实际情况　　B. 一如既往

　C. 心灰意冷，对婚姻感到绝望　　　D. 随便找一个算了

14. 当所爱的恋人不再爱你时，你会（　　）

　A. 愉快地同对方分手　　　　　　　B. 毁坏对方的声誉

　C. 千方百计缠住对方　　　　　　　D. 不知所措

15. 恋人做出对不起你的事时，你会（　　）

　A. 采取报复手段　　　　　　　　　B. 到处诉说对方的不是

　C. 认为自己倒霉　　　　　　　　　D. 从中吸取教训

16. 你认为理想的婚礼是（　　）

　A. 能留下美好而有意义的回忆　　　B. 有排场，被别人羡慕的

　C. 亲朋满座、热闹非凡的　　　　　D. 双方父母满意的

评分标准：

题号	A	B	C	D
1	2分	1分	3分	0分
2	3分	2分	1分	1分
3	2分	1分	1分	3分
4	0分	3分	2分	1分
5	1分	0分	2分	3分

续 表

题号	A	B	C	D
6	2分	3分	2分	1分
7	2分	3分	1分	0分
8	1分	2分	0分	3分
9	1分	0分	2分	3分
10	2分	1分	1分	3分
11	3分	2分	1分	1分
12	0分	3分	2分	1分
13	3分	1分	0分	1分
14	3分	1分	0分	1分
15	0分	1分	2分	3分
16	3分	0分	1分	1分

结果分析：

32分以下：恋爱观不够正确，要注意改进。

32～40分：恋爱观处于一般水平。

40分以上：恋爱观基本正确。

如果这16个题中有一半左右你不知道如何回答，则表明你的恋爱观还游移不定，需要尽快确立自己的恋爱观。

心理团辅

四分之一感觉

1. 活动目的：使学员能够主动同别人接触交流，以达到相互熟悉增进了解的目的。

2. 活动道具：卡片

3. 活动过程：

（1）大家在进入教室时每人领一张卡片（女生可以做一个区分，最好是两男两女），但只是四分之一张卡片，进入会场后需要去寻找其他三位会员手中的卡片，将其拼成一张完整的图片。

（2）大家要积极地寻找陌生人，询问、展示、合作，最终达成"联盟"，只有找到其他的三位朋友，才可以找一个位置坐下来。

（3）把组合成的图片放到桌面前方，并要迅速熟悉本小组成员。

第九章 士官生心理压力

案例导读

某校大二士官生小孙是家里的独生子。高考之后,在家人的建议下填报了直招士官生志愿,成功被外省某校通信技术专业录取。入校一年来,学校军事化的管理制度、繁重的学习任务、高强度的军事训练让他感觉大学生活紧张而劳累。这与小孙当初对大学生活的期待相差甚远。加之远离家乡、亲人,饮食、气候不适应,一年来,小孙在学习、训练上消极懈怠,且心情压抑、情绪低落,无法集中精力认真学习,导致两门专业课挂科。眼看大二这一年又要过去了,马上要面临明年的入伍选拔考试,在这之前他要完成两门专业课的补考,否则就没有机会进入部队,这样的话,两年的辛苦训练也就白练了。同时,他还要重新面临就业问题,而且父母并没有优质的资源帮助他解决就业难题。这一现状让小孙深感压力巨大,心情更加低落,他已经连续一个星期失眠了,并认为自己一事无成。

本案例中的士官生小孙由于心理压力较大,因此精神状态不好、自我评价极低。在士官院校中,士官生的心理压力来自多方面,主要是来自家庭、环境与军事任务的压力。适度的压力不仅不会对士官生身心造成危害,反而会产生良好的激励效果,但如果压力超过本人能够承受的范围,那么其就会出现精神不振、自卑焦虑、悲观失望的问题。

第一节 士官生心理压力概述

在人生的道路上,压力会与我们如影随形。在纷繁复杂的现代社会,由于当代士官生,尤其是以 90 后为主体的大学生一族初出茅庐、涉世不深。其生活阅历相对简单,成长道路较为平坦,普遍缺乏社会生活的磨炼,自我调节能力和自我控制能力不强。因此,他们很容易在处理学习、训练、社交、友谊、爱情以及个人与社会的关系等人生复杂问题时感受到身心方面的压力。

一、士官生心理压力的概念

压力是压力源和压力反应共同构成的一种认知和行为体验过程。它包括三个方面的内容:一是客观地反映,指那些使人感到紧张的事件或环境;二是主观的反应,指压力是一种心态，它是人体内部出现的解释性、情感性、防御性的反应过程；三是指压力可能是对需要或者伤害侵入的一种生理和行为上的反应，这种反应是每个有压力的人都很容易体验到的。

士官生的心理压力通常是指当其察觉到环境对自己的要求超过自己的应对能力，或者自己被迫以某种不喜欢的工作方式在不适应的环境里工作，从而失去对学习、工作或人际关系的把握感、控制感时所产生的一种生理的和心理的状态。心理压力即精神压力。

二、士官生心理压力的种类

士官生是部队培养的专业人才，更是承担着保卫国家安全重要使命的特殊群体，其承受着来自各方面的压力。心理压力问题已经开始影响士官生的学习、训练和生活等多个方面。按压力的轻重程度以及构成要素，我们可将压力分为以下三类。

1. 单一性压力

日常生活中，人们会在生存和发展过程中遭遇各种无法回避的生活事件，如考试、训练、亲人亡故、迁居、旅游等。如果我们在生活的某一时期内，经历着某一种事件并努力去适应它，且其强度不足以使我们崩溃，那么我们称这时候体验到的压力是一般单一性的生活压力。

在适应此类压力的过程中，如果当事者付出了努力且在衰竭阶段没有崩溃，并且没有再发生任何事件，那么经历者就会提高和改善自身的某些适应能力，它就是我们通常所说的"经一事，长一智"的道理。

2. 叠加性压力

叠加性压力有两类：一是同时性叠加压力，在同一时间里，有若干构成压力的事件发生，这时当事者体验到的压力称为同时性叠加压力。比如，我们常说的"危机四伏"。二是继时性叠加压力，即两个以上能构成压力的事件相继发生，后继的压力恰恰发生在第一个压力的第二阶段或第三阶段，这时当事者体验到的压力称为继时性叠加压力，如"屋漏偏逢连夜雨""祸不单行"等。

3. 破坏性压力

破坏性压力又称极端压力，包括战争、大地震、空难、攻击事件等。人在遭遇或对抗重大压力（破坏性压力）后，其心理状态会产生失调的后遗症。心理学上称之为创伤后压力失调，它也叫创伤后应激障碍。

三、心理压力的相关理论

不同学者基于自己的研究领域提出了压力研究的不同理论，主要包括以下几种理论观点。

（一）压力的刺激说

该学说认为，压力是外界环境对个体的一种刺激，不同性质的刺激会使个体产生不同的压力。他们关注压力的各种来源，认为压力刺激具有干扰和破坏的作用，并根据刺激的特性来描述压力状态。该学说借鉴了物理学弹性的概念，认为压力强度不能超过个体所能承受的极限，否则会对个体造成永久性的伤害。许多学者编制的压力问卷便是以这个理论为基础进行的，主要是探索个体生活环境中存在的各种刺激，即压力源对个体造成的影响，存在的压力源越多，则刺激的累积作用越明显，个体的压力也就越大。在该理论基础上开展的一系列研究对于揭示生活事件等压力源与心身疾病的关系，具有重要的现实意义。

（二）压力的反映说

该学说将压力看作是个体对环境刺激的一种反应，是个体为了适应外界刺激而产生的一系列身心反应，强调的是压力对个体作用的结果。外界刺激会导致个体的生理唤起，会使个体的中枢神经系统和自主神经系统兴奋，会引起内脏、骨骼肌等身体器官的高速运转，为身体提供能量，使个体做好战斗或逃跑的准备。这是人在面对外部威胁时产生的一种原始的、本能的生理反应。赛耶通过对动物的实验发现给予白鼠不同强度的刺激后，白鼠就会产生肾上腺肿大、胸腺萎缩、胃溃疡等症状，他根据这一发现提出了一般适应综合征（GAS）的理论，即面对各种不同的刺激时，生物体的生理反应都是相同的。GAS包括警戒阶段、抵抗阶段和衰竭阶段。

当外部刺激引起个体的生理唤起时，个体处于警戒阶段；当个体动用身体能量去应对刺激时，个体处于抵抗阶段；当刺激持续存在且身体能量消耗殆尽时，个体处于衰竭阶段，此时机体的免疫功能下降，易产生各种疾病。在此理论指导下开展的研究主要是关注于不同压力状态下个体的生理、心理和行为的指标变化，并进一步探讨压力与身心健康、职业疾病的关系问题。

（三）压力的交互作用说

随着压力研究的不断深入，研究者对压力这个复杂的现象有了更全面、更系统的认识。在前人研究的基础上，拉扎勒斯和福克曼提出了一个新的比较有影响力的压力理论模型：压力的交互作用理论。

根据该理论的观点，压力既不是一种刺激也不是个体的反应，而是个体与环境的交互作用，是个体对环境可能产生的威胁进行评价的结果，而且压力是一个动态的过程，会随着时间和环境的改变而变化。交互作用模型包含两大要点：其一，在压力过程中存在着许多中间变量，压力源与中间变量的交互作用将直接或间接地影响个体最后的反应方式和结果；其二，压力的产生与个体和环境间的特定关系有关，若个体认为自己无力应对环境，那么他们就会产生压力体验。个体对压力源的评价标准分为伤害、威胁和挑战三种。伤害是指已经发生的损失，如失去工作、受到上级的批评等；威胁指损失还没出现，但个体预料到在将来会出现；挑战则是一种对个体有较高要求的情境，个体通过克服困难而获得成长和发展。挑战可以使人充满激情，积极投入到工作中。

个体对压力源的评价通常分为三个阶段：初次评价是个体考察情境要求对自身的影响是伤害、威胁还是挑战的阶段，然后是第二次评价，即个体考虑自身所具有的资源是否可以应对环境的要求，最后是再评价，即对应对的评价。如果情境是可以控制的，那么应对策略便以问题为中心；若情境暂时无法控制，则应对策略以情绪为中心。这个理论模型注重认知因素在压力中所起的作用，在实际研究中被广泛接受。基于这一理论模型，学者们也提出了丰富的研究成果。

（四）压力的系统理论说

有的学者在借鉴系统论的基础上提出了压力的系统模型，认为心理压力不是简单的因果关系或刺激—反应过程，而是多种因素相互作用的整合过程。姜乾金提出压力是一个生物、心理、社会一体化系统的概念，压力是由压力源、压力反应和其他许多相关因素构成的多因素系统，生物维度包括生理倾向因素、躯体因素等；中间个体维度包括认知评价、态度、人格及应对方式等；而社会维度包括社会支持系统、生活变化、家庭和工作关系网络以及与社会角色有关的期望等。

（五）压力的整体观念说

布鲁纳基于全面健康运动提出了压力的整体观。他认为个体的整体健康是生理、智力、情绪、精神和环境、职业等功能最佳结合的结果，在整体健康观念的基础上，压力可以看作是一个整体现象，是个体、压力源与环境的整体交互过程。高水平健康的个体能够将真正的压力源和非压力源区分开来，调动所需能力应对日常压力源，对压力有更多的抵御，而健康的整体功能较差的个体易患各种疾病，体验到更多的压力。物理和社会环境在微观和宏观水平上会影响个体的功能，微观环境可以影响到个体在生活中的压力水平和应对能力，影响到生活质量、感、支持系统和与压力有关的许多因素。压力水平还受社会大背景的影响，如战争、国际争端、经济、全球变暖等，这些都会影响到个体的日常生活，影响到其感知压力的水平。

心理科普

创伤后应激障碍

创伤后压力失调一般要经过以下几个阶段。

1. 迷惘呆滞阶段

个体处在迷惘、呆滞当中，反应迟钝。此时应给予其关心、陪伴，以警惕危机的再度发生。

2. 恐慌阶段

个体处于恐慌、害怕中，手足无措、无所适从、情绪失控。此时可以采取陪伴、倾诉、关心、谈话、沟通、关怀等方式，以避免当事人反应失当。

3. 创伤失调阶段

会产生怨天尤人、过度自责的现象。此时需要做的是协助当事人宣泄情绪，同意、支持他的做法。告诉当事人："我愿意听您说、关心您。"并且用不同方式（卡片、电话、倾听、行动）表示你一直会倾听、支持他，积极地了解其伤痛，同时为其寻找支持系统。

4. 追踪解决阶段

当事人认为"我需要人帮忙，我撑不住了，我想改善我的状况"。此时，需要做的是积极地同其讨论，运用助人的方法帮助当事人进行澄清。使其重建自我框架，并以"统整"方法协助当事人进行自我治疗，帮助其学习、成长与发展。

5. 长期复健阶段

当事人已准备接受他人及专家的帮助。此时应制订心理复健计划，开发其社会资源及支持系统，并分不同专业予以治疗。

第二节　士官生的常见心理压力

心理压力作为一个过程会对主体形成不同的结果，不同程度地增强或降低主体的健康水平。适度的压力能激发人体内的各种潜能，使人处于应激状态，以应付各种挑战，具有一定的积极作用。但当压力过大、持续时间过长，且超越了个体所能承受的范围时，则会对人产生抑制作用，引起个体生理上、心理上、行为上的消极反应，使其产生种种心理失调反应，进而影响他们正常的学习、训练、工作和生活。

一、士官生心理压力的形成

心理压力是由外部事件引发的一种体验，是由压力源和压力反应共同构成的一种认知和行为体验过程，是促使一个人的心理及生理状况处于紧张状态的条件。下图描述了心理压力的形成过程。

压力的形成过程

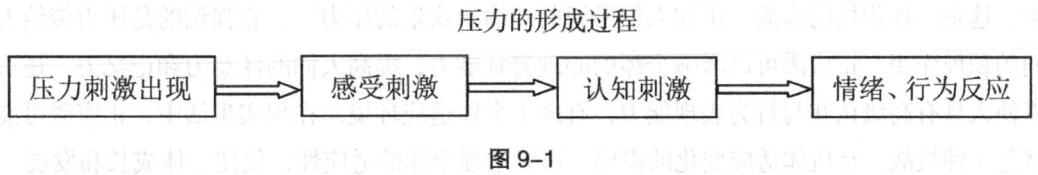

图 9-1

从上图中可以看出，当压力刺激出现时人们的感觉器官马上就会感受到刺激的威胁，这是人的生物本能。一旦接收到了刺激信号，大脑就会对刺激信号加以分析，而不同的认知策略会使个体产生对刺激的不同认知，继而大脑会发出指令调动各种资源来应对刺激，这会使个体出现相应的情绪、行为反应，这时心理压力就形成了。根据引起压力事件的性质的不同，可将压力源分为三类。

一是生物性压力源，它是直接阻碍和破坏个体生存与种族延续的事件，包括躯体创伤或疾病、饥饿、性剥夺、睡眠剥夺、噪音、气温变化等。

二是精神性压力源，它是直接阻碍和破坏个体正常精神需求的内在和外在事件，包括错误的认知结构、个体不良经验、道德冲突以及长期生活经历造成的不良个性心理特点（如易受暗示、多疑、嫉妒、自责、悔恨、怨恨等）。

三是社会环境性压力源，它是直接阻碍和破坏个体社会需求的事件。社会环境性的压力源又分为两种。一种是纯社会性的压力源，如重大社会变革、重要人际关系破裂（如失恋、离婚等）、家庭长期冲突、战争、被监禁等。另一种是由自身状况（如个人心理障碍、传染病等）造成的人际适应问题（如社会交往不良）等。

二、士官生心理压力的作用与类型

人们面对压力时会产生心理、生理的反应，适度的压力在一定程度上是人体主动适应环境变化的需要，它能够激发人的潜能，增强人类抵御疾病的能力。但如果压力反应过于强烈或持久，超越了人体自身调节和控制的能力，就可能导致个体心理、生理功能的紊乱。

（一）心理压力的积极作用

1. 压力满足基本需要

汉斯·薛利曾指出："完全脱离应激等于死亡。"马斯洛也曾指出："必须意识到，现在所具有的压力太低了，以致不能发挥我们进化的潜能。"医学和心理学都已证明，人的生理、心理状态都需要足够的刺激来激活，人的情绪需要被适度唤起，等等。如果毫无压力，人就会感到厌烦，难以保持适当的效率。如果没有压力，人就无法正常生活，就更谈不上发挥个人能力和潜能了。实际上，所有的压力反应都具有累积效应，可见压力是生活中不可避免的，也是每个人不可或缺的。

2. 压力增强适应性

压力有正面效应，这就是所谓的正应激说法，其表现出来的是一种愉快的、满意的体验，这是一种积极的应激。正如人们所说的"愉快欢乐的压力"，它强调的是压力带给人们的积极作用。正应激可以增强个体的心理警觉能力，提高人们的注意力和记忆力，还可以使人具有高级认知与行为表现能力，有助于个体适应环境。在现实生活中，正应激可能就是一种挑战，是机体适应变化的需要，可以增强个体的适应性，促使个体成长和发展。

3. 压力的其他积极作用

压力的积极作用是，可以使个体学会应对压力的方法、累积经验、增强压力抵抗能力。

压力的积极作用还表现在应对不良情绪上，也表现在竞争激烈的活动中，如体育运动中的竞技项目、对自己前途有重要意义的考试等。在上述情境下，运动员和学生都处于高度的应激状态，以便能在竞争中取胜。

（二）心理压力的消极作用

过度的心理压力对士官生的影响通常表现在以下几个方面。

1. 对生理的危害

有关研究表明，人在过度和持续性的心理压力下会出现一系列的生理反应，可将其划分为三个阶段。第一阶段为警戒反应阶段，身体被动员起来以保护自己、抵抗压力源。这种短时的抵抗会使人体肠胃失调、血压升高、肾上腺素增加。第二阶段为抗拒阶段，身体尝试抵抗压力源并做相应调适。此时，身体保持高度的激动状态，有机体容易发生疾病，如胃溃疡、动脉硬化以及因免疫系统受损而导致的疾病。第三阶段为衰竭阶段，此时机体资源已经相当有限，抵抗压力的能力已到极限。如果压力仍然持续，那么机体发生疾病和受到生理伤害的可能性就更高，甚至会因此而死亡。

现代医学证明，在过度或持续的心理压力状态下，士官生的免疫系统将遭到破坏，还会出现不同程度的生理反应，主要表现为中枢神经内分泌系统和免疫系统方面的疾病。一是心率加快、心肌收缩力增强、血压升高、动脉硬化、呼吸急促、出汗等。二是各种激素分泌增加，从而导致失眠、疲劳、头痛、红疹、脱发、口唇痤疮、口干等疾病。三是消化道蠕动和分泌减少，从而导致消化系统紊乱，产生腹泻、呕吐、胃溃疡、结肠炎、食欲不振、暴食、恶心等症状。

2. 对心理的危害

心理的危害主要表现在认知和情绪危害方面。

（1）认知危害

认知危害主要包括注意力不集中、短期和长期记忆力减退、错觉增加、思维混乱等，因此，过度的压力会影响士官生的注意力、理解力、记忆力等认知能力，损害其思维能力，降低其智力。

（2）情绪危害

情绪危害主要包括焦虑、恐惧、沮丧、悲观、烦躁、紧张等负面情绪。过度的压力会使士官生焦躁不安，使其变得冲动、易怒，还会降低他们对组织的满意感及对学习、训练和工作的热情，如情绪低落、情感衰竭、时常请假等。当压力伴随着生气时，有可能增加士官生的反社会行为，如吸毒、侵犯别人、破坏公共财产等。他们的社会不良行为会增加，其与家庭和朋友的关系也会恶化。

3. 对工作的危害

过度或持续的心理压力往往容易导致士官生工作时高度紧张、频繁出错，会使其能力大大降低，效率显著下降，这会直接影响他们的工作业绩。同时，还会改变士官生的工作态度,使其将工作视为一种谋生手段,对工作缺乏积极性,失去热情,表现为学习懒散、缺勤、离职等。心理压力过度对工作的影响还可以表现在人际关系紧张、交往退缩、推诿责任等方面,这影响到工作的协调性和计划性,进而影响团队工作的开展和整个士官生队伍的形象。

三、士官生的常见心理压力

社会各方面改革的深入进行对以往宁静的大学校园带来了很大冲击。士官生是承载社会、家长高期望值的特殊群体,其成才的欲望非常强烈,但其心理机能尚未完全成熟、稳定。社会的发展变化、涉及士官生切身利益的各项改革的实施、生活环境的变化、求职择业中的竞争、成长过程中的问题等使士官生面临着较大的压力。然而,士官生由于身份的特殊性和客观条件的限制,他们在承受来自社会、家庭、学校、武装办及自身压力时,表现出了种种困惑和焦虑。

此外,从士官生特有的生理和心理发展特点看,他们正处于由青年向成人过渡的阶段,由于其自身的独立性还不够强,对家庭和学校依赖性较大,对社会的了解有限且过于理想化,难以适应突变的环境,自我认识摇摆不定,因此,他们的内心产生了一系列的冲突和矛盾,面临着较大的压力。士官生群体的心理压力主要表现在以下几方面。

(一)沉重的学业压力

据有关调查表明,学业问题仍然是士官生主要的压力来源。当今的士官生的学习任务相当繁重,获得学分、拿到毕业证成了其首要任务。在学习上,大学的学习课程多、难度大、要求高。与中学相比,大学的学习环境与方法发生了较大变化,士官生的学习压力和竞争加重。此外,士官生往往一边要忙着完成专业课的学习,一边还要不断注重自己各方面军事能力的培养,以便为将来走向部队岗位打好坚实的基础。大学是人才济济的地方,一些士官生为了保持中学时代名列前茅的成绩,为了不辜负父母"望子成龙"的期望,经常有被同学超过的危机感和落后的恐惧感。有的士官生每天学习时间过长,经常感到睡眠不足,其学习兴趣下降、学习效率降低,各种紧张症状也随之产生,这给他们心理上造成了较大的压力。

另外,考试也是造成士官生心理压力的重要原因。研究发现,对于考试士官生表现出了不同程度的应激症状,其中以睡眠、焦虑症状为典型特征。"考前忧虑症""考试综合征"等随着压力的产生而诞生。

入学后,士官生的心理压力还来自专业定向方面。专业在一定程度上决定着个人的前途和命运。目前,录取专业便是士官生的既定专业。一旦他们发现所选的专业不适合自己或不适应社会需求时,那么他们势必会产生较大的心理压力。

（二）环境适应方面的压力

士官生正处于"心理断奶期"，他们脱离父母的管教，来到一个完全陌生的环境，告别了紧张忙碌的高中时代，进入了"自由自在"的大学校园。一切的一切如同180度的转变，给没有充分心理准备的士官生带来了空前的压力。在生活上，一些士官生是第一次离开父母，自我照顾能力差，环境适应能力较差，有的甚至对于洗衣服、打扫卫生等日常小事都无法适应，但是学校对士官生的内务要求非常严格，这更加重了士官生的环境适应压力，使产生了焦虑情绪。

另外，一些学校的生活条件不能满足士官生的生活要求，譬如学校硬件环境跟不上、食堂饭菜质量太差、学生宿舍拥挤吵闹等，这使士官生产生了较大的心理压力。

（三）人际交往方面的压力

马克思说："社会不是由个人组成的，而是表现着这些个人彼此处在其中的那些联系和关系的总和。一个人的发展取决于和他直接和间接进行交往的其他一切人的发展。"人际交往方面的困惑是影响士官生心理行为的重要因素之一。

首先，士官生的人际关系问题主要表现为人际关系意识淡薄、人际交往技能不足，以及个性中存在影响人际关系的消极因素。当前，一些独生子女在父母的百般呵护中长大，凡事容易以自我为中心。进入大学后，他们的交往范围扩大，由于同学们来自五湖四海，有着不同的生活习惯和兴趣爱好，因此他们在共同生活中难免产生摩擦和冲突。在集体生活中，一些士官生就会缺乏人际沟通能力和基本的交往技巧。比如，有些士官生因为害羞、自卑或缺乏人际交往经验、不懂交往技巧与原则、不善言辞等而不会与人沟通、害怕交际；有些士官生在与人交往中始终存有一种以自我为中心的闭锁心理，不愿主动敞开自己的心扉；有些士官生在与人交往中怀有较强的戒备心理，产生了心理疑虑，以至于干脆独来独往，不和他人交往，进而自我封闭，并产生了过重的自傲或自卑心理。这些问题都容易使士官生产生压抑、孤独、焦虑、苦闷、紧张、空虚等不良情绪。情绪不断积压，心理压力不断增大，久而久之，他们就会产生严重的心理问题。

其次，近年来随着网络的快速发展，在士官生的人际交往中出现了热衷于网络交往的新趋势。一些士官生沉迷于网络，在虚拟世界中发展所谓的人际关系，以此来实现和满足内心所渴望的理想的人际交往状态和各种愿望。但是当他们怀着无限的心理期待再回到现实中来的时候，心理上的巨大落差使他们产生了沮丧、自卑、焦虑、抑郁的心理不适症状。这种虚拟的交往方式给士官生带来了情绪低落、思维迟钝、自我评价降低等种种副作用，医学上称之为"网络性心理障碍"。

（四）经济方面的压力

有关调查显示，我国高校在校生中约有20%是贫困生，其中5～7%是特困生。首先，对于贫困生家庭来说，每年的学费、生活费是一项相当沉重的经济负担，一些家庭不得不到处借债才能勉强凑齐，贫困士官生在迈入大学校门的一刻起，心理上就一直在承受着较大的经济压力。

其次，受社会上攀比风、吃喝风的影响，当今大学校园中竞相消费的现象也强烈地刺激着部分贫困生，物质条件的窘迫使一些贫困士官生产生了自卑心理。对这部分士官生来说，贫穷造成的心理创伤和心理压力远远超过贫穷窘迫的生活本身带来的压力。这种较大的心理压力使他们在生活中缺乏自信，不愿与人交往，常常逃避、退缩，有的甚至发展成为自闭症和抑郁症患者。

最后，一些自尊心较强的贫困士官生不愿成为别人关注的焦点。他们不愿接受别人的帮助，即使勉强接受，其脆弱的心灵深处也承受了更加沉重的压力；部分虚荣心较强的贫困士官生用与本身经济条件不符的高消费行为来掩饰自己心理上的自卑，但这种掩饰自卑心理的做法往往会使其产生更大的心理压力和痛苦。

（五）情绪和情感方面的压力

喜、怒、哀、乐等情绪、情感像空气一样时刻围绕着士官生，渗透在他们的一切活动之中，影响着他们的学习、生活。青年期的大学生心理上正发生着急剧的变化，表现为情绪波动大，情感体验丰富而复杂，易陷入情绪困扰中，易产生心理压力。

情感问题是多方面的，士官生更为突出、敏感的问题是男女之间的恋爱问题。青春洋溢的士官生追求异性、渴望爱情是情理之中的事。但由于对爱情理解不足，爱情观不确定，对爱情与友谊不能明确地区分，因此他们往往很难适度把握，不能适当地处理由此产生的各种情感问题，从而产生了心理上的压力。士官生身份的特殊性和生活环境的客观限制使士官生与异性接触的机会非常少，从而使正直热血青年时期的士官生的恋爱需求没有得到满足，并致使士官生对自己能否与异性建立恋爱关系表示怀疑。另一方面，对于已经有恋爱交往对象的士官生来说，严格的军事化生活管理制度、繁重的学习任务以及高强度的军事训练给他们与恋爱对象保持情感联系方面造成了极大阻力，这使他们备受煎熬。因此这些很现实的恋爱问题都给士官生带来了很大的心理压力。

（六）军事训练方面的压力

士官生毕业后要进入军营，作为准军人，他们必须掌握基本的军事技能。不断培养士官生良好的军人作风与军事能力，使其初步具备带兵的组织管理能力显得尤为重要。因此，士官生在校期间分别要接受军政课程、军事训练、部队驻训、军事技能实践训练等多方面的学习，增强体能，从而保持和提高自身的战斗力。

军事体能和军事专业科目的训练成为士官生在校学习期间的一项重要任务，士官生不仅要完成早操、晚训等常规体能训练，还要学习擒拿、格斗等基本军事技能，训练强度大、时间长、要求严，这对士官生的身心承受能力是一个严峻的考验。并且他们每学期都要通过各项军事考核，这不仅对士官生的身体素质有较高的要求，也是士官生在校生活中的一个重要压力源。

心理科普

老船长的"压力效应"

有一位经验丰富的老船长,当他的货轮卸货后并在浩瀚的大海上返航时,突然遭遇了可怕的风暴。水手们惊慌失措,老船长果断地命令水手们立刻打开货舱,往里面灌水。"船长,是不是疯了,往船舱里灌水只会增加船的压力,使船下沉,这不是自寻死路吗?"一个年轻水手说。

看着船长严厉的脸色,水手们还是照做了。随着货舱里的水位越升越高,随着船一寸寸往下沉,依旧猛烈的狂风巨浪对船的威胁却一点点减少,货轮渐渐平稳了。

船长望着松了一口气的水手们说:"百万吨的巨轮很少有被打翻的,被打翻的常常是自身轻的小船。船在负重的时候是最安全的;空船时则是最危险的。当然这种负重要根据船的承载能力来定,适当的压力可以抵挡暴风骤雨的侵袭;但如果是船不能承受之重,他就会如你们担心的那样,消失在海面。"

这就是"压力效应"。那些得过且过没有一点压力的人,就像暴风雨中没有载货的船,往往一场人生的巨浪便会把他们打翻;而那些负荷过重的人却大多不是被风浪击倒,而是沉寂于忙碌的生活中。

第三节 士官生心理压力应对

压力看不见摸不着,可它在我们的生活中却无处不在。面对压力时,每个人会做出不同的反应。压力本身不是问题,怎样对待压力和掌握积极应对压力的方式才是问题的根本所在。作为士官生,为了能更好地适应大学学习和部队生活,就应该学会应对压力,提高自己应对压力的能力。

一、心理压力带来的机遇

压力是一种复杂的身心历程,任何情境或刺激都具有伤害或威胁个人的潜在因素,这就是压力的来源。大多数人仅仅关注压力的消极方面,关注产生压力的刺激以及紧张性事件对我们健康的影响。当我们体验到压力时,我们想到的是身体和行为的问题,这些问题包括以下几方面。①行为问题,如咬手指、失眠、到处走动且无所事事。②身体疾病,如消化功能失调或头痛。③情绪变化,如焦虑、抑郁、愤怒或大惊小怪。

尽管如此,有时候压力也是有好处的。比如,就体验到压力来说,适当的压力能使我们的行为处于更高水平。我们为什么会感到压力,这是因为我们意识到了生理上的反应,如焦虑水平提高。焦虑水平的提高可以加深我们的意识,提高我们的心理警觉性,还会导致高级认知与行为表现。耶克斯—多得森定律第一次概括了这种关系，这个定律认为，压力过大及过小都不利于工作效率的提高，适当的压力对心理健康及个人发展具有积极的促进作用。

压力也是一种主观反应，压力是紧张或唤醒的一种内部心理状态，它是人体内部出现的解释性的、情感性的、防御性的应对过程。这些应对过程是发展的，并趋向成熟的。压力本身并不是问题，拿考试不及格这件事情来说，一个学生认为这是让自己寻求帮助的警告，另一名学生却可能认为这是对其人生计划的致命打击。为了更好地说明这个问题，我们举个例子，如果你感到不适去看医生，医生说你的额头很烫，需要做切除手术，你会觉得这个医生精神不正常。人人都知道额头很烫是身体有病的症状，可能是肠胃有毛病也可能是感冒，但99.9%的人认为不会是额头本身的问题。所以症状使我们知道自身的健康有问题，但它本身不是问题。压力也一样，它只是症状而已，可是绝大部分人把压力当成问题本身。一旦出现压力，就感到焦虑并竭力排解这种压力。事实上压力只是提示我们，生活中出现了一些事情需要我们去处理。在深山老林中遇到猛虎，生命受到威胁的压力会使我们拔腿就跑。

二、正确看待心理压力

（一）认知策略

1. 培养正确的认知模式

人最大的敌人是自己，而自己最大的敌人是心态。"人不是被事物所困扰，而是被其对事物的看法所困扰。"认知模式是一种思想的方法和思维的习惯，一个人的认知模式形成以后就会影响这个人对世界的一些看法，包括对压力的态度。从士官生自身的角度来说，士官生应该对自己有一个正确的认识，对自己做出积极、肯定、客观的评价，既不过分高估自己，也不过分低估自己，努力缩小"理想的自我"和"现实的自我"的差距，正确对待学习、训练和工作中的困难、压力和荣誉。

2. 树立良好的心态

首先，士官生的身份有其特殊性，他们既是学生又兼具军人的使命。入学初期，他们可能会面临种种压力，必须树立良好的心态。士官生应加强党性学习，增强集体观念，保持谦虚谨慎、不骄不躁的作风，积极融入士官生团队中去，缩短自己的适应期、磨合期，妥善处理与同学、教师、领导之间的关系，增强自己的凝聚力。

其次，士官生应学会有选择地放弃，坦然面对失去，不过分追求完美，不苛求自己，接纳自己的不足和短处，同时多看自己的长处，当圆满完成任务时应对自己进行肯定并给予自己一定的奖励。

最后，消除以自我为中心的心态，士官生群体不允许个人主义的存在，如自私、自尊心过强、刚愎自用、嫉妒攀比等，士官生应保持乐观、积极的生活态度，这样才能有效地减少外界带给自己的压力。

心理科普

"酸葡萄"与"甜柠檬"

《伊索寓言》中有这样一个故事。饥饿的狐狸摘不到架上的葡萄，它安慰自己说："这葡萄没有熟，肯定是酸的。"这就是酸葡萄心理。与"酸葡萄心理"相对应的是"甜柠檬心理"。它说的是狐狸发现路边有只青涩的柠檬，因为饥饿极了，只能食之，它一边吃一边说："这柠檬真甜、真好吃！""酸葡萄心理"是人类解脱焦虑的一种心理防御机制，以掩饰自己的失望心理。"甜柠檬心理"认为自己选择的就是对的。这个故事类似于阿Q的精神胜利法。从士官生自身的角度来说，就是以乐观的心态来对待过度的心理压力或持续性的压力。

3. 树立自信心

个人在进行压力调节的时候可以采取忽视的方法，即有意不去注意自己的挫折和精神痛苦，对繁杂的事务采取超脱立场，以冷眼旁观的姿态看待学习、工作中的困扰；或者进行选择性重视，即特别注意自己的优点和成就，增强自己的信心和自我实现的信念；或者改变自己原有的价值系统，对不能实现的愿望与理想淡而置之，不再过分执着。

（二）时间管理策略

管理大师彼得说过："时间是世界上最短缺的资源，除非善加管理，否则一事无成。"压力的产生往往与时间的紧迫感相生相伴，因此，士官生应学会高效的时间管理法。

1. 分清轻重缓急

安排优先顺序，分清轻重缓急。把任务分成重要且紧急的事、重要但不紧急的事、不重要但紧急的事、不重要且不紧急的事。高效时间管理法的核心是先轻重，后缓急。即先完成重要且紧急的事，再完成不重要但紧急的事，其次再完成重要但不紧急的事，最后完成不重要且不紧急的事。

2. 抓住今天

压力都有一个相同的特点，就是突出表现为对明天和将来的焦虑和担心。高压力的工作情境通常存在任务负荷大、时间紧迫的特点。每个人的资源和能量都是有限的，个人无法同时做好数件重要而有难度的工作。应对压力的最佳办法就是集中精力，把工作安排好，抓住今天，把今天的工作做好。

（三）社会支持策略

社会支持是个体社会性发展所依托的社会关系系统，士官生可建立一个稳定的社会支持系统。

1. 要学会寻求帮助

士官生在压力过大时要建立自己的朋友圈，善于向社会支持系统寻求帮助，不要封闭自己，不要试图把所有压力都承担下来。同时，在压力到来的时候，可采取主动寻求心理援助的方法，如与家人朋友保持一种联系，在困难、烦恼的时候通过向最信任的朋友倾诉和交流、进行心理咨询等方式来积极应对，以减少心理压力。

2. 要与单位直属上级领导建立有效的支持性关系

在工作当中，我们与直属领导的关系是最密切的，如果这种关系紧张，那么其不仅会对工作也会对自己的身体健康产生消极影响；我们要去了解上级的困难，同时也要让上级了解自己的困难。因为这样的沟通可以减少自己的心理压力。

3. 要多读书、参加活动

要缓解过度或持续的压力，一是要多读书，读一本好书，以开阔视野、丰富阅历、开阔心胸；二是要参加活动。士官生要主动挤出课余时间参与各种有益生理和心理健康的娱乐活动，如唱歌、跳舞、打太极、跑步、摄影、登山、游泳等有益于身心健康的文体活动。这些活动不仅有助于彼此分享人与人之间的智慧和心得，交流情感、增进友谊，还有助于宣泄我们的消极情绪、缓解我们的工作压力。

三、应对心理压力的方法

士官生的学习、训练任务大，生活节奏紧张。个体、职业、家庭、环境等方面的诸多因素导致士官生容易面临多种压力情境。给过度压力或持续压力制造缓冲空间，保持健康的体魄，营造良好的人际关系，这些将对士官生将来走向部队、开启军旅生活产生重要影响。下面介绍几种常见的减轻压力的方法，这些方法可以产生很好的效果。

（一）日常减压法

以下是帮助士官生在日常生活中减轻压力的10种具体方法，这些方法简单方便，经常运用就会产生很好的效果。

①早睡早起。在你的家人醒来前一小时起床，并做好一天的准备工作。

②同你的家人和同学分享学习、训练和工作中的快乐。

③一天学习之余要适当休息，以使头脑清醒、呼吸通畅。

④利用空闲时间锻炼身体。

⑤不要急切地、过多地表现自己。

⑥提醒自己任何事情都不可能是尽善尽美的。

⑦学会说"不"。

⑧生活中的顾虑不要太多。

⑨偶尔可通过听音乐来放松自己。

⑩培养豁达的心胸。

（二）放松减压法

1. 肌肉放松法

肌肉放松训练法的要点：先紧张后放松，在感受紧张之后充分体验放松的效果；肌肉放松训练的选择是自下而上的，即将身体分为若干段，从脚趾肌肉开始，沿着小腿—两大腿—臀部—腰背部—腹、胸腔—手臂—颈部—面部—头部的顺序，每个部位的肌肉收缩15秒再完全放松，重复3遍。

2. 呼吸放松法

深呼吸不仅会使人更健康，还可减轻压力，增强免疫功能，可使大脑保持积极状态。正确呼吸的方法如下。

第一步：舒舒服服地躺着或坐着，用鼻子呼吸。开始时，腹部凸出，接下来胸部跟着扩张，然后肩膀也跟着慢慢舒展。慢慢地数到5，不要做快，越慢越好。第二步：屏住呼吸一会儿，然后再通过口腔把空气慢慢呼出，这个过程要数到5以上。尽量把注意力集中在呼吸上，并感受由此带来的身体变化。第三步：重复吸气呼气5次，休息2分钟后再重复。

3. 冥想放松法

冥想放松法是把精神集中到一点，以造成大脑中的一个优势兴奋中心，从而抑制其他部位的活动，利用生物反馈的原理控制机体的某些自动系统（自动系统是指神经系统中不需要知觉控制就能自行活动的那些部分，如呼吸、心脏搏动和血压等），从而对身心加以控制。一项最新研究显示，常年坚持冥想练习能有效改善注意力不集中的情况并能缓解压力。

（三）心理暗示减压法

心理暗示在人们的日常生活中随时随地都可以看到，它是用含蓄间接的办法对人的心理状态产生迅速影响的过程。心理暗示的作用是巨大的，它不但能影响人的心理与行为，还能影响人体的生理机能。消极的暗示能扰乱人的心理、行为和人体的生理机能；积极的暗示能起到增进和改善的作用。

暗示的方式可划分为言语暗示、表情暗示、手势暗示、活动暗示等。如通过语言鼓励自己。大声地告诉自己："我能行！"甚至你可以站在镜子面前，看着自己的眼睛，真诚地表述自己的愿望，告诉自己"我一定会成功！"尝试着每天都对自己说，"我行""我很美丽""我正期待着……""比上次情况好多了"，等等。语言暗示是最为重要的，暗示疗法的运用无一不是借助语言来起到强化作用的。

（四）音乐治疗减压法

音乐减压法是借助音乐，通过一些简单的身体肌肉放松法来让人们进入到介于意识和潜意识状态之间的边缘状态，然后再借助音乐治疗的音乐想象技术，以达到使人身心放松的目的。作为一种无副作用的自我保健方法，心理音乐减压方法对于我们长时期保持一种乐观向上的生活态度，以及预防心理疾病的发生，具有积极的促进作用。

音乐减压法是一种使人身心放松的保健方法。音乐减压所用的音乐多是描述高山、草原、溪流、大海、森林、田野等大自然风光的音乐，这些音乐很容易使人们产生轻松、美好的感觉。不同人群在应用此方法进行心理减压时，应根据自己的实际情况，选择适合自己的身体放松方式和选取自己喜欢的音乐。特别需要注意的是，由于患有严重的抑郁症、焦虑症、恐惧症的心理疾病患者不能正常有效地控制自己的情绪反应，所以他们不适合采用此方法来进行自我心理减压。

（五）肢体运动减压法

肢体运动能够缓解压力，让人保持良性的、平和的心态。当运动达到一定量时，身体产生的腓肽效应能愉悦人的神经。腓肽是身体中的一种激素，被称作"快乐因子"。腓肽效应会让人感觉到高兴和满足，甚至可以把压力和不愉快带走。

此外，适度的运动也有利于消除疲劳，运动能使刺激强度发生变化，能起到改善、调节脑功能的重要作用。要充分发挥大脑的潜能，就必须合理地安排活动，不使某一半球或某一功能区由于反复单调的刺激而疲劳，要动静协调、张弛有度，这样才能提高大脑的分析综合能力，缓解压力。

心理科普

常见的减压食物

水：每天喝足够的水，这样就不会因缺水而精神不振。

香蕉：富含镁元素。镁能化解紧张情绪、排解烦躁，使人保持平稳心态。

葡萄：葡萄可提供丰富的维生素C。人体内缺乏维生素C时，人就容易紧张、发怒、抑郁。

巧克力：富含碳水化合物的甜食具有镇定作用。

全麦面包：全麦面包能保证色氨酸进入大脑，从而使人产生愉悦的感觉。

牛肉：它是一种重要的解压食物，其中富含锌、铁和B族维生素，这些都有助于稳定情绪。增添快乐感。牛肉中的铁元素能使人消除疲劳、抑郁的感觉。

辣椒：其中的"辣椒素"能刺激神经末梢，使人产生热辣感觉，同时大脑会释放内啡肽，它能够使人产生愉快感。

杏仁：其中的B族维生素和镁可帮助人体产生血清素，有助于调节情绪；锌有助于缓解压力；杏仁可当零食，也可作为早餐。

蓝莓：蓝莓富含抗氧化剂和维生素C，这两种营养都有助于防止压力导致的肠痉挛和便秘。

西蓝花：西蓝花富含B族维生素和叶酸，有助于缓解压力、焦虑、恐慌和抑郁情绪。

绿叶蔬菜：菠菜、蒲公英、萝卜缨等绿叶蔬菜含有丰富的铁和维生素C，以及稳定情绪、缓解压力的维生素A和镁，它们都有益于身心健康。

心理测验

心理测验须知：

1. 本测验适用对象为16岁以上人群。

2. 本测验选用的是专业的挫折承受力测验试题，能够帮助我们了解自己在面对挫折时的应对能力。本测验不能用于心理问题的诊断，具体心理问题的诊断请遵从心理咨询师的评估。

挫折承受力测试

指导语：请根据自己的情况对下面的描述做出选择，符合自己答"是"，与自己不符合答"否"。

题　目	选项	
1. 胜利就是一切	是	否
2. 我基本上算是个幸运儿	是	否
3. 白天工作不顺利会影响我整个晚上的心情	是	否
4. 一个连续两年都名列最后的球队应该退出比赛	是	否
5. 我喜欢雨天，因为雨后空气清新、阳光普照	是	否
6. 如果某人擅自动我的东西，我会很生气	是	否
7. 汽车经过时溅了我一身泥水，但我生气一会儿就算了	是	否
8. 只要我继续努力，我就会得到回报	是	否
9. 如果有流感，我常常会被感染	是	否
10. 如果不是因为几次霉运，我一定比现在好得多	是	否
11. 失败并不可耻	是	否
12. 我是一个很有自信的人	是	否
13. 落在最后常使人提不起劲头	是	否
14. 我喜欢冒险	是	否
15. 假期过后我常常不能马上进入工作状态	是	否
16. 遭遇到的每一次否定都会使我更接近肯定	是	否
17. 我想我一定受不了被解雇的羞辱	是	否
18. 如果向我所爱的人求婚被拒绝，我一定会崩溃	是	否
19. 对于过去的错误，我总是难以忘怀	是	否
20. 在我的生活中，常常有些令人沮丧气馁的日子	是	否
21. 负债累累让我焦虑	是	否

续 表

题目	选项
22. 建立新的人际关系对我来说非常容易	是 否
23. 我星期一很难专心工作	是 否
24. 在我的生命中已经有过失败的教训	是 否
25. 我对别人的轻视很敏感	是 否
26. 如果应聘失败,我会继续尝试	是 否
27. 丢了东西,我会整个星期感到不安	是 否
28. 我已经达到能够不再介意大多数事情的境界	是 否
29. 一想到可能无法按时完成某项重要任务,我就寝食难安	是 否
30. 我很少为昨天发生的事情而烦恼	是 否
31. 我很少心灰意冷	是 否
32. 只有具有百分之五十以上的把握,我才会去做某件事情	是 否
33. 命运对我不公平	是 否
34. 我对他人的恨意会持续很久	是 否
35. 聪明的人知道什么时候该放弃	是 否
36. 偶尔做个失败者,我也能接受	是 否
37. 新闻报道中的大灾难会让我心神不宁	是 否
38. 任何否定和阻碍都会让我产生报复之心	是 否

分数与解释:

凡是奇数项题目(1、3、5……)答"是"计0分,答"否"计1分;偶数项题目(2、4、6……)正好相反,答"是"计1分,答"否"计0分。得分越高,你应对挫折和压力的能力就越强。

分数在0~18分,说明你需要加强自己的耐挫能力;

得分在19~29分,说明你已经具备一定的挫折承受力,但尚不足以应对大的挫折的打击,所以你还要加油;

得分超过30分,说明你已经对挫折做好了心理准备,那么还等什么,赶快行动吧,去迎接生活的挑战!

心理团辅

对推掌

1. 活动目的:用于说明不做反抗也许对你更有利,适度的压力有利于动力的产生,但当压力特别大的时候要学会调整,有时候顺其自然可能会有不一样的效果。

2. 活动时间:5分钟,成对练习。

3. 活动过程：

（1）培训师让学生面对面站立。指定其中一位是 A，另一位是 B。

（2）让 A 与 B 学员手掌对手掌并向前推，让双方都尽可能用力推对方。

（3）告诉 A 学员在不做任何提示的情况下，把力收回给 B 学员。

（4）进行角色对换。

4. 分享讨论：

（1）B 学员在 A 学员收力时有什么感觉？

（2）当对方没有反抗而你仍然给对方压力时对方有什么感觉？

（3）压力有时可能会起到相反的作用，你认同吗？

第十章　士官生生命教育与心理危机干预

案例导读

一级士官小李，性格沉闷、易激动，不愿与别人交流，常把自己的想法压在心里，即使和别人交流也往往把自己的真实想法隐藏起来。去年是他面临走留的一年，家里人希望他留在部队工作，因为他们认为"部队是铁饭碗"，但连队根据人员需要决定让他退伍。当得知母亲在为他找工作被车撞伤的消息时，他一下子接受不了这个现实，出现了猜疑、幻想、焦虑等一系列的情绪反应，常常闷头抽烟、走来走去、注意力不集中、答非所问、夜不能寐。

性格内向敏感的士官生小李在留队受挫、母亲被撞伤等接连发生的负性生活事件的影响下出现超出常态的反应性情绪障碍和适应不良行为，如案例中所提到的焦虑不安、烦恼、抑郁、注意力难以集中、惶恐、不知所措、易激惹等症状，以及明显的睡眠障碍。由以上变化可以初步判断小李患了急性应激障碍。心理学中所讲的急性应激障碍是指突发生活事件使个体处于困难处境时，其由于人格不完善、情绪不稳定而产生了烦恼、焦虑和抑郁等情感障碍，适应不良行为（退缩、不注意卫生、生活无规律等）和生理功能障碍（睡眠不好、食欲不振等），是使个体社会功能受损的一种急性心因性障碍。

第一节　士官生生命教育

人为什么活着？人们该怎样去生活才会使生命变得充实而有意义呢？这些问题千百年来一直萦绕在人们的头脑中。随着时代的发展，不同的人用不同的行动诠释着生命的意义。作为青年士官生，作为肩负国家神圣使命的中国军人，这些重要的人生课题也越来越清晰地摆在他们面前，让他们去思考、去探索。

一、认识生命

自人类进化到开始思索"生命"起，"什么是生命"这个问题就始终作为一个最关键的问题困扰着我们。

（一）生命的含义

生命是能够与环境进行物质和能量交换（即新陈代谢）、生长繁殖、遗传变异和对刺激做出反应的特殊物质系统。随着现代生物学的发展，人们对生命多样性的认识不断深化，生命与非生命的界限也变得越来越模糊。总的来说生命就是一个物质系统，在地球这个星体上，生命是以水为载体组成的具有自行吐故纳新、温度复制、温和分裂等能力，不可逆转但总是持续不停地重复着或延续着这些能力的物质系统。

（二）生命的存在形态

人的生命是自然、社会、精神三者的统一。

1. 人的自然形态

人的自然生命形态是生命最初的本位形态，是生命的本真。这种生命形态是未受或较少受外来文明影响的原生状态，是生命个体本身的存在，是人和动物共有的属性。

2. 人的社会形态

人的社会生命形态反映了人与自然、人与社会、人与人之间的紧密关系。人的行为具有社会属性，因此，人不能随心所欲、肆意妄为，每个人都必须遵循有形无形的规则，越轨将会使自己受到谴责与惩罚，因此它具有一定的理性，受外界的影响，能满足本能的需求，按现实原则活动。

3. 人的精神形态

它是生命中最珍贵、最重要的，蕴含穿越时空永恒存在的健康人格与伟大品质。心理分析学家荣格曾说过，"我们生活在一个由我们自己的精神所创造的世界之中"。精神属性是生命存在的核心，它的存在显示出个体之间的差别。没有精神的生命是盲目的存在。

对于每个人来说，生命都只有一次，生命存在的时间也是短暂的。因此，对待生命的首要原则就是珍爱生命、维护生命的存在。生命的存在与发展是一个时间的过程，在一定意义上，人是一种时间的存在，时间是生命的存在方式，也是生命限定的标准，这不仅仅是指人生活在时间中，而且指人通过实践表现了存在。生命弥足珍贵，更需我们加倍珍惜。

二、认识死亡

人生是一场旅行，起点是出生，终点是死亡，出生和死亡之间的过程就是人生。尽管人生的旅途有长有短，但每个人毫无例外地都要经历从生到死的旅行，人生的过程性决定了死亡是每个人必然要面对的事件和终点。

死亡是生命的终结，传统医学以呼吸停止、心跳停止以及瞳孔放大三项标准来判定死亡，而标准临床死亡的解释是"人的身体系统，如心脏、血管、呼吸系统等停止工作"，也就是呼吸、心跳停止后，大脑就会死亡。除去突发性的意外死亡，一般意义的死亡是指一段持续过程，人的核心器官"心脏"的功能停止通常被认为是死亡的开始，随着血液中氧气供给的消失，细胞与组织会逐渐死亡，各项器官与系统慢慢丧失功能，最后导致整个生命机能的衰竭，最终死亡。

人生观既包含人们对"生"的看法，也包含人们对"死"的认识。死亡观是人们对死亡的本质、内容、价值和意义的根本性观点，它既是世界观和人生观的有机组成部分，又是人类对自身认识深化的必然结果。正确地看待和思考死亡，正确地理解生命和死亡的关系，树立正确科学的死亡观是士官生提升生命质量，积极规划有限人生的重要途径，有利于士官生身心的健康发展。

著名的濒死心理反应阶段理论将绝症病人从获知病情到临终时的心理反应大致分为5个阶段：①震惊与否认，如"不，不是我"。病人感到震惊，并对绝症的事实进行否认。②愤怒，如"为什么是我？"病人表现出生气、愤怒及怨天尤人的情绪。③讨价还价，如"假如你给我一年时间，我会每天多做善事"。病人接受自己患绝症的事实，并将祈求和承诺做某些事情作为延长寿命的交换。④沮丧，如"好吧，是我"。当病人知道讨价还价无效之后，会出现抑郁、体重下降等症状。⑤接纳，如"是，是我，我准备好了"。病人最后变得比较平静，已经无所谓真正的高兴与悲哀，只是接受将要死亡的事实。总体而言，濒死心理反应阶段理论本质上认为死亡是可怕的，把人们面对死亡的心理也看作是否定和消极的。

三、生命的意义

生命的意义是个体对自己存在目的和价值的感知，是个体关于生命的积极思考。不同的人会赋予生命不同的意义。有的人认为获取足够多的财富是生命中最有价值的事，有的人认为爱情能给生命带来阳光，有的人认为生命的意义在于不断的自我实现和自我发展。另外，取得成就、获取知识及智慧、提高精神层次等也是很多人的生命追求。那么，士官生到底该确定什么样的人生目标呢？

个体生命的意义还体现在必须具有较高的社会价值，为社会做出贡献，这样才能使自己达到完美，使自己有较高的自我价值。马克思曾经说："人们只有为同时代人的完美、为他们的幸福而工作，才能使自己也达到完美。"那些过度关注自我价值的人，则会终生纠缠在"小我"的得失、悲欢中不能自拔。而那些具有高度社会价值感的人，则会不畏艰辛地承担生活中应当承担的责任，多为他人和社会着想，勇于自我牺牲，而不是一心追求个人的享乐。

作为祖国未来的真正军人，士官生身上肩负着国家赋予的神圣使命，其生命意义更多地体现在社会价值上。而国家不管在哪一个时期，都不缺少将自己的生命奉献给国家，将个人的生命价值与国家的命运紧密联系在一起的中国军人。2001年4月1日，中国飞行员王伟为保卫祖国、保卫人民，驾驶性能并不占优势的歼-811战斗机驱赶狂妄的美国飞机，后被美机撞击、壮烈牺牲。2012年11月25日上午，随中国首艘航母"辽宁舰"参与舰载机起降训练的罗阳，在大连执行任务时突发急性心肌梗死，经抢救无效于12时48分在工作岗位上殉职。

四、生命教育

生命教育是一种全人教育，通过生命管理让每一个人都成为"我自己"，都能最终实现"我之为我"的生命价值，即把生命中的爱和亮点全部展现出来，并焕发出自己独有的美丽光彩。

（一）生命教育的目的

生命教育的目的在于帮助人建立正面积极的人生观、价值观，整合个人的知、情、意、行，使个体拥有健康的人格、丰富的人生，进而实现自我与超越自我。具体来讲，生命教育包括认识自己、思考自己生命的历程及每项重要的生命事件对自己的意义，同时还应包括个人应该如何面对人生与采取行动等内容。我们应学会欣赏生命的美丽与可贵，无论是动物的生命、植物的生命，还是不同种族、不同性别及具有不同生活经验的人的生命，都有其美丽之处，都值得我们以欣赏的心情、学习的态度来与之相处，我们在尊重他人的生命的同时也要珍惜自己的生命。

（二）生命教育的具体内容

生命是从生到死的过程。在人生历程中，婴幼儿期、儿童期、少年期、青年期、壮年期、中年期、老年期、衰老期等，每一个阶段都有不同的适应课题与发展任务。在有限的生命历程中，每个人都在不断探索，如果能明确人生目标、把握自我发展、与时俱进，接触周围新的人、事、物，那我们就能确定自身存在的意义，创造自己生命的价值。生命教育的内容主要包括人与自己、人与他人和人与环境的教育。

①人与自己，包括认识自己、接纳自己、欣赏自己、尊重自己、发挥潜能。

②人与他人，包括了解他人、尊重他人、与人和睦相处、关怀弱势、学习群体伦理。

③人与环境，包括建立生命共同体，促进人文和自然环境的可持续发展。

第二节 士官生的心理危机

心理危机是人们职业或生活中的一种应激状态，这种应激状态可能导致不良的后果，也可能带来解决问题的契机。因此，危机的产生既有消极的意义，也有积极的意义，我们应该辩证地认识和分析危机。

一、认识心理危机

（一）心理危机的含义

心理危机是指人们在追求重要生活目标的过程中遇到了阻碍，这时凭个人资源和应对机制无法解决障碍，因此个体的稳定状态被打破，并最终导致其认知、情感、行为等方面功能失调的状态。人的一生中经常会遇到各种各样的生活应激事件，甚至遭受严重挫折。如果当事人在遇到问题时心理上的平衡状态被打破，那么就会产生心理上的问题。

士官生心理危机是士官生个体面临某种重大生活事件时，不能或认为自己不能解决、处理和控制时产生的严重心理失衡状态。

（二）心理危机的分类

1. 情境性危机

情境性危机是指当事人生活中所发生的异乎寻常的事件，对这样的事件，当事人不可能以任何方式加以预见或控制。例如，当下列事件发生时便会产生情境性危机：恐怖袭击、绑架、强奸、企业破产及失业、突遭大病及亲人亡故等。对士官生来说，失恋、交通事故、突然得重病或其他的天灾人祸都可能导致情境性危机的出现。区分情境性危机与其他危机的关键在于，情境性危机的发生是偶然的、突发性的，它令人震惊并会使个体产生强烈的情绪反应，而且它的结果往往是灾难性的。

2. 发展性危机

发展性危机是人生过程中发生的一些正常事件，只是因为这些事件带有重大的人生转折意义而易于引起异常的反应。例如，每个人在大学毕业时，在改变职业时，从职业岗位上退休时，以及年老时，对所有这些带有重大的人生转折意义的事件的反应都是发展性危机。对士官生来说，新生入学不适应、不喜欢所学专业、考试不及格、没有当上班干部、大学毕业时考核不合格等都可能导致发展性危机的产生。发展性危机一般都被认为是正常的，但是发展性危机对每一个人的意义是各不相同的，所以必须对每个人的具体发展性危机分别加以评估和处理。

3. 存在性危机

存在性危机是指由诸如目的、责任、独立、自由、献身等重大的人性事件所引起的内心的冲突与焦虑。存在性危机可以是基于现实的，也可以是基于后悔的，抑或是基于一种压倒性的、持续的感觉。例如，当一个人40岁时认识到他将不可能在事业上有所作为；或者当一个人50岁时开始后悔未曾结婚并生儿育女，而现在已完全丧失了这种可能性；或者当一个人60岁时终于认识到他一辈子碌碌无为而虚度终生。在所有这些时候，人们所体验到的就是生存性危机。对士官生来说，能否顺利进入部队、是否要转专业、是继续深造还是直接进入部队、两个单位二择一的选择、是否决定与某个人发展恋人关系等都有可能发展成存在性危机。

二、士官生心理危机的主要反应

危机事件发生后，危机者常常会出现一些生理上和心理上的反应。这些反应有些是正常反应，有些是异常反应，而且表现出明显的个体差异，主要表现在认知、情感、行为和生理等方面。现以士官生遭遇地震灾难为例，看看士官生在以下几方面的反应。

（一）认知反应

认知反应是心理危机常见的心理反应。它的主要表现为注意力不集中，记忆力减退、健忘、出现不必要的回忆，不能将思维从灾难中转移；体验到非真实感，不相信眼前所发生的一切，觉得一切似在梦里；存在时空障碍，如有时觉得时间过得很快，有时又觉得时间很漫长；觉得自己好像不在地震灾区，而是在另外一个陌生的地方；出现闪回现象，脑中反复出现灾难的惨烈场面。

（二）情感反应

情感反应是心理危机中最为常见的一种心理反应，其表现形式多种多样。比如：感到内心痛苦，觉得自己对不起家人，有较强烈的内疚感和无用感；感到担心、紧张、害怕，害怕自己会崩溃，无法放松和控制自己，产生明显的无助感；常常感到心烦，过度为受灾者的惨痛遭遇感到悲伤、难过，且久久挥之不去；有的存在情感困惑，觉得自己救灾工作做得不好，过分自责，觉得对不起灾民，怀疑自己的能力和工作的意义；有的情感迟钝，一些场面激不起其应有的情感反应，似乎对眼前发生的一切都无所谓。

（三）行为反应

伴随着认知和情感反应的出现，心理危机者会产生明显的行为反应。比如：言语上表现得沉默少语或言语本身带有特定意义且令人费解；出现明显的回避行为，常躲避人，对关心他的人采取回避的态度，常呆坐沉思；不愿去死难现场，执意回避救灾中的人和事，不愿提及救灾细节，不愿主动与他人交往；做事情拿不定主意，不知道如何是好，办事效率下降；易激惹、易怒，因为救灾不顺而感到难过、精疲力竭，因控制不住自己而生气、愤怒，事后又后悔、压抑，有时会产生人际冲突；通过暴饮、暴食或滥用药物与精神活性物质来缓解内心的悲痛；有的甚至因为自责而做出伤害自己的事，或怪罪他人并做出反抗行为。

（四）个性改变

平时性格开朗、生活态度积极乐观，出现危机时则相反。如果平时性格内向，那么遇到危机时则可能会有更加强烈的反应，如性格变得暴躁、易怒，抱怨、怨恨一切事情，甚至认为社会对他不公平；等等。

（五）生理反应

表现为入睡困难、易惊醒、噩梦连连、早醒等睡眠问题；惊跳反应，夜间睡眠常会突然惊醒；产生不安全感和警觉反应，觉得自己可能会失去生命，对外界的各种刺激非常警觉，肌肉紧张。还可表现为肠胃不适、恶心、呕吐、食欲下降、疲乏无力、呼吸困难、喉咙梗塞感等。

危机事件对心理危机者的影响并不是短时间就能消除的，甚至在救灾结束很长时间后个体才会逐渐出现疲劳、焦虑、抑郁、睡眠紊乱和躯体症状等类似创伤后压力症候群的症状，这种后遗症会持续很长时间，严重影响心理危机者的身心健康，需要对其进行及时有效的心理干预。

三、士官生的心理危机源

（一）自然灾害中的心理危机源

1. 地震

地震是地壳在内外应力作用下，其内部积聚的构造应力突然释放，并产生震动弹性波，从震源向四周传播引起的地面颤动，是地壳快速释放能量过程中造成的振动，期间会产生地震波的一种自然现象。全球每年发生地震约五百五十万次。地震常常造成严重的人员伤亡，能引起火灾、水灾、有毒气体泄漏、细菌及放射性物质扩散，还可能造成海啸、滑坡、崩塌、地裂缝等次生灾害。

2. 山体滑坡

山体滑坡是指山体斜坡上某一部分岩土在重力（包括岩土本身重力及地下水的动静压力）作用下，沿着一定的软弱结构面（带）产生剪切位移而整体地向斜坡下方移动的作用和现象。山体滑坡俗称"走山""垮山""地滑""土溜"等，是常见的地质灾害之一，不仅会造成一定范围内的人员伤亡、财产损失，还会对附近道路交通造成严重威胁。

3. 海啸

海啸是由水下地震、火山爆发或水下塌陷和滑坡等大地活动造成的海面恶浪，并伴随着巨响的自然现象。它是一种具有强大破坏力的海浪，是地球上最强大的自然力，通常由震源在海底下 50 千米以内、里氏震级 6.5 以上的海底地震引起。水下或沿岸山崩或火山爆发也可能引起海啸。另外，海啸波长很大，可以传播几千公里但损失很小。如果海啸到达岸边，"水墙"就会冲上陆地，对人类生命财产造成严重威胁。

4. 洪灾

洪灾是由于江、河、湖、库水位猛涨，堤坝漫溢或溃决，使洪水入境而造成的灾害。

洪灾除会造成重大的农业灾害外，还会造成工业甚至生命财产的损失，是威胁人类生存的十大自然灾害之一。

5. 台风（飓风）

台风是热带气旋的一个类别。在气象学上，热带气旋中心持续风速达到12级称为飓风。台风过境时常常带来狂风暴雨天气，引起海面巨浪，严重威胁航海安全。台风登陆后带来的风暴增水会摧毁庄稼及各种建筑设施等，造成人民生命、财产的巨大损失。在我国沿海地区，几乎每年夏秋两季都会或多或少地遭受台风的侵袭，因此而遭受的生命财产损失也不小。

6. 泥石流

泥石流是指在山区或其他沟谷深壑，以及地形险峻的地区，因为暴雨暴雪或其他自然灾害引发的山体滑坡并携带有大量泥沙及石块的特殊洪流。泥石流具有突然性以及流速快、流量大，物质容量大和破坏力强等特点。泥石流的主要危害是冲毁城镇、企事业单位、工厂、矿山、乡村，造成人畜伤亡，破坏房屋及其他工程设施，破坏农作物、林木及耕地。此外，泥石流有时也会淤塞河道，不但阻断航运，还可能引起水灾。

7. 火灾

火灾是指在时间和空间上失去控制的燃烧所造成的伤害。在各种自然灾害中，火灾是最经常、最普遍地威胁公共安全和社会发展的主要灾害之一，而且有逐年上升的趋势，严重地威胁着国家和人民群众的生命财产安全。有数据显示，目前我国每年发生火灾20万起以上，造成的直接经济损失达十几亿元，人员伤亡达数千人。火灾是很常见的事故，在人类历史上也是与人们伴随时间最长的危机事件。

（二）学习中的心理危机源

1. 学习焦虑

学习焦虑是一种一般性的不安、担忧和紧张感，其原因在于害怕学习失败，担心不能完成学习任务以及随之而来的自尊的丧失。学习焦虑通常表现在三个方面。第一，面对眼前的学习和训练任务中的困难时产生了紧张不安、慌乱惧怕的心理。第二，面对设置的学习目标对能否达到其没有把握，进而视目标为一种威胁而产生的害怕心理，这往往反映在考试焦虑上。第三，由于不理想的学习结果和对自己过分的自责而产生的失败感、内疚感和负罪感。

2. 考试焦虑

学习焦虑中最为常见的是考试焦虑。考试焦虑是指由考试压力引起的一种心理障碍，主要表现在迎考及考试期间出现过分担心、紧张、不安、恐惧等复合情绪障碍，还可伴有失眠、消化功能减退、全身不适和自主神经系统功能失调症状。这种状态会影响考生的思维广度、深度和灵活性，降低其应试时的注意力、记忆力，使复习及其考试达不到应有的效果，甚至使其无法参加考试。

（三）生活中的心理危机源

士官生专业的特殊性使他们不得不随时面对生活压力的考验。他们在生活中常会遇到一些不顺心的事，如家庭纠纷、邻里纠纷、找对象难等，这些事会使他们产生较强、较持久的消极情绪体验，成为其生活压力的重要来源。同时，不合理的社会比较也会给士官生造成一定的压力。比如，与社会上高收入的同辈群体相攀比，就会产生相对剥夺的痛苦感、自卑与焦虑的情绪体验。此外，地方新生事物给军队带来的文化冲击也会使士官生感到茫然和失措，使其形成心理压力。

由于生活环境相对封闭、与外界交流较少，因此其不良心理能量缺乏宣泄的自然渠道，这些不良情绪容易积压在他们心底。在年龄特征上，士官生以18～25岁的青年为主体，正处于青年期，这一年龄段的青年表现出心理发展相对滞后与生理发育相对超前的矛盾，如精力旺盛但调节能力低，兴奋度高但控制能力低等；在性别特征上，表现为男性占绝对优势的性别单一化，由性别失衡导致的心理失衡容易使其产生和积蓄不良心理能量，并会给士官生造成精神上的压力。此外，长期集中居住的"拥挤体验"也会造成一种群体压力，容易使人产生紧张、厌烦、愤怒或怨恨等不良情绪，有的士官生在这种长期压抑的环境中容易表现出对抗性和易怒性。

（四）军事训练中的心理危机源

军人职业具有高风险、高负荷、高工作强度的特点，训练和作战任务重、机动性和流动性大，这些都给军人带来了较大的工作压力。在客观上，岗位责任的重要、所执行任务的特殊、稍有闪失可能造成的严重后果、上级领导的高标准要求、人职不匹配及不科学的赏罚制度等，都会给军人带来很强的负重感和焦虑感。在主观上，急于求成的性格、过高的成就动机和抱负水准、过强的自尊心和责任心、过于完美和苛刻的自我要求等，也都会使军人在心理上产生较强的心理紧张感。持久的工作压力会使官兵积聚大量的不良心理能量，使其产生心理健康问题。

军事训练是军事活动中必不可少的内容，高强度、超负荷的军事训练会导致士官生精神紧张、体力过劳，容易使其产生应激反应。军事训练主要包括日常训练和军事演习。对参加军事演习的军人进行现场测试发现，其心理健康水平明显较低，其主要压力来自环境艰苦、管理方式、集体氛围、人际关系和军官态度等方面。模拟渡海作战演练官兵的主要压力源是战场信息复杂多样、较量激烈、残酷性增加、高技术武器装备的运用、生存环境恶劣、恐惧、倦怠、生活单调、训练艰苦、任务繁重、管理方法粗暴等。研究发现，紧张的生活状态、艰苦封闭的训练环境、激烈的竞争等是日常训练中的主要压力。入伍新兵面临的压力是初次实弹射击、模拟演习、睡眠剥夺。

应激时正性情绪将导致积极的行为效应，提高个体的活动水平。但当处于高度心理应激状态时，有些人就会出现不良情绪反应，其心理健康状况就会下降，表现为焦虑、抑郁、躯体化等症状，并易在训练中受伤。尤其是对于特殊兵种来说，因其工作特殊、环境恶劣、文化生活贫乏，且机体长期处于不良应激状态，因此他们的心理健康问题比一般战士群体更为突出，在躯体化、人际敏感、敌对、偏执等方面存在显著差异。特别是在危险性强、恶性事故多发的环境下，他们则更容易产生创伤后应激障碍。

第三节　士官生心理危机干预

士官生是祖国未来的军人，承担着保卫国家和保卫人民的责任与使命。但随着国家军事改革的逐步深入，士官生也面临着越来越多的挑战和压力，因此他们中的各种心理危机也渐渐显现出来。

一、士官生心理应激障碍

士官生作为一个特殊的学生群体，将来需要面对各种突发性事件的挑战，参与军事训练、灾难救援、海外维和甚至是局部战争，该群体中常见的心理危机主要包括急性应激障碍、创伤后应激障碍和自杀等。

（一）急性应激障碍

急性应激障碍（ASD）是由剧烈的、异乎寻常的心理刺激、生活事件并在持续困境的作用下引发的心理创伤，一般在事后1个月内发病，而且病程很少超过4周。多数患者的发病时间、症状表现、病程和预后都与心理刺激直接关联。ASD以急剧、严重的精神打击为直接原因，这种打击通常都是威胁自己或他人生命，或者是会严重致人损伤的事件，如被俘虏、激烈的战斗、与敌人搏斗、自然灾害等。

（二）创伤后应激障碍

创伤后应激障碍（PTSD）是指由突发性、异乎寻常的或灾难性生活事件所导致的个体延迟出现，长期持续存在的一种心理障碍，主要表现为对创伤性事件的反复性体验、回避行为、麻木情感、持续警觉性增高，以及对创伤经历的选择性遗忘和对未来失去信心等症状，是一种典型的应激相关精神障碍。简而言之，PTSD是一种创伤后心理失衡状态。PTSD通常在创伤事件发生3个月后出现（在这之前的被称为急性应激障碍），但也可能在事发后数月至数年间延迟发作。部分患者的症状在发病6个月之内会缓解，而其他患者的病程可能更长。

罹患PTSD的人多为直接接触创伤事件的幸存者（受害者）、目击者与救援者。流行病学调查发现，PTSD在军人中的患病率较高。有关学者在对海湾战争中的3000名住院士兵进行研究后发现，有 13% 的士兵患有 PTSD。

（三）自杀

自杀的危害性极大。自杀是人类有史以来就存在的一种社会现象，是生理、心理、政治、社会和文化等因素综合作用的结果。军队是一个特殊的武装集团，军人是一个特殊的职业群体，他们生活环境艰苦、职业风险性高，平时经常承担紧急、困难、危险、重要的任务，经常面临自然灾害、突发事件、军事训练、急性传染病的暴发性流行等公共卫生事件；战时更要面临现代战争的突然性、紧张性、残酷性和危险性的身心压力，以及死亡和伤残的威胁。军人所承受的生理及心理压力可能会造成军事人员的心理恐慌，引发心理危机，甚至导致自杀行为的发生。

对美军、俄罗斯部队、日军等的研究发现，自杀已成为除战争、意外事故外军人自杀的第三个重要原因。军人自杀必将导致部队非战斗减员，会直接导致军队战斗力的下降，并会带来一系列的问题，如群体影响、转业安置、社会优抚和部队稳定等多方面的问题。因此，对军事人员自杀问题的现状、危险因素、心理表现进行了解和识别，并在此基础上提出针对在校士官生的切实有效的自杀危机教育手段，对他们进入部队后维持部队的安全稳定乃至提高部队战斗力等都具有十分重要的意义。

二、士官生心理危机干预概述

在心理学领域中，危机干预指对处在心理危机状态下的个人采取明确有效的措施，使之最终战胜危机，重新适应生活的手段。危机干预工作者必须是经过专门训练的心理学家、社会工作者或精神科医生。心理危机干预的时间一般在危机发生后的数个小时、数天或数星期内。但专家认为，对于危机心理的干预越早越好，最佳干预时间在危机事件发生后的 24～72 小时内，也就是"黄金 72 小时"内。

（一）危机干预的目的

心理危机干预的目的主要包括：防止过激行为，如自杀、自伤或攻击行为等；促进交流与沟通，鼓励当事者充分表达自己的思想和情感，帮助其增加自信心和进行正确的自我评价，为其提供适当建议，以促使其解决问题；提供适当的医疗帮助，对昏厥、情感休克或激惹状态的患者进行治疗；应用各种心理危机干预手段，协助其恢复心理平衡与动力；使其掌握应对未来突发事件的更好的应对策略与手段。

（二）危机干预的原则

在心理危机干预过程中应遵循的原则：一是迅速确定要干预的问题，强调以目前的问题为主，并立即采取相应措施；二是必须让其家人或朋友参与危机干预；三是鼓励被干预者要自信，不要让其产生依赖心理；四是把心理危机作为心理问题进行处理，而不要作为疾病进行处理。

（三）危机干预的对象

存在心理危机倾向与处于心理危机状态的士官生是关注与干预的对象。存在心理危机的士官生一般是指存在具有重大影响的生活事件，情绪剧烈波动或认知、躯体、行为方面有较大改变，且其平常解决问题的方法暂时不能应对或无法应对眼前的危机的个体。对存在下列症状之一的士官生，应给予以特别关注。

①情绪长期低落者（超过半个月）。
②有过自杀企图或行为的人。
③存在诸如失恋、学业受挫、躯体疾病、家庭变故、人际冲突等明显的动机冲突或突遭受重大挫折的人。
④家庭亲友中有自杀史或自杀倾向的人。
⑤性格有明显缺陷的人。
⑥长期睡眠障碍者。
⑦有强烈的罪恶感、缺陷感或不安全感的人。
⑧感到社会支持系统长期缺乏或丧失的人。
⑨有明显的精神障碍的人。
⑩存在明显的攻击性行为或暴力倾向，或其他可能对自身、他人、社会造成危害的人。

（四）危机干预的策略

心理危机干预要有一定的策略，不能在干预过程中给个体造成二次伤害。一是礼貌地观察，不能唐突直入，然后通过询问或简单交流决定下一步的解决方案；很多时候，建立良好接触的最好方法是为其提供实际帮助，如给予其食物、水和毯子等；接触前必须确保你的介入不会使被干预者觉得自己受到了侵犯；做好两手准备，被干预者可能会拒绝接触或者会过多地接触你。二是说话时要镇定自若，要有耐心和责任心；语速放慢，用简单易懂的词汇，不要使用缩略语或术语；如果交流需要中间人，在交流时一定要看着被干预的对象，切忌对着中间人交谈；当事者倾诉时要做好聆听准备，聆听时请专注于他们想说的内容，以及你如何为其提供帮助。三是认可当事者求助过程中做得对的安全措施；针对当事者最迫切的需求提供直接的信息，需要重复讲解说明时要根据当事者的年龄提供合适的信息。四是心理救助的目标是减轻当事者的情感伤痛，促进适应行为的产生，而不是询问其悲惨经历的细节和其在当中受到的损伤。

（五）注意事项

在心理干预过程中不要假设每个经历挫折的人都会受到精神创伤；对于有应激反应的人也不要进行病理判断。当事者在经历了心理冲击之后，他们的许多激烈反应都是可以理解和预料的，不要将他们的反应视为"症状"，或者用"诊断""病情""病态"或"障碍"之类的语言来描述；在干预过程中要以朋友的身份为其提供帮助，不要用俯视的态度来跟当事者交谈,更不要专注于他们的无助、虚弱、过失甚至残疾。为了避免对当事者造成新的创伤,切勿询问灾难过程的细节。

三、士官生心理危机干预技术

近二十年来,我国的心理治疗和心理咨询工作有了很大发展,但是危机干预及创伤事件后应激障碍的治疗近几年才被广泛关注。实际上,很多心理危机干预技术目前还处在研究阶段,这里主要介绍几种常用的应激处理或危机干预技术。

(一)心理危机的自我干预技术

1. 重新认知世界

重新认知世界可以改变一个生活事件的意义或士官生对自我和他人及世界的看法。自我合理化是士官生重新认知世界的方法之一。自我合理化是指当一个人遭遇打击时,为自己的失败寻找一个冠冕堂皇的理由,以安慰自己、求得心理平衡的方法。俄国作家契诃夫说:"要是火柴在你的衣袋里燃烧起来了,那你应当高兴,而且感谢上苍,多亏你的衣袋不是火药库。"在各种危机面前,士官生应学会"自我合理化",即悦纳自我、接受现实,善于通过各种理由对环境进行合理化分析。这种方法在对士官生进行积极的心理危机干预方面是非常有效的。

2. 积极调适情绪

应对危机的焦点是减轻当事者情绪上的紧张和痛苦,消除过分的紧张、尽情痛哭、呐喊宣泄都是以情绪调适为主要目标的。

①消除过分的紧张:紧张是对心理危机的自然反应,过分紧张不利于大学生成功应对心理危机。我们可以通过深呼吸、渐进肌肉放松法等方法来消除紧张感。

②尽情痛哭:强忍悲痛,抑制自己的情感,当哭不哭,无论是从心理还是从生理的角度来说,都是有害无益的。有关研究指出,当人遭受情感创伤时,机体会产生并积聚一些有害的化学物质,而哭泣是排泄这些物质的重要途径之一。人在悲痛之时潸然泪下或放声大哭都是很正常的。

③呐喊宣泄:呐喊宣泄能化解人们堆积在心中的抑郁,拉断头脑中的一团乱麻,这种方法用现代心理科学来解释便是疏泄疗法。心情烦闷时,登上所在地区的某个制高点,然后运足力气,面对长空高声呐喊,将积怨愤怒发泄出来。对于那些性格内向者来说,登高呐喊不失为一种宣泄的好办法。

3. 有效解决问题

许多心理危机的产生是因为生活中存在士官生需要去解决的问题,但士官生却不具备解决该问题的能力。一旦具备了解决该问题的能力,也就不会体验到心理危机了。士官生可以学习解决问题的方法,以此来应对危机。SODAS法是一种以问题解决为焦点的应对危机的方法。SODAS 是英文单词停止（stop）、选择（operation）、决定（decision）、行动（action）和自我表扬（self-praise）五个单词的缩写，它的意思是当我们面临心理危机时首先要停下来确定问题，然后列出所有可能的方案，并选出一个最好的方案，制定出每一步的行动计划后开始行动，在行动过程中用自我表扬来激励自己。

4. 寻求社会支持

心理危机之所以产生是因为大学生靠自己一个人的力量不能够成功应对它，因此社会支持就显得十分重要。实际上针对大学生的社会支持越来越多，如"5·25"心理健康日2001年已经在北京启动，在每年的5月25日前后，国家会组织高校开展心理健康宣传，开通"中国大学生心理健康网"，为大学生提供心理帮助。所以，只要我们能主动寻求社会支持，那么心理危机就不会像我们想象的那么可怕。社会支持的具体方法有找人倾诉烦恼、参加社会活动、寻求专业心理咨询机构的帮助。

（二）危机干预六步法

1. 确定问题

从求助者的角度确定和理解求助者个人所认识的问题，使用积极的倾听技术，如同情、理解、真诚、接纳和尊重等。还可使用开放式问题，既注意求助者的语言信息也注意其非语言信息。

2. 确保求助者的安全

评估危机干预对求助者躯体的致死性、和心理安全的危险程度，以及对求助者能动性的影响程序。评估求助者的内部事件及围绕求助者的情景，如果有必要的话，要保证求助者知道代替冲动和自我毁灭行动的解决方法。

3. 提供支持

与求助者进行沟通与交流，让求助者认识到危机干预工作者是能够给予其关心和帮助的可靠支持者，危机干预工作者是以关心的、积极的、接受的、不偏不倚的个人态度来处理危机事件的。此外，还应通过口头语言和躯体语言向求助者表达危机干预者的无条件接纳，鼓励当事者通过宣泄将自己的内心情感予以表达。

4. 检查替代解决方法

使求助者认识到还有许多可变通的方法可供其选择，促使求助者积极搜索可以获得的环境支持和可利用的资源，发掘积极的思维方式，从而改变自己对问题的看法，并减轻自己的应激与焦虑水平。

5. 制订计划

危机干预工作者应与求助者共同制订行动步骤以矫正其情绪的失衡状态。这些计划应是求助者自愿实施的、现在能够采用的、在现实中可获得及时支持与帮助并能够实现的积极应对方式，目的在于让求助者将这些短期计划付诸实施，并以此来恢复他们的自制能力和保证他们不依赖于支持者。

6. 得到承诺

获得求助者的承诺,即他们保证会采取确定的、积极的行动步骤。这些行动步骤必须是求助者自己同意的,且从实现的角度看是可以完成的或是可以接受的。在结束危机干预前,危机干预工作者应该从求助者那里得到诚实、直接和适当的承诺。

(三) 应激晤谈技术

应激晤谈技术又称紧急事件应急晤谈(CISD),是危机干预的基本技术。它的形成和实施始于战争中受害者的需要。国际紧急事件应激基金会在米切尔和弗利博士的带领下,已经研究和精练了 CISD 的过程,并在全球范围内提供相关技术的培训,在紧急事件的心理危机干预过程中发挥了巨大的作用。

1. 技术的组成

应激晤谈是在专业人员的引导下,通过公开讨论内心感受来达到心理平衡的过程,一般主要由情感宣泄、支持和安慰、调动资源三部分组成。心理冲击后的 24～48 小时是最理想的干预时间(一般来说,在 24 小时之内最需要的是生命生存方面的安慰),6 周之后效果甚微。正式的 CISD 通常由受训后的专业人员指导,专业人员必须对应激反应综合征有很好的理解,一般不在第一个 24 小时内进行,最好对遭受紧急事件冲击的所有人进行一个正式的 CISD,8～10 人围坐成圈,设置一个封闭的环境,并进行公开讨论。

2. 划分阶段

应激晤谈技术分为 6 个阶段,但在特殊情况下可以把第二、第三和第四阶段合并进行。

①导入期(介绍期):干预者介绍自己的姓名、职业和单位等信息,对事件进行了解,并询问哪些人觉得自己不需要来接受晤谈,觉得自己能应对(他们可能确实如此,但相互交流对其仍有意义)。干预者还需要强调应激晤谈过程中的规则:不能记笔记,把纸、笔放在椅子下,人人平等,不要评判别人,关闭手机等;小心解释隐私问题,不允许录音,出门后不要传播,这既是尊重别人也是尊重自己的表现。

②事实陈述期:干预者请被干预者描述一些有关自己在紧急事件中所进行的活动的情况;询问被干预者在处理紧急事件的过程中身处何处、所听、所见、所闻及所做(这样做是为了避免某些东西被夸大化,使事情更加客观)。引导语如:"你在事故现场看到了什么?听到什么?闻到什么?采取了什么行动?"每人的谈话需要 2～5 分钟。彼此相互补充事件的细节,最终使整个事件得以重现,让每个人全面了解事情的真相。干预者要打消被干预者的顾虑,被干预者如果不愿意参加讨论,可以选择沉默。选择沉默同样适用于其他阶段。

③重现感受期:在此时期引导被干预者交流自己的感受,如"发生紧急事件时你有何感受?你现在有何感受?在过去的生活中,你有过类似的感受吗(这么问可以调动被干预者的应对效能感,使被干预者想起以前的成功应对经验,重新树立自信心)?"每个人都有需要分享和被接受的感受,重要的原则是不批评他人;所有的人都要倾听在每个人身上

曾经发生或正在发生的事情。

④探索症状期：请被干预者描述其在应激事件后的躯体、心理、认知、行为等方面的反应，依据出现的先后顺序回顾性探索和确定自己在事件中的痛苦症状，并请被干预者讨论他的经历使家庭、工作或生活发生了什么变化。引导语如："你现在正在体验什么不同寻常的事情？紧急事件发生之后你的生活发生改变了吗？"

⑤辅导干预期：干预者向被干预者介绍正常的应激反应模式，强调人的适应潜能，讨论积极的适应和应对方式。使被干预者认识到，其经历的应激反应是人面对非正常情况时产生的正常的和能够被理解的行为，本质上不是心理问题，从而减轻其心理压力。使被干预者坚强起来，并努力调动被干预者的现有社会资源，同时为其提供必要的应激管理技能和积极应对技巧。

⑥再入期或总结期：此阶段的主要工作包括拾遗收尾、回答问题、最后安抚和制订未来行动计划等几个方面。为被干预者提供更多的资源信息（譬如，如果还有什么需要的可以求助心理热线、心理医院、心理咨询室等）。干预者按顺序询问每个人还想谈什么，使其回答问题并对其进行安抚。如果有参与者说出了"我还活着，没什么呀"此类的话语，干预者要非常及时地对其进行表扬和肯定。全程需2～3小时，紧急随访可在事件后数周或数月进行。

（四）情绪稳定技术

多数遭受过应激事件打击的个体是不需要应用情绪稳定技术的。然而，如果当事人出现了睡眠、饮食、决策以及工作或战斗力方面的高度焦虑症状，则应考虑对其实施此类心理援助。

1. 技术要点

倾听与理解：以理解的心态接触被干预者，给予其倾听和理解，并做适度回应，不要将自身的想法强加给对方。

增强安全感：减少被干预者对当前和今后的不确定感，使其情绪稳定。

适度的情绪释放：通过语言及行为上的支持来帮助被干预者适当释放情绪，使其恢复心理平衡。

释疑解惑：对于被干预者提出的问题给予关注、解释及确认，减轻其疑惑。

实际协助：给被干预者提供实际的帮助，协助重点人群调整和接受因灾难而改变了的生活环境及状态，尽可能地协助重点人群解决其所面临的困难。

重建支持系统：帮助被干预对象与主要的支持者或其他的支持者（包括家庭成员、朋友、社区的帮助资源等）建立联系，从而获得他们的帮助。

提供心理健康教育：为其讲解常见心理问题的识别与应对知识，帮助被干预者积极应对挫折，恢复正常生活。

联系其他服务部门：帮助被干预者与其他服务部门取得联系。

2. 初步处理

情绪稳定技术的初步处理可以使被干预者感觉到被关注，并逐步稳定自己的情绪。

①干预者应保持镇静、从容，不要尝试直接与个人进行对话，因为这会导致被干预者在认知或情感上的超负荷。给他几分钟，以使其心情平静下来，而你需要做的只是在这期间能够随时被找到。

②明确被干预者是独自生活还是有家人或战友陪伴。得到答案后，将这些人列入安抚者的名单。你可能需要将承受痛苦者带到一个安静的地方，或者在其家人和战友的陪护下与之轻声交谈。

③判断被干预者有着怎样的体验。他哭泣、惊恐吗？他正在体验"往事重现"，或是想象着某件事情正在重新发生吗？实施干预时应针对此人最主要、最直接的顾虑或困难，而不是简单地说服此人"平静下来"或要其"感到安全"（后两种方法可能收效甚微）。

④提供能够使他适应周围环境的信息。例如，周围救助是如何组织起来的，他将得到什么样的帮助；等等。

3. 着陆技术的应用

若上述步骤都不能使激动者稳定下来，那么"着陆"技术也许有用。干预者可以这样引导当事者："经历了这次可怕的事件之后，你有时候会发现自己的情绪过于激动，或者发现自己会不可抑制地回想或想象之前发生了什么。你可以用下面的方法来放松自己的情绪，把你的注意力从你的内心思考转回到外部世界。接下来就是你要做的了……"

第一步，以一个你觉得舒服的姿势坐着，不要交叉腿或胳膊。

第二步，慢慢地深呼吸，然后看看你的周围，说出五个你能看到的让人不难过的物体。比如，你可以说："我看见了一个帐篷，我看见了一只鞋，我看见了一张桌子，我看见了一把椅子，我看见了一个人。"

第三步，慢慢地深呼吸，接下来，说出五个你能听到的不让人悲伤的声音。例如："我听到一个战友在说话，我听到自己的呼吸声，我听到关门的声音，我听到风吹的声音，我听到流水的叮咚声。"

第四步，慢慢地深呼吸，接下来，说出五个你能感觉到的不让人悲伤的事情。例如："我能用手感觉到这个木质的扶手，我能感觉到我鞋子里面的脚趾头，我能感觉到我的背靠在椅子上，我能感觉到风轻轻吹过我的脸，我能感觉到我的双唇紧贴在一起。"

第五步，慢慢地深呼吸，接下来，说出你看到的周围存在的五种颜色。例如，对他们说："你能说出你坐的地方的五种颜色吗？看到有蓝色的东西了吗？黄色的呢？绿色的呢？"

如果以上这些干预措施还不能帮助其稳定情绪，那么就要请精神科医师进行一些药物治疗了。

（五）支持性治疗技术

通过精神支持和社会支持等方法给予那些心理脆弱的人以心理支持性的陪伴。支持心理治疗尤其适合那些经历了严重心理创伤、心情极度低落、处于精神崩溃边缘、难以支撑或有轻生意念的人。

1. 增强当事者的安全感

增强当事者即刻的和持续的安全感，使其在身体上和情感上产生舒适的感觉，从而降低其痛苦和担忧的程度。安全感和舒适感可以通过许多不同的方式来获得：做一些积极的（相对于消极等待）、实用的（利用可获得的资源）和熟悉的（根据过去的经历）事情；获得当前的、精确的、及时更新的信息，避免让当事者暴露于不准确的或特别令人不安的信息中；与可获取的切实可用的资源建立联系；了解有关局势在相关人员的努力下正在变得越来越安全的信息，使其获得人身方面的安全感。你可以对他这样说："某某同志，请坐在这里。我想向你保证，有关部门目前正在尽他们的一切所能采取行动。我不太清楚局势是不是已经得到完全的控制，但是你在这里是安全的。你现在对你或家人的安危是否有什么担心？"

2. 鼓励其参与社交活动

鼓励当事者参加适当的小组或社交活动，如艺术活动、玩扑克牌、棋盘游戏或运动等。一般来讲，接触那些能很好地应对环境的人可以使人更平静、更安心。但接触那些表现得非常焦虑不安和不能控制情绪的人，则会让人心烦意乱。在小组中如果被干预者听到了令人不安的消息或者谣言，那么要为其澄清和更正错误的信息。一些青少年，特别容易从成人身上寻找关于安全性和恰当行为的线索。所以在可能的情况下，应把他们安置在表现相对镇定的成年人或同龄人身边。对于出现明显的情绪不安的人，你可以对他这样解释："那个人非常不安，他还不能平静下来。有的人要花比别人更多的时间才能安静下来。我们队伍里正有人来帮助他平静下来。如果你感到不安，最好和让你感觉好一点儿的人聊聊。"

3. 要善于倾听并理解其悲伤情绪

对于遭受冲击、极度悲伤的当事者，要善于倾听和引导他们释放自己的悲伤情绪。在倾听时干预人员需要注意以下几个方面：不要操之过急，被干预者需要一定的时间来处理其所见、所闻并提问；对（被干预者）一开始的强烈反应要有所准备，但这些反应很可能会逐渐趋于缓和；切记，被干预者并不想知道你的感受，他们关注的是你是否在努力理解他们的感受；人和人的强烈悲伤情绪会有不同的表现，没有唯一"正确的"悲伤表现方式；悲伤会导致人们滥用无处方药品、过量吸烟、酗酒，这会带来危险。同时，还要让被干预者意识到照顾好自己的重要性，使其能够获得职业心理医生的帮助。每个人表达悲伤情绪的方式是不一样的，其中一些人可能希望独处。如果足够安全，请提供给他们一些不受干扰的独处空间。当被干预者想与你讲述他心爱的人时，你应安静地倾听，不要觉得他们说得太多，也不要探究太多。建议你可以与他们这样交流："我向你保证，你现在体验到的一切是可以被理解的，而且是合理的，这种悲痛、孤独和愤怒的感受可能会持续一段时间。如果你悲痛或抑郁，并且这些情绪影响到了你的日常生活，那么你可以随时与咨询师联系。"

4. 帮助其与社会支持人员建立联系

帮助被干预者与主要社会支持人员或其他支持资源建立短暂或持续的联系，这些资源包括家人、朋友和团体帮助资源。能否获得社会支持关系到人们在灾难和恐怖事件发生之后能否使自己的情绪稳定和复原。社会关系较好的人更倾向于参与到灾难后复原的支持性活动中来（包括接受和给予支持）。如果个体不能与他们的支持系统取得联系，干预者就要鼓励他们尽可能地利用即时可用的社会支持资源（如你自己、其他救助者和其他被干预者）。还可为其提供阅读材料（如杂志、报纸等），并与他们一起讨论这些材料。

（六）药物干预

对于非重型的危机反应者，一般不将药物治疗作为首选。部分被干预者经过以上技术的干预后如果仍不能取得理想的效果，则可以对其进行药物干预。目前可用于心理危机干预治疗的药物较多，主要有苯二氮卓类、抗抑郁药、非典型抗精神病药、抗惊厥药等。下面，简单介绍以下几种。

1. 苯二氮卓类

此类药物因疗效好、见效快，问世后迅速取代了巴比妥类药物并成为抗焦虑的首选药。此类药物虽然能快速缓解应激者的焦虑症状，但对抑郁等其他症状无效，且长期使用也易导致药物成瘾，在断药后会出现症状反跳或戒断症状。

2. 抗抑郁药

研究表明，三环类抗抑郁药、单胺氧化酶抑制剂、选择性5-羟色胺（5-HT）再摄取抑制剂（SSRI）等对改善危机反应症状均有不同程度的疗效，其中SSRI类药物如帕罗西汀、舍曲林等疗效和安全性更好，还能提高患者的生活质量、改善其睡眠状况。其他新型抗抑郁药，如米氮平、曲唑酮和奈法唑酮等也被广泛应用。

3. 非典型抗精神病药

近年来，医学界对危机反应药物治疗的研究主要集中在5-HT抗抑郁药上，然而类精神病性症状是危机反应的重要组成部分，非典型抗精神病药具有独特的5-HT作用，对减少应激反应的一些症状会有所帮助，尽管这类药物不作为治疗的首选药物，但可控制行为紊乱症状、情感爆发、自伤等反应。奥氮平、利培酮均能有效缓解危机反应的一些症状，且不良反应较少，特别是奥氮平对改善当事者睡眠等生理症状有较好的疗效。

4. 抗惊厥药

抗惊厥药的应用范围越来越广泛，是消除危机反应的有效药物。锂盐、丙戊酸盐、卡马西平及新型抗惊厥药拉莫三嗪、托吡酯、加巴喷丁等都能用于应激反应的治疗，但只有拉莫三嗪进行了随机双盲安慰剂对照研究，结果显示，拉莫三嗪对一般人群及与战争有关的应激反应患者均有效。有研究发现，托吡酯对创伤后应激障碍的梦魇和闪回症状均有效。卡马西平、锂盐对情感爆发、过度兴奋、病理性重现更有效。

心理科普

关于自杀的误解

对于自杀，社会上普遍存在着大量的误解，我们应该清楚地认识和消除这些误解。

误解一：与可能自杀的人讨论自杀将使其产生自杀行为。

事实上，我们应该和可能自杀的人讨论自杀。与一个想自杀的人讨论自杀将可能使其产生信任的感觉，能够帮助他们正确处理一些重大问题，并缓解他们的压力。讨论自杀可以帮助轻生者重新整理自己的思路，使其发现自杀原来不是解决问题的唯一方法。

误解二：威胁别人并说要自杀的人不会真的自杀。

事实上，很多自杀者都曾经威胁过别人或者对他人公开过自己的想法。

误解三：自杀是一种不合理的行为。

事实上，从自杀者的角度来看，几乎所有采取自杀行动的人都有充足的理由。

误解四：自杀者有精神疾病。

事实上，仅有小部分自杀未遂者或自杀成功者患有精神疾病。他们中的大多数人是处于严重的抑郁、孤独、绝望、无助、被虐待、受打击、深深的失望、失恋或其他情感状态中的正常人。

误解五：想要自杀的人是真的想结束自己的生命。

事实上，很多人并不想结束自己的生命，他们只是想要逃离那个令人无法忍受的情境，大部分曾经想自杀的人现在都很高兴，因为他们还活着。他们说当时他们并不想要结束自己的生命，他们只是想终止自己的痛苦。他们在实施轻生行为前实际上是在与死神搏斗，他们其实很希望别人能在关键时刻挽救他们一下。

误解六：自杀具有一定的遗传倾向。

事实上，自杀并没有遗传性，它是后天习得的或者是情境性的。

误解七：想过一次自杀，就会总是想自杀。

事实上，大部分人只是在他一生中的某个时候产生过自杀企图，在这段时间里，他们要么克服这种想法，要么寻求帮助，要么死亡。如果他们自己能够从短时的威胁中恢复过来，学会适应与控制，就会使自己的生活丰富多彩。

误解八：一个人自杀未遂后，自杀威胁就会结束。

事实上，自杀最危险的时候往往是想自杀的人从严重抑郁后变得活跃起来的时候。一个危险的迹象是在抑郁或自杀未遂后出现"欣然"期。

误解九：如果一个想自杀的人开始慷慨地与他人分享其个人财产，那么就表明这个人有好转和恢复心态的迹象。

事实上，大多数想自杀的人在情绪好转后，才有精力开始他的进一步的计划，安排他的财产。

误解十：自杀是一种冲动行为。

事实上，有些自杀行为是冲动行为，而有些则是在仔细考虑之后才实施的。

误解十一：真正想自杀的人是不会跟别人讲的。

多数轻生者在轻生前会通过各种手段向周围人传递其轻生意图。当然，也有少数轻生者会采用"不辞而别"的方式来结束自己的生命。

心理测验

测验须知：

1. 本测验适用对象为16岁以上人群。
2. 本测验选用的是专业的创伤后应激障碍检查表，它能够帮助我们了解自己是否会受到一些事件的持续影响。本测验不能用心理问题的诊断，具体心理问题的诊断请遵从心理咨询师的评估。

创伤后应激障碍检查表（PCL）

指导语：当您经历或目睹了无法预测的突发事件后，突发事件造成的痛苦回忆有时会在您的记忆中保留很长时间，并且你每次回忆时都会感到很痛苦，请您自己评估最近一段时间您对于某事件的反应。您的反应包括这些反应的严重程度（在合适的分数上打钩）。

1=没有什么反应　2=轻度反应　3=中度反应　4=重度反应　5=极重度反应

题　目	评分
1. 即使没有什么事情提醒您，您也会想起这件令人痛苦的事，您的脑海里会出现有关的画面	1　2　3　4　5
2. 经常做有关此事的噩梦	1　2　3　4　5
3. 突然感觉痛苦的事件好像又发生了一样	1　2　3　4　5
4. 一想到此事，您的内心就非常痛苦	1　2　3　4　5
5. 一想到这件事情，您就出现身体反应，如手心出汗、呼吸急促、心跳加快、口干、胃痉挛、肌肉紧张等	1　2　3　4　5
6. 努力地回避会使您想起此事发生时您的想法或感觉	1　2　3　4　5
7. 努力地回避会使您想起此事的地点或人物	1　2　3　4　5
8. 您忘记了此事件中的重要部分	1　2　3　4　5
9. 对生活中的一些重要活动，如工作、业余爱好、运动或社交活动等失去兴趣	1　2　3　4　5
10. 感觉自己和周围的人隔离开来了	1　2　3　4　5
11. 感觉自己的情感变得麻木了（例如，感受不到亲切、爱恋、快乐等感觉，或哭不出来）	1　2　3　4　5
12. 对将来没有远大的设想（例如，对职业、婚姻或儿女没有期望，希望生命早日结束）	1　2　3　4　5
13. 难以入睡，或睡眠很浅	1　2　3　4　5
14. 容易被激怒或因一点小事就大发雷霆	1　2　3　4　5
15. 很难集中注意力	1　2　3　4　5
16. 变得很警觉或没有安全感（例如，经常巡视你的周围，检查是否有异常声音，检查门窗是否关好）	1　2　3　4　5
17. 容易被突然的声音或动作吓得心惊肉跳	1　2　3　4　5

结果分析与说明：

再体验因子：1、2、3、4、5题。

回避因子：6、7题。

高警觉因子：8、9、10、11、12题。

情感麻木因子：13、14、15、16、17题。

总分：17个题目得分相加，得分越高说明创伤事件对自己的影响越重。每个题目上的得分≥3分时，才能确定自己存在该症状。

根据DSM-IV的症状诊断标准，必须同时具备1项以上再体验症状、3项以上回避症状和2项以上过度唤起症状，才能做出PTSD的诊断。

心理团辅

愉快的结束

1. 活动目的：每个人都希望自己的行为得到同伴的肯定，当一个人获得观众和同伴的肯定后，他就会更加积极地继续自己认为有益的事情，因此作为一个小团队的成员，要不吝于给予队员积极的肯定，尤其是在他们做出有益的事情的时候。这个活动就是让学员们感受赞美别人和被别人赞美的积极作用。

2. 活动道具：卡片。

3. 活动过程：

（1）发给每个学员一份花名册，上面登记有参加课程的每个人的基本情况，如姓名、年龄等。再给每人一张小卡片，卡片的大小要能让他们在上面写几行字。

（2）在课程开始前叮嘱他们，请他们留心观察其他人的行为，并尽量发现他们的优点。

（3）让学员们在卡片上写出对每个人的正面评价，并把被评价者的名字写在上面。比如可以写："我最欣赏某某的地方是……"又如："某某在今天课上的发言很精彩，很有见地。"当然，领导者也可以参加这个游戏，即被学员评价。

（4）在课程结束时，把这些卡片收上来，并发给相应的人。

（5）给大家留足时间来快速浏览一下关于自己的评价。

4. 分享讨论：

（1）如果条件允许，请学员朗读一下他们觉得好的评价。再请他们读一下让他们吃惊的评价。

（2）当你看到别人对你的评价时，你会为一些内容而感到吃惊吗？有什么对你赞美的评价是你之前没有发现的自我身上的优点？

（3）通过评价别人，你是否真地发现了一些值得你学习的美德？

参考文献

[1] 陈建. 大学生心理健康教育 [M]. 北京：北京理工大学出版社，2011.

[2] 陈永华. 公务员心理疏导 [M]. 北京：国家行政学院出版社，2013.

[3] 樊富珉，王建中. 当代大学生心理健康教程 [M]. 武汉：武汉大学出版社，2006.

[4] 郭桂萍，曹洁. 大学生心理健康教育 [M]. 北京：北京师范大学出版社，2008.

[5] 赵国祥. 现代大学生心理健康教程 [M]. 北京：人民教育出版社，2007.

[6] 胡盛华. 大学生心理健康与发展 [M]. 长春：吉林大学出版社，2011.

[7] 黄莉，邓如涛. 心理健康教育 [M]. 北京：北京出版社，2014.

[8] 黄希庭，郑涌. 大学生心理健康教育 [M]. 上海：华东师范大学出版社，2004.

[9] 侯丽萍，张慧全. 大学生心理健康与心理素质训练 [M]. 长春：东北师范大学出版社，2011.

[10] 史琼. 新编大学生心理健康实用教程 [M]. 北京：人民邮电出版社，2016.

[11] 江西省教育厅，江西省高校心理健康教育专业委员会. 大学生心理健康教育教程 [M]. 南昌：江西高校出版社，2013.

[12] 李晓波，谢钢. 高校心理委员培训教程 [M]. 北京：化学工业出版社，2010.

[13] 李春华，王学义. 大学生心理健康教育 [M]. 北京：中国水利水电出版社，2010.

[14] 廉福生，李永才，王莉. 心理健康助我快乐成长：高职生心理健康教程 [M]. 北京：北京理工大学出版社，2011.

[15] 孟娟，周华忠. 自助与成长：大学生心理健康教育 [M]. 北京：国家行政学院出版社，2013.

[16] 希尔. 妙趣横生的心理学 [M]. 王芳，译. 北京：人民邮电出版社，2013.

[17] 詹姆斯，吉利兰. 危机干预策略 [M]. 高申春，译. 北京：高等教育出版社，2009.

[18] 戚昕. 大学生心理健康教程 [M]. 北京：人民邮电出版社，2010.

[19] 石磊. 干部心理健康调适与自测实用手册 [M]. 北京：东方出版社，2017.

[20] 王海民，朱丽娅，景溪萍. 士兵团体心理辅导理论与实践 [M]. 北京：国防工业出版社，2013.

[21] 汪元宏. 大学生心理健康教育新编 [M]. 南京：南京大学出版社，2012.

[22] 王志兵，杨丽. 新编大学生心理健康 [M]. 大连：大连理工大学出版社，2005.

[23] 姚本先. 大学生心理健康教育 [M]. 合肥：安徽大学出版社，2011.

[24] 张日冉，陈丽. 大学生心理健康 [M]. 2版. 大连：大连理工大学出版社，2006.

[25] 张康莉，高伟，文风华. 基层部队官兵心理卫生训练指导手册 [M]. 北京：军事医学科学出版社，2015.

[26] 张康莉，高伟，张晓明. 基层部队心理骨干培训教材 [M]. 北京：军事医学科学出版社，2015.

[27] 郑爱明，徐海波，杨雪花. 成长从心开始——大学生心理健康读本 [M]. 南京：南京大学出版社，2013.

[28] 周家华，王金凤. 大学生心理健康教育 [M]. 3版. 北京：清华大学出版社，2010.

[29] 朱卫国，桑志芹. 大学生心理健康教程 [M]. 南京：南京大学出版社，2012.

[30] 胡靖宇，等. 284名预选卫生士官心理健康及相关因素分析 [J]. 解放军预防医学杂志，2007（4）.

[31] 黄春尼. 国防生的心理调适与适应能力培养 [J]. 广西教育，2010（18）.

[32] 张小战，朱爱荣，唐华. 某部官兵心理健康状况调查 [J]. 解放军预防医学杂志，2003（1）.

[33] 向莉. 当代大学生恋爱状况及其引导 [D]. 武汉：华中师范大学，2011.

[34] 谢远俊. 陆军士兵心理压力与军事绩效的关系：军队士气的调节效应 [D]. 兰州：西北师范大学，2011.

[35] 汪淼. 论当前我国大学生心理压力与调适 [D]. 合肥：合肥工业大学，2007.

[36] 张倩. 当代大学生心理压力及疏导对策研究 [D]. 长春：东北师范大学，2008.